OFÍCIO DE MESTRE

Dados Internacionais de Catalogação na Publicação (CIP)
(Câmara Brasileira do Livro, SP, Brasil)

Arroyo, Miguel G.
  Ofício de mestre : imagens e autoimagens / Miguel G. Arroyo. –
15. ed. Petrópolis, RJ : Vozes, 2013.

  8ª reimpressão, 2025.

  ISBN 978-85-326-2407-9

  1. Educação – Finalidades e objetivos 2. Prática de ensino
3. Professores – Formação profissional I. Título.

00-3244   CDD-371.1

Índices para catálogo sistemático:
1. Ensino e professores : Educação 371.1
2. Professores ensino : Educação 371.1

Miguel G. Arroyo

OFÍCIO DE MESTRE

Imagens e autoimagens

Petrópolis

© 2000 Editora Vozes Ltda.
Rua Frei Luís, 100
25689-900 Petrópolis, RJ
www.vozes.com.br
Brasil

Todos os direitos reservados. Nenhuma parte desta obra poderá ser reproduzida ou transmitida por qualquer forma e/ou quaisquer meios (eletrônico ou mecânico, incluindo fotocópia e gravação) ou arquivada em qualquer sistema ou banco de dados sem permissão escrita da editora.

CONSELHO EDITORIAL

Diretor
Volney J. Berkenbrock

Editores
Aline dos Santos Carneiro
Edrian Josué Pasini
Marilac Loraine Oleniki
Welder Lancieri Marchini

Conselheiros
Elói Dionísio Piva
Francisco Morás
Gilberto Gonçalves Garcia
Ludovico Garmus
Teobaldo Heidemann

Secretário executivo
Leonardo A.R.T. dos Santos

PRODUÇÃO EDITORIAL

Aline L.R. de Barros
Jailson Scota
Marcelo Telles
Mirela de Oliveira
Natália França
Otaviano M. Cunha
Priscilla A.F. Alves
Rafael de Oliveira
Samuel Rezende
Vanessa Luz
Verônica M. Guedes

Editoração e org. literária: Roberta H. Itabaiana Abreu
Capa: Claudio Arroyo
Imagens da capa:
1ª capa: Escola Municipal José Pinto dos Santos. Coronel Fabriciano - MG.
Foto: Marli Aparecida da Silva Souza
4ª capa: Programa Escola Integrada - Prefeitura de Belo Horizonte.
Escola Municipal Francisca de Paula. Foto: Loreno Brandão

ISBN 978-85-326-2407-9

Este livro foi composto e impresso pela Editora Vozes Ltda.

*"Somente podemos dar o que já é do outro.
Neste livro estão as coisas que sempre foram suas".*
Jorge Luis Borges

*"O que faz a estrada? É o sonho. Enquanto a gente sonhar
a estrada permanecerá viva. É para isso que servem
os caminhos, para nos fazerem parentes do futuro".*
Mia Couto

*"E de novo o ar que lhe faltara tanto tempo,
lhe entrou fresco nos pulmões.
E sentiu que de novo o ar lhe abria,
mas com dor, uma liberdade
no peito".*
Fernando Pessoa

*À minha mãe com quem primeiro
aprendi, e ainda aprendo,
as artes e saberes do Ofício.*

*Ao Luca, neto-criança, e ao
Cláudio, filho-adolescente, pela
alegria que me contagiam e por
lembrar-me que, para construir o
futuro, nada melhor do que
caminhar de volta até a infância
e a adolescência.*

Sumário

Apresentação..9

1. Conversas sobre o Ofício de Mestre................................17

2. Um modo de ser...27

3. Um dever-ser?..37

4. A humana docência..50

5. Conteúdos da humana docência.....................................68

6. Intranquilidades nos quintais do conhecimento....................84

7. Parâmetros e ausências...94

8. O subsolo comum de nossa docência...............................110

9. O aprendizado do ofício...124

10. Aprendendo nas transgressões...................................135

11. Uma trama de práticas..150

12. Comunidade de aprendizes mútuos................................161

13. Certezas nem tão certas..171

14. A caixa de ferramentas...181

15. Cultura profissional do magistério.............................189

16. Consciência política e profissional............................203

17. Tensões atrás das grades.......................................210

18. Uma categoria fragmentada......................................217

19. Trocas de aprendizados do ofício...............................227

20. Recuperar a humanidade roubada.................................238

Apresentação

"...pois não é de todo infeliz aquele que pode contar a si mesmo a sua história".

Maria Zambrano

Confesso que não escrevi sobre a Escola Plural e sobre outras propostas por ter medo. A educação escolar é um campo propício a modas. Pediram-me várias vezes textos sobre ciclos, sobre elaboração e implantação das propostas político-pedagógicas que acompanho. Resisti a escrever por ter medo de que vire mais um modelo que hoje pode estar na moda e amanhã passará de moda.

Aprendi que trabalhar com a educação é tratar de um dos ofícios mais perenes da formação da espécie humana. Nossas práticas se orientam por saberes e artes aprendidas desde o berço da história cultural e social. Ingenuidade minha se acreditasse e fizesse acreditar que a Escola Plural e outras propostas estão inventando modas. Prefiro pensar que estão apenas, e é muito, tirando do baú dos esquecidos da história do magistério artes que não deveriam ter sido esquecidas. Artes de ofício. Saberes e sensibilidades aprendidas e cultivadas. Guardadas no cotidiano, nas gavetas das salas de aula de tantos mestres de agora e de outrora.

Quando fui percebendo que a Escola Plural e tantas inovações que acontecem nas escolas e nas redes de educação recuperavam artes, saberes e fazeres mais perenes do ofício do magistério senti vontade de escrever. Não para sugerir modelos, mas para socializar significados que percebo no movimento de renovação pedagógica de que estas propostas fazem parte.

Poderia falar deste movimento a partir de vários ângulos: da renovação teórica, curricular e didática, dos projetos pedagógicos das escolas ou das redes. Optei por falar deste movimento e das propostas educativas do ângulo dos professores e das professoras da Escola Básica. Alguém perguntará: Por que falar com os mestres e não falar diretamente sobre a Escola Plural, Candanga, Sem fronteiras, Cidadã, Cabana... e tantas outras que despertam a curiosidade dos professores? A melhor maneira de falar das inovações é dialogar com seus sujeitos, os mestres das escolas.

Falemos entre nós e troquemos tantas histórias que temos para trocar. É com professores e com professoras que venho dialogando e sinto necessidade de continuar esses diálogos.

Além do mais, precisamos repor os mestres no lugar de destaque que lhes cabe. Fui percebendo que eles são mantidos em segundo plano. As escolas são mais destacadas nas políticas, na teoria e até nos cursos de formação do que os seus profissionais. Estes aparecem como um apêndice, um recurso preparado ou despreparado, valorizado ou desvalorizado. Depois que se decide a construção da escola, os currículos e seus parâmetros, as políticas de qualidade ou de democratização da educação... pensam nos recursos humanos que darão conta da tarefa. Recursos é pouco.

Até no imaginário social e das famílias, quando se pensa na educação da infância ou dos filhos se pensa na escola. *"Toda criança na escola". "A escola de meus filhos". "Em que escola estuda seu filho?"* Quando pensamos na saúde de nossos filhos ou da infância, não pensamos no hospital, mas no médico. Saúde nos lembra os médicos. Educação nos lembra a escola, não seus profissionais, os educadores. Estes não conseguem ser a referência, mas a instituição escola. Até a história da educação estudada pelos professores(as) é a história da escola, dos sistemas de ensino, não sua história profissional, dos seus saberes de ofício. Entretanto, os pedagogos foram antes do que a pedagogia e do que as escolas. O magistério é anterior às instituições de ensino.

Houve no imaginário sobre a educação uma despersonalização que não acontece em outros campos sociais. O imaginário sobre o magistério tem muito a ver com a despersonalização da educação. A professora e o professor vistos apenas como apêndices.

Em uma visão mais humanista e personalizada, toda relação educativa é uma relação de pessoas, de gerações. A pedagogia tem no seu cerne a figura e o papel do pedagogo, de alguém que aprendeu o viver humano, seus saberes e valores, os significados da cultura, a falar, a dominar a fala, a razão, o juízo. Consequentemente, está capacitado a formar a infância, os *"in-fans"* não falantes, os aprendizes de humanos. Toda relação educativa será o encontro dos mestres do viver e do ser, com os iniciantes nas artes de viver e de ser gente. Os mestres no centro da pedagogia, não apêndices.

As instituições, os métodos e os conteúdos, os rituais e as normas que são mediadores deste diálogo, convívio e encontro de gerações, roubaram a centralidade dos sujeitos e passaram a ser o centro do imaginário social sobre a educação. É necessário recuperar os sujeitos tão centrais nas matrizes mais perenes da teoria pedagógica.

Este é o foco das propostas pedagógicas que acompanho, recuperar matrizes perdidas, a educação como encontro de gerações, dos pedagogos e da infância. Recuperar os sujeitos da ação educativa. Ninguém mais autorizado para nos acompanhar na história destas propostas pedagógicas do que os pedagogos-docentes, seus agentes.

Recuperaremos o direito à Educação Básica universal para além de "toda criança na escola" se recuperarmos a centralidade das relações entre educadores e educandos, entre infância e pedagogos. Colocando seu ofício de mestre no centro da reflexão teórica e das políticas educativas. Colocando os conteúdos e os métodos, a gestão e a escola como mediadores desta relação pessoal e social. Como meios. Deixando de ver os professores(as) como recursos e recuperando sua condição de sujeitos da ação educativa junto com os educandos.

Por tudo isto optei por falar de nosso ofício, de nós mesmos. Há uma intencionalidade política e pedagógica na escolha dos mestres. Trazê-los ao centro do movimento de renovação educativa e contribuir para a desconstrução de um imaginário social que os secundariza. Imaginário que impregna as políticas de educação de currículos e até de formação e "valorização" do magistério. Imagens e autoimagens confusas de mestres, sempre em segundo plano, no distanciamento. Fora de foco.

Dialogo sobre estas inquietações que há tanto nos perseguem. Inquietações que são decisivas na vontade de construir outras autoimagens e imagens sociais do magistério e da Educação Básica. Há dias em que estas imagens afloram com todo seu peso, por exemplo, o dia do professor. Ultimamente, os professores são notícias não apenas no seu dia. Quase todo dia é dia de professor na mídia, nas paralisações e nos confrontos até de rua. Faz tempo que os mestres saíram da toca de sua sala de aula e estão aí incomodando e mostrando quem são: professores, educadores, ou baderneiros? Que imagens eles mostram e que imagens a sociedade vê?

Nos confrontos recentes entre os professores, governantes e tropas de choque, nas avenidas e praças paulistanas, uma das primeiras damas comentou: *"em realidade lá não tinha professores, se fossem educadores não teriam este comportamento"*.

Quando li a notícia e o comentário acabava de ler Adélia Prado. Pensei que muitos professores devem ter sentido o que ela, com tanta sensibilidade poética, expressou:

> *"quero ficar surda para suportar*
> *os que me querem humana,*
> *e por esta razão me chamam desumana,*
> *granito cheio de musgo"...*

E as professoras, tantas que lá estavam carregando bandeiras e faixas e apanhando, não sendo reconhecidas como educadoras podem ter tido os mesmos sentimentos que Adélia Prado expressa sobre a condição de mulher:

> *"quando nasci um anjo esbelto,*
> *desses que tocam trombeta, anunciou:*
> *vai carregar bandeira.*
> *Cargo muito pesado pra mulher*
> *esta espécie ainda envergonhada".*

Tenho insistido que o mérito da Escola Plural tem sido sintonizar-se com o movimento de renovação pedagógica e com o movimento social e cultural. Nessas fronteiras está a categoria do magistério desde o final dos anos 70. Não foram as propostas inovadoras que trouxeram os mestres ao centro da arena político-pedagógica. Eles já estavam lá. Nas greves de 79 ocuparam as ruas, as praças e escadarias dos palácios dos governos mostrando seu rosto, sua identidade. Ao longo destas duas décadas, docentes de Escola Básica ocuparam a mídia, incomodaram os gestores e os governantes, e revelaram a falta de ética na condução do público, incomodaram e se afirmaram como sujeitos políticos e também pedagógicos. Superaram imagens confusas e afirmaram autoimagens mais nítidas.

Em um congresso nacional de que participei em 1980, refleti sobre a presença da categoria na cena política manifestada nas greves de 1979 e me perguntei pelas suas consequências para os rumos da educação. *"Trabalhadores e educadores se identifi-*

cam, que rumos tomará a educação brasileira?" Este foi o título da minha fala. Uma questão que tem me perseguido ao longo desses anos: que imagens e autoimagens de mestre e de seu ofício estão em construção nas últimas décadas?

Olhar os mestres é o melhor caminho para entender a escola e o movimento de renovação pedagógica. Para entender, também, o sentido de propostas como a Escola Plural, Escola Cidadã, Escola Democrática, Escola Sem Fronteiras... Todas têm tudo a ver com os rumos que tomam a educação brasileira.

Em 1986 dedicava o livro *Da escola carente à escola possível*[1] *"aos profissionais do ensino que, com suas lutas e sua organização, vão conquistando condições de trabalho para que a construção da escola popular se torne possível neste país"*.

Nessas fronteiras e sonhos convivo com milhares de professores da Escola Básica. Fronteiras de inovação educativa, de reivindicações de direitos. Naquela época destacava como aí, nesses confrontos, os docentes vão construindo a escola possível, nem sempre a escola sonhada. Nestas reflexões aqui reunidas destaco como muitos caem, abandonam o magistério, mas milhares se descobrem mestres do ofício perene de educar.

Constroem o mestre e o ofício possível e impossível. Uma história tensa do magistério.

No dia do professor de 1995 reunimo-nos, em um teatro em Belo Horizonte, para dialogar sobre nosso dia, melhor, sobre o ofício nosso de cada dia. Durante mais de um ano vínhamos pensando na pluralidade de práticas significativas, inovadoras, silenciosas e transgressoras que as professoras e os professores inventam no seu cotidiano. Buscamos os significados destas práticas, os eixos mais expressivos e fomos amarrando a Proposta político-pedagógica Escola Plural (o nome inicialmente fazia referência à pluralidade de práticas existentes na rede municipal que mostravam a emergência de uma escola mais plural).

Seguindo esse trajeto das práticas, nos encontramos com os profissionais destas práticas. Não fomos atrás de diagnósticos sobre grades, currículos, cargas horárias, repetência e reprovação, problemas crônicos da escola. Nosso foco não era a instituição escola e seus clássicos componentes e problemas. Seguindo as trilhas das práticas nos encontramos como sujeitos dessas práticas.

A Proposta Escola Plural inicia com um subtítulo: *"Assumindo a Escola Emergente"*. Hoje reconheço que deveria ter sido: *"Reencontrando e assumindo nosso Ofício de Mestre"*. Em outubro de 1995 já era perceptível o foco verdadeiro da Proposta e no dia do professor ficou mais claro: a Escola Plural mexia com tempos e espaços, estruturas, séries e rituais, mas, sobretudo, mexia conosco.

Lembro-me de um depoimento de um professor: *"não tenho clareza para onde a Proposta nos levará, somente sei de uma coisa: não dará mais para voltar a ser o que*

---

1. ARROYO, Miguel (org.). *Da escola carente à escola possível*. São Paulo: Loyola, 1986.

éramos". Nossa identidade e nossa autoimagem estavam em jogo. Sempre que mexemos com currículos, métodos, regimentos, até com a parte física da escola, mexemos com os educadores e as educadoras. Mexemos com suas práticas e com sua autoimagem, com suas possibilidades de ser. Recuperamos dimensões perdidas, ou guardadas no baú dos esquecidos.

Às vezes, diante da figura do professor(a), sinto-me como se estivesse diante de um velho e apagado retrato de família. Com o tempo perderam-se cores e apagaram-se detalhes e traços. A imagem ficou desfigurada, perdeu a viveza, o interesse. Mais um retrato a guardar na gaveta de nossos sonhos perdidos, para revê-lo em tempos de saudade.

Um retrato na gaveta ou na parede como dói! (lembrando Drummond). Dói a imagem de professor que carregamos, a imagem de professor que a mídia e os governantes projetam sobre os mestres da Escola Básica. E nossa autoimagem é menos doída? Sabemos bastante o que pensam sobre os professores(as) seus governantes, as políticas de renovação curricular e as propostas dos centros de formação e requalificação. São as imagens dos outros, projetadas sobre o magistério. E nossa autoimagem e autoprojeção? Como a categoria pensa em si mesma? No espelho dos outros ou no próprio espelho?

Nas suas lutas e práticas inovadoras, a categoria do magistério básico vem construindo outras imagens nítidas, destacadas. Com traços incômodos que não coincidem com as velhas imagens sobre ela projetadas ao longo dos anos. As propostas pedagógicas como a Escola Plural trazem de volta, sem saudosismo, esse retrato vivo de cada mestre e da categoria para recuperá-lo na memória e nas práticas. Para recuperar traços perdidos e revivê-los nas luminosidades do presente. Estes textos falam dessas imagens e autoimagens.

Naquele dia do professor, dialogamos sobre essas imagens que doem quando compartilhadas. Fomos descobrindo que é difícil identificar nosso ofício de mestres com uma imagem única, que somos múltiplos, plurais. Que o que sabemos fazer e temos de fazer no cotidiano convívio com a infância, adolescência e juventude não cabe em imagens simplificadas, nem em um único conceito, professor, docente, mestre, alfabetizador, supervisor, orientador. Carregamos todos uma história feita de traços comuns ao mesmo ofício.

O diálogo daquele dia sobre nosso ofício de mestre deu origem a outros diálogos, outros pensamentos compartidos que fazem parte deste livro, intitulado *Ofício de mestre*. A fala daquele dia do professor inspirou o título destes textos.

Eles refletem o momento tenso que estamos vivenciando de dúvidas mais do que certezas. Não pretendem acabar com as dúvidas nem trazer certezas. O momento é peculiarmente rico para discutir e para livrar-nos de imagens pesadas do magistério porque há muitas dúvidas sobre elas. Ir atrás de certezas mataria a riqueza pedagógica do momento. Não tive como horizonte dar uma de mestre que tira as respostas verdadeiras do baú de sua sabedoria. Tenho mais dúvidas do que certezas, me deixo contaminar pelo momento que vivo. Estou mais preocupado em entender o percurso coletivo. Outras formas de pensar nosso ofício, de encontrar seu sentido e de inventar práticas, saberes e valores.

Procuro não tratar as incertezas que observo como perguntas a responder. Não existem respostas a dar, porque em realidade não são perguntas, mas o que está em jogo são sentimentos e vivências existenciais, sentidos. Não falo em problemas da escola nem dos seus mestres, porque significaria despertar a espera de soluções. Tratar em qualquer lógica fechada o momento vivido pela categoria será matar suas virtualidades pedagógicas. Como explorá-las? Reconhecendo a seriedade das inquietações e incertezas e o que elas revelam de libertação de imagens de magistério coisificadas, impostas. Desconstruí-las será um alívio penoso, mas alívio. Já é muito nos sentir um pouco aliviados.

Em realidade, estes textos têm uma certa autonomia, foram escritos nas idas e voltas de tantas viagens de encontros com professores sobretudo da escola pública. Viagens ao magistério.

Revisitar o magistério é como revisitar nosso sítio, nosso lugar ou nossa cidade. É reviver lembranças, reencontros com nosso percurso profissional e humano. Reencontrar-nos sobretudo com tantos outros e outras que fizeram e fazem percursos tão idênticos. O magistério é uma referência onde se cruzam muitas histórias de vidas tão diversas e tão próximas. Um espaço de múltiplas expressões. Usamos entre nós o termo categoria, magistério, a categoria do magistério, a categoria em greve, a categoria injustiçada. Somos um coletivo. Há uma imagem de coletivo na representação social e na nossa representação.

Quando revisitamos nosso lugar, nossa cidade, matamos saudades e encontramos surpresas. Cada vizinho nos conta uma história do lugar. Não podemos acreditar em tudo, mas nos faz bem ouvi-las. Reacendem nossa memória e nossa identidade. Somos o lugar onde nos fizemos, as pessoas com quem convivemos. Somos a história de que participamos. A memória coletiva que carregamos.

Voltar ao magistério é voltar a um dos lugares que mais mexem conosco porque somos professores, por tantos anos e tantas horas diárias. *"Resolvi ser professora com 15 anos. Nova demais. Brigas e namoros com o magistério. E aí estou até hoje..."* Voltar ao magistério é lembrar nossa própria história. Encontrar companheiros(as) de tantas greves e mobilizações e de tantos congressos, seminários e conferências e lembrar as marcas que nos deixaram e o profissional que nos fizemos. Reencontrar colegas de escola, de área, de rede, é lembrar projetos, inovações e transgressões pedagógicas onde reinventamos o sentido para o cotidiano de nosso ofício tão sem sentido.

Cada um destes textos foi uma visita ao magistério como nosso lugar, nas praças, ruas ou becos onde o vivemos, onde temos histórias a contar e marcas de nossa identidade a descobrir. Que categoria profissional nós construímos nesses trajetos tão recentes de nossa trajetória?

Mais do que respostas a esta pergunta, que é de cada um de nós e da categoria, trouxe as minhas impressões ou os meus sonhos e desejos. Trouxe traços de um magistério real, sem nome, em construção, possível...

O que mais me interroga são as imagens de mestre, docente, educador, professor ou professora que estamos desconstruindo e construindo. Quais são os traços perenes e novos desse ofício e dessa arte de tão longa história?

Manifestei o tempo todo minha curiosidade pela história em que estamos envolvidos, pelos convívios sociais e culturais, pelos embates e lutas que nos marcam, que nos oferecem os materiais, as cores com que vamos reinventando nosso ofício de mestre. As transgressões políticas. Como esquecer tantas paralisações? E as inovações pedagógicas, as reformas curriculares, as políticas oficiais, a produção teórica, as propostas político-pedagógicas, a organização da escola em ciclos de formação... Explorei um pouco essas frentes onde nos fazemos.

Apontei de maneira dispersa, mas enfática, que o mestre que somos, o pedagogo-educador que aflora em nós, reflete o rosto, o percurso ou sem-percurso da infância que acompanhamos. Não esqueci que a infância tem sido nossa cúmplice ao longo da história da pedagogia e de nossa condição de pedagogos. Uma frase apenas de efeito?

Escrevo esta apresentação no dia 13 de junho. O jornal do dia destaca: *"Criança e adolescente: dez anos de estatuto"*. No rádio e na TV, comentários de juristas, de assistentes sociais, de psicólogos e políticos sobre o *"Estatuto da Criança e do Adolescente"*. E nós, educadores pedagogos, o que temos a dizer? Ninguém nos pede opinião? Qual a nossa opinião se com eles convivemos todo dia, se somos seus pedagogos? Um jornal me chamou hoje para completar uma matéria. Fiquei aliviado e pensei: será sobre o Estatuto? Sobre seus dez anos? Nada. Era sobre a reação do magistério paulista à progressão continuada e a não reprovação dentro dos ciclos, ou amontoados de séries da Sees-SP.

Sinceramente, me senti frustrado, não temos nada a ver, nem a dizer sobre a trajetória dos direitos da infância e da adolescência? Nossa trajetória de pedagogos não é sua trajetória? Por que apenas nos veem como docentes que ensinam, aprovam-reprovam e não sabem ensinar sem reprovar? Que imagens a sociedade tem de nós? De nosso ofício? Coincidem tão certinho com nossas autoimagens ou estamos lutando por construir outras?

Chego a pensar que só reconstruiremos nossa imagem de pedagogos na medida em que nos reencontremos com a infância que nos dá sentido. Infância e adolescência que cada dia estão mais desafiadoras nas ruas e também nas escolas. Seu rosto desfigurado é tão parecido com o nosso rosto desfigurado. Dez anos de tentativas de reconstruí-lo, de pressões para afirmar-se sujeitos de direitos. Que trajetos tão parecidos, infelizmente tão paralelos e ignorados.

Não saberia dizer se o que escrevi são reflexões, imagens ou recordações do ofício de mestre. Ou apenas vontades, viagens, saudades e desejos... Mas quais são as viagens e imagens dignas de serem recordadas? Não estamos saturados de imagens de professor(a)? Não estamos com vontade de esquecer tantas imagens de mestre que nos perseguem? Se tivéssemos o poder de apagá-las estaríamos livres para reconstruirmos novas autoimagens?

Fazer o percurso à procura do ofício de mestre, artífice, artista que há em nós, reaprender saberes e artes, recuperar a imagem bela que estamos construindo nas últimas décadas. É a vontade e o sentimento que inspiram estes textos. Contar para mim, e a nós mesmos nossa própria história.

Peguei emprestada a epígrafe de Jorge Larosa: *"pois não é de todo infeliz aquele que pode contar a si mesmo a sua história"*. Não seremos de todo infelizes, podemos contar a nós mesmos a nossa história de mestres.

Ainda pego emprestada outra epígrafe em que Jorge faz referência a um pensamento de Samuel Beckett: *"Sim, em minha vida... houve três coisas: a impossibilidade de falar, a impossibilidade de calar e a solidão"*.

1
Conversas sobre o Ofício de Mestre

"Não me arrependo do que fui outrora,
Porque ainda o sou".

Fernando Pessoa

"Nossa Memória". Assim destacava um cartaz na entrada da escola. Fizeram uma bela exposição. Alunos, professores e a comunidade observando tudo. Eu também observava curioso velhas fotos da vida escolar, de seus mestres e alunos. A ordem da exposição seguia a linha do tempo. As fotos de inauguração da escola e de várias festas e formaturas, das passadas e das mais recentes. A criançada tentando identificar-se, *"olha o uniforme e o cabelo! Que antiquados!"* Em outro canto um grupo de professoras fazia seus comentários: *"passam os anos e continuamos tão iguais!" "É, mas um pouco mais moderninhas",* comentou uma professora.

Nos alunos a surpresa alegre de serem outros. Nos mestres a surpresa inconformada de que não deixamos de ser os mestres que outros foram.

Para as professoras aquelas fotos eram mais do que a memória da escola, eram sua Memória. Descobriam-se tão iguais no passado! No silêncio de seus olhares, uma viagem de volta a um presente incômodo redescoberto na "Memória".

Não há como olhar-nos sem entender que o que procuramos afirmar no presente são traços de um passado que mudou menos do que imaginávamos. O reencontro com "Nossa memória" nos leva ao reencontro com uma história que pensávamos (ou desejávamos) não mais existir. *"Continuamos tão iguais"* que poderíamos estar nas fotos no lugar dos mestres de outras décadas. Paramos no tempo? Apenas *"um pouco mais moderninhos?"*

Estamos atrás de nossa identidade de mestres. O que não mudou, talvez, possa ser um caminho tão fecundo para entender-nos um pouco mais, do que estar à cata do que mudou, dos moderninhos que agora somos. Mas por que continuamos tão iguais os mestres de outrora e de agora? Porque repetimos traços do mesmo ofício, como todo artífice e todo mestre repetem hábitos e traços, saberes e fazeres de sua maestria. Nosso ofício carrega uma longa memória.

Guardamos em nós o mestre que tantos foram. Podemos modernizá-lo, mas nunca deixamos de sê-lo. Para reencontrá-lo, lembrar é preciso.

Os segredos e as artes de ofício

Escolhi intencionalmente o termo "ofício de mestre" porque nos remete a nossa memória. Alguns se estranharão com uma palavra não tão familiar – usar o termo ofício não se contrapõe ao movimento da categoria para afirmar seu fazer qualificado e profissional? Pretendo afirmar essa dimensão retomando a palavra ofício que incorpora esse movimento.

O termo ofício remete a artífice, remete a um fazer qualificado, profissional. Os ofícios se referem a um coletivo de trabalhadores qualificados, os mestres de um ofício que só eles sabem fazer, que lhes pertence, porque aprenderam seus segredos, seus saberes e suas artes. Uma identidade respeitada, reconhecida socialmente, de traços bem definidos. Os mestres de ofício carregavam o orgulho de sua maestria. Inquietações e vontades tão parecidas, tão manifestas no conjunto de lutas da categoria docente.

No auge de uma greve e nos múltiplos congressos e seminários que acompanho afloram saberes e segredos aprendidos. Aflora o orgulho de ser professor, conquistado nas lutas para ser socialmente reconhecido. Quando termina uma mobilização da categoria, não fica apenas a ressaca de reivindicações não atendidas. Ficam autoimagens reconstruídas. Os desejos agora são recordações. O mesmo sinto quando nos despedimos depois de alguns dias de congresso e encontro. Fica mais do que boas falas, anotações de relatos de experiências. Ficamos nós mais convencidos, até orgulhosos de nossa identidade coletiva. Os desejos agora são autoimagens.

Continua, ainda, a pergunta? Por que falar em ofício de mestre? Tenho ainda outro motivo. O termo ofício não nos remete a um passado artesanal? Possivelmente seja a hipótese que costura estas reflexões: há constantes no fazer educativo que não foram superadas, mas antes incorporadas, mantidas pela moderna concepção da prática educativa. E mais, o pensar e fazer educativos modernos têm como referência qualidades que vêm de longe e perduram no trato da educação e socialização das novas gerações. A educação que acontece nas escolas tem, ainda, muito de artesanal. Seus mestres têm que ser artesãos, artífices, artistas para dar conta do magistério.

O saber-fazer, as artes dos mestres da educação do passado deixaram suas marcas na prática dos educadores e das educadoras de nossos dias. Esse saber-fazer e suas dimensões ou traços mais permanentes sobrevivem em todos nós. O conviver de gerações, o saber acompanhar e conduzir a infância em seus processos de socialização, formação e aprendizagem, a perícia dos mestres não são coisas do passado descartadas pela tecnologia, pelo livro didático, pela informática ou pela administração de qualidade total. A perícia dessas artes poderia ter sido substituída por técnicas, entretanto nem os tempos da visão mais tecnicista conseguiram apagar estas artes, nem os novos tempos das novas tecnologias, da TV, da informática aplicados à educação conseguirão prescindir da perícia dos mestres. Educar incorpora as marcas de um ofício e de uma arte, aprendida no diálogo de gerações. O magistério incorpora perícia e saberes aprendidos pela espécie humana ao longo de sua formação.

Muitos saberes de muitos ofícios foram destruídos pela industrialização, pelo avanço das máquinas, da tecnologia, da incorporação do saber operário e do seu controle. Processos tensos de eliminação dos ofícios e dos artífices... Processos históricos de expropriação do saber operário. Mas foi eliminado mesmo o saber dos trabalhadores ou houve resistências e reapropriações? Esse saber coletivo se afirmou como um saber de classe e de categorias. Os trabalhadores construíram nesses embates um saber próprio. Sabem mais, construíram sua nova identidade e seu novo orgulho. No campo da educação, da socialização, do desenvolvimento e formação humana esses processos seguiram o mesmo caminho? Esta é a questão que nos persegue. O que ficou em nós do velho ofício do magistério?

Escolher o termo "ofício de mestre" sugere que apostamos em que a categoria mantém e reproduz a herança de um saber específico. Sem deixar de reconhecer pressões, embates nessa direção e também resistências às tentativas de administração gerencial, de expropriação do saber profissional dos professores através da organização parcelar do trabalho. Como ignorar esses embates no campo da educação? Como não perceber que o saber-fazer de mestre teve alterações profundas com as tentativas de incorporação desses processos "racionais" na gestão dos sistemas de ensino, na organização e divisão do trabalho?

Um olhar apenas centrado na história das políticas, das normas e dos regimentos, da divisão gradeada e disciplinar do currículo e do trabalho, da incorporação dos especialistas, da separação entre os que decidem, os que pensam e os que fazem, nos levará fácil e precipitadamente a concluir pela eliminação de qualquer das tradicionais dimensões e traços do ofício de mestre. Mas cabem outros olhares que pretendam ser mais totalizantes para perceber que os traços mais definidores de toda ação educativa resistiram e perduram. Há uma resistente cultura docente.

O trabalho e a relação educativa que se dá na sala de aula e no convívio entre educadores(as)/educandos(as) traz ainda as marcas da especificidade da ação educativa. A escola e outros espaços educativos ainda dependem dessa qualidade. As tentativas de racionalização empresarial não conseguiram tornar essa qualificação dispensável. Além do mais, para que substituir uma escola centrada nas relações interpessoais e em processos e saberes artesanais, por uma escola centrada na racionalidade empresarial, na desqualificação do trabalho, se o trabalho qualificado dos mestres é tão barato?

Conversar sobre o ofício de mestre tem ainda outra motivação: é entre nós e sobre nós que conversamos em tantos encontros, congressos e conferências, em tantas tentativas coletivas de construir a escola e de nos construirmos como profissionais. Por todo lado e a qualquer pretexto, se inventam encontros, mais da categoria do que oficiais. Encontros onde o olhar é sobre a prática, o fazer e pensar educativo, sobre os projetos de escola, sobre as áreas do conhecimento, sobre as condições de trabalho, salariais, de carreira, de estabilidade. Sobre nossa condição e identidade coletiva. Quanto mais nos aproximamos do cotidiano escolar mais nos convencemos de que ainda a escola gira em torno dos professores, de seu ofício, de sua qualificação e profissionalismo. São eles e elas que a fazem e reinventam.

Um ofício descartável?

Temos uma história e uma memória. Dominamos segredos e artes de um ofício. De um ofício descartável? Os apelos tão na moda de todos os lados, dos interesses neoliberais e também dos progressistas de pretender colocar no cerne da ação educativa escolar a comunidade, as famílias e as organizações sociais, a sociedade difusa dos empresários, a mídia e os amigos da escola, correm o perigo de descaracterizar esse núcleo constitutivo de toda ação educativa. Correm o perigo de tirar o foco da dimensão pessoal, do diálogo e convívio de gerações, do saber-fazer, das artes dos professores. Esse núcleo da ação educativa acontece nos tempos e espaços de convívio pedagógico. Não se dará ou mudará apenas porque a comunidade seja mobilizada para debater a gestão escolar.

Não podemos confundir e substituir a gestão participativa pelo cerne da relação educativa. A mobilização e participação das comunidades e das famílias poderia ser equacionada nas dimensões socializadoras, educativas que sem dúvida têm. Poderia ser uma oportunidade para que os educandos e educadores percebessem as proximidades entre os espaços familiares, comunitários e escolares, entre os saberes do currículo e os saberes sociais. Poderia ser uma oportunidade para que a escola se abra à cultura, à memória coletiva e à dinâmica social. Cientes, porém, de que avançar nas formas de participação da comunidade escolar e da sociedade não suprirá nunca o ofício dos mestres, assim como avançar na gestão participativa dos centros de saúde não poderá dispensar nunca o trabalho artesanal e profissional dos profissionais da saúde.

Quando se buscam rendimentos políticos a curto prazo é tentadora a mobilização em torno dos direitos sociais, saúde, educação, moradia, etc. São eles o centro das lutas e anseios populares. Porém nem sempre essa mobilização tentadora tem significado avanço na efetivação desses direitos.

Investir na garantia desses direitos, no trabalho dos seus profissionais, na qualificação dos tempos e espaços de sua ação e da materialidade e das condições de intervenção é mais caro, mais lento, e politicamente menos manipulável e rentável do que campanhas e mobilizações para angariar amigos da escola. A história mostra que tem sido pelo investimento nos profissionais e nas condições para desenvolverem seu ofício com profissionalismo que a garantia dos direitos sociais tem avançado em todas as áreas. Já desde a Grécia se criou uma figura especializada em conduzir a infância, o pedagogo. Como se criou um especialista nas artes da saúde. Figuras que aprenderam a agir com maestria e ética. Quando os direitos sociais são usados para rendimentos políticos, eles regridem, e os profissionais reagem por descobrirem-se usados. É fácil perceber essa reação das categorias profissionais a essas fluidas mobilizações de muitas administrações, de cores políticas diversas.

A categoria de profissionais da educação percebe que é atacada de vários lados: do lado das gestões tecnocráticas, "modernizantes", que consideram a educação centrada no seu ofício qualificado como um lastro de tempos pré-industriais e jogaram a escola para uma comunidade difusa, amorfa. Mas também o ataque vem do lado das gestões progressistas, que abrem tanto a responsabilidade social e comunitária do trato da educação escolar que, se não dispensam, ao menos descaracterizam a centralidade da ação qualificada dos profissionais. *"Mobilizar a comunidade é a solução"*, defendia um secretário de educação perguntado pelas saídas para a crise da escola pública. Será? No dizer de um conceituado e comprometido profissional da saúde pública, a educação está passando pelos mesmos riscos de descaracterização por que passou a saúde pública na década de 80. A fluidez de seu trato, sobretudo quando se pensa na educação e na saúde pública, pode atrasar a construção de sistemas públicos, única garantia de direitos.

Diante dessas ameaças a categoria de trabalhadores em educação se volta sobre ela mesma e tenta defender e reafirmar a especialidade de sua ação, de seu ofício, de seu saber-fazer, saber planejar, intervir, educar. É oportuno falar-nos sobre nosso ofício. Podemos perceber um movimento de retomada da especificidade da ação profissional ameaçada de vários lados. É curioso perceber que, quando os próprios professores levantaram a bandeira da gestão democrática, significou um movimento de afirmação da categoria frente a invasão da escola pelos governos e pelos partidos, pelas barganhas políticas. O alargamento da gestão no sentido de inclusão da comunidade, das famílias e da sociedade ampla e difusa na administração escolar é outra bandeira, venha de onde vier, que ameaça a centralidade da categoria e do peso das decisões coletivas de mestres das artes de ensinar e de educar.

Não temos dúvida que a garantia dos direitos sociais somente acontecerá na afirmação de uma cultura pública, no reconhecimento social, coletivo desses direitos, no comprometimento da sociedade. Sabemos que a educação enquanto direito é uma empreitada tão séria que não poderá ficar apenas por conta dos seus profissionais, mas também não aconteceria sem eles, sem sua perícia, seu trabalho qualificado. Seu planejamento e ação competentes são insubstituíveis. Seu ofício não é descartável.

A especificidade do saber-fazer educativo

Uso o termo "ofício de mestre" tentando aproximar-me destes processos que me parecem extremamente significativos para a construção social do magistério básico. Recuperando esse termo, quero destacar que está em jogo a defesa do seu antigo significado, que vê no pedagogo, no educador ou no mestre um homem, uma mulher que tem um ofício, que domina um saber específico. Ter um ofício significava orgulho, satisfação pessoal, afirmação e defesa de uma identidade individual e coletiva. De uma identidade social do campo de sua ação.

Dialogar sobre o ofício de mestre é tentar interpretar a história mais recente. Durante as últimas décadas podemos acompanhar um movimento de afirmação profissional dos professores que vêm se reconhecendo e exigindo ser reconhecidos como categoria, com sua especificidade histórica, social e política. Que vêm afirmando e defendendo sua identidade. Um momento forte aconteceu no final da década de setenta e se intensificou na década de 1980, o centro foi a defesa de sua identidade como trabalhadores em educação. Na década de1990, este movimento passa pela defesa da especificidade de seu saber e fazer, o que vem reforçar a defesa da identidade da categoria como trabalhadores em educação. Esta identidade foi afirmada frente ao Estado empregador que os descaracteriza como funcionários. A nova identidade tende a ser afirmada frente a nova descaracterização da escola e da ação educativa.

Estamos em um momento de reafirmação da dimensão de trabalhador qualificado, senhor de um saber de ofício, um mestre nas artes de ensinar e educar, insubstituível, resistindo às ameaças de sua descaracterização. Este novo momento pode significar a defesa de um certo "monopólio" dessa função social. Diante desse movimento nos perguntamos: que sentido ele tem? Reafirma uma visão tradicional da função de mestres, ou incorpora a defesa de dimensões e funções profissionais permanentemente ameaçadas?

Estes dois processos que se dão nas duas últimas décadas de formas diversas têm significado uma autodefesa. A defesa do trabalho e do saber qualificado é a defesa daqueles que o exercem, de sua identidade e centralidade social. É uma autodefesa, que apressadamente pode ser interpretada como corporativa, contrária a abrir a escola e seu saber-fazer ao crivo da participação social mais ampla. No meu entender essa seria uma interpretação parcial, precipitada, que deve ser melhor ponderada. Podemos ver este momento como uma percepção que os próprios profissionais têm da especificidade do seu saber-fazer como insubstituível, logo a ser defendido e a ser tratado com a devida seriedade e respeito.

Nessa autodefesa podemos ver ainda um dos mecanismos mais sérios de afirmação da identidade do campo educativo. A quem interessa que a escola seja considerada como terra vadia, de todos e de ninguém? Como responsabilidade de uma concepção difusa de comunidade? Como um clube de amigos ou como pretexto para outras finalidades políticas, por mais justificativas progressistas que elas apresentem? Usar os direitos humanos como pretextos para mobilizações difusas será sempre um desrespeito aos sujeitos desses direitos e aos profissionais que os garantem. As questões que têm estado em jogo nestas décadas são essas: a defesa da identidade dos profissionais da educação, de sua qualificação e profissionalismo e a defesa da especificidade do campo educativo. Ambas caminharam juntas ao longo da história.

Refletir sobre esse movimento é trazer à cena o próprio ofício de mestre, a construção social desse profissional e do campo educativo. Um processo histórico delicado que esteve na base da garantia do direito social à educação e à cultura. Que lança as bases onde se enraíza essa garantia: na configuração de campos sociais e dos papéis sociais que dele deem conta. Sem essa base e esse subsolo os direitos ficam soltos, à mercê de mobilizações pontuais, de responsabilidades difusas.

O direito à educação nunca será garantido por um clube de amigos. Já temos amigos e amigas da cultura, de animais de estimação ameaçados, de crianças de rua, de órfãos e agora a mídia e os governos lançam a campanha "Amigos da escola!" Mais um capítulo de nossa longa história, de sua descaracterização. A educação escolar tratada como uma terra vadia, sem cercas, facilmente invadida por aventureiros ou por amigos. Mui amigos! Qualquer um entende, palpita sobre a escola, aceita ser professor(a), secretário(a) ou gestor de educação. Paralelo a esse processo tivemos a descaracterização dos seus profissionais, ou a desprofissionalização dos mestres de escola. Qualquer um que domine um conhecimento e uma técnica, poderá ensiná-los como um biscate e um complemento a seus salários.

As artes de educar e o domínio da teoria pedagógica se tornaram desnecessários diante de um campo descaracterizado. A Lei 5692 de 71 descaracterizou a escola e os currículos de formação. As licenciaturas desfiguraram seus mestres. Os currículos gradeados e disciplinares empobreceram o conhecimento, a escola e os professores. O peso central dado ao domínio dos conteúdos das áreas nas licenciaturas e o peso secundário dado ao domínio das artes educativas reflete essa mesma concepção e trato descaracterizado do ofício e do campo educativo que vem se alastrando por décadas. Reduzimos a escola a ensino e os mestres a ensinantes. O movimento de afirmação do campo educativo, de sua especificidade e do profissionalismo do trato está no outro lado, vem na contramão dessa triste história. Tem sentido dialogar sobre o ofício de mestre.

A categoria percebe que está na contramão, que tenta levar essa velha história em outra direção. Percebe que afirmar a especificidade da educação e dos saberes profissionais pode significar a defesa da superioridade qualitativa do saber específico aprendido nos cursos de formação e, sobretudo, na prática educativa. Por aí a categoria encontra mais uma estratégia de defesa de si mesma, de suas condições de trabalho, de sua carreira e seus salários, de seus tempos de estudo, pesquisa e coordenação. De sua condição de profissionais.

Estas lutas só têm sentido se for reconhecida a especificidade de seu papel. A desvalorização do campo educativo e do saber profissional levará à desvalorização da categoria frente aos governos e à sociedade. Não será essa percepção que leva professores(as) a não se entusiasmar demasiado com essas ondas constituintes, participativas, que pensam gerir um campo tão específico à base de uma mobilização difusa? Há em foco questões demasiado sérias, entre elas a defesa social da escola, sua especificidade e a defesa dos docentes e de seu profissionalismo. Explicitar essas questões em jogo dará maior realismo político a este momento tão afirmativo dos direitos sociais. Falemos de nosso ofício. Temos muitas lutas a lembrar.

Quando acompanho os vinte últimos anos de história do magistério, vejo mais do que lutas por salários e carreira, estabilidade e condições de trabalho. Vejo a defesa e afirmação de um ofício que foi vulgarizado e precisa ser recuperado sem arrependermos do que fomos outrora, porque ainda o somos.

Há ainda outra motivação: a afirmação e defesa da especificidade do campo da educação e de seu trato profissional se dá em tempos em que os professores e as professoras têm maior segurança pelo fato de terem aumentado nestas décadas os níveis de qualificação em graduação e pós-graduação e por estarem passando por múltiplas formas de requalificação: cursos oficiais, congressos, conferências, oficinas, leituras, participação na ação sindical e nos movimentos sociais...

Todo esse acúmulo de qualificação leva a uma maior segurança e à consequente defesa da especificidade de seu saber-fazer, de seu ofício. Impressiona a quantidade de tempos de reflexão e de debate, de aprender a fazer, de leitura e de socialização de experiências que acontecem cada dia entre os profissionais da Escola Básica. Podemos ver nessas práticas uma procura de um saber-fazer melhor, mais fundamentado. Podemos ver uma afirmação profissional, um reencontro coletivo com sua identidade.

Este quadro tão dinâmico se depara com essas várias propostas de gestão difusa da escola, de elaboração ampla de políticas e de planos de governo. Há algo que não se encaixa. Como entender estes processos sociais e profissionais, seus encontros e desencontros? Podem ser articuladas essas duas tendências, o aumento da qualificação profissional de um lado, e o apelo difuso à gestão escolar, e à formulação de propostas de inovação, na base da adesão e da mobilização de todos? Como afirmar a dimensão social, a responsabilidade da sociedade e ao mesmo tempo reafirmar o trato profissional, a centralidade insubstituível da categoria e a responsabilidade dos governos na garantia dos direitos sociais? Mostrando que o magistério não é descartável.

Esse movimento faz parte da construção social do campo da educação e dos seus profissionais. Insisto no olhar social, tenso, mais de fundo. Reconheço as bases sociais onde se enraízam as garantias dos direitos. É aí que as tensões estão postas. Não ignorar que a escola, como direito, só avança quando enraizada no subsolo social. Na trama, nas redes e nos processos de produção e reprodução social e cultural. Mas não confundir esse subsolo com mobilizações e campanhas periféricas, com adesões pontuais e voluntaristas. É todo o contrário do que nos orienta quando defendemos o enraizamento social e cultural do direito à educação e à escola.

Mestres de ofício, não cata-ventos

Falar do ofício de mestre pode nos remeter ao passado, superado para alguns. Passado-presente, no meu entender, a ser recuperado. O que importa é através dessa expressão – ofício de mestre – e do passado que carrega entender-nos como continuadores de um saber-fazer enraizado no passado, em uma história. Fazemos parte dessa história. Vamos nessa estrada acompanhados por muitos mestres das artes de educar. Identificar nosso saber-fazer com essa memória poderá dar outra qualidade às lutas em defesa dos direitos profissionais.

As políticas de formação e de currículo e, sobretudo, a imagem de professor(a) em que se justificam perderam essa referência ao passado, à memória, à história, como se ser professor(a) fosse um cata-vento que gira à mercê da última vontade política e da última demanda tecnológica. Cada nova ideologia, nova moda econômica ou política, pedagógica e acadêmica, cada novo governante, gestor ou tecnocrata até de agências de financiamento se julgam no direito de nos dizer o que não somos e o que devemos ser, de definir nosso perfil, de redefinir nosso papel social, nossos saberes e competências, redefinir o currículo e a instituição que nos formarão através de um simples decreto.

Podemos denunciar tudo isso e cair num jogo de forças para impor outro olhar, outra política, mas se não sairmos dessa lógica, continuaremos no mesmo jogo e na mesma visão de que a categoria de professores não passa de um cata-vento. A questão passa a ser que vento sopra e quem controla hegemonicamente o vento que fará girar os mestres, que definirá o perfil, o currículo e a instituição conformadora dessa massa informe. O debate em torno dos PCNs, dos Currículos de formação, dos pareceres dos Conselhos e decretos presidenciais sobre as legítimas instituições formadoras refletem essas brigas externas à escola entre academia e governantes. Refletem essas concepções demasiado "políticas", voluntaristas, a-históricas no trato de uma categoria profissional tão velha – os pedagogos, os educadores da infância. Ofício tão enraizado na história quanto a infância. Um ofício que decretos e currículos sonham manipulável. Nem tanto porque carrega uma longa história.

Uso a expressão "ofício de mestre" para chamar a atenção para essa longa história, para procurar nossa identidade longe, para nos ver como uma construção social, histórica, cultural que finca raízes fundas no passado.

O historiador Eric J. Hobsbawm[2] (1987, p. 349s.) reconstrói a história de conceitos como artífice, ofício, mestre e artesão, sua herança e como a industrialização tentou redefinir, superar, mas também recuperar o conteúdo dessas formas de trabalho. Mostra como nesses embates há constantes que permanecem: o apego ao saber, ao estudo, à qualificação, à identidade individual e coletiva, ao campo de sua prática. Se pergunta sobre o que ficou dessa história e dessa herança na passagem para novas formas de trabalho. Um historiador mestre nessa percepção dos processos históricos, das descontinuidades e continuidades na história do trabalho, no fazer-se dos próprios trabalhadores, na construção de suas identidades. Uma sensibilidade histórica que tanta falta nos faz quando olhamos para o perfil de professor(a) de Educação Básica.

Temos uma história, fazemos parte de uma construção social, cultural, que tem sua história, que tem muito a ver com a história do trabalho, dos trabalhadores, de seus saberes e ofícios. Com a história do fazer-se da cultura operária. Não é esse o legado acumulado nos últimos vinte anos pelas lutas da categoria ao identificar-se como trabalhadores em educação?

Em certo momento de sua análise, Hobsbawm se pergunta: *"O que eles (os novos artífices) aproveitaram de sua herança de ofício pré-industrial?"* E responde não sem uma pitada de crítica às análises acadêmicas que ignoram o passado:

> *"Os acadêmicos não deveriam ter dificuldade em apreender as premissas por trás do pensamento e da ação de ofícios organizados, visto que nós mesmos continuamos em grande parte a atuar a partir dessas premissas. Um ofício compreendia todos aqueles que tinham adquirido as técnicas peculiares de uma ocupação mais ou menos difícil, através de um processo específico de educação, completado por testes e avaliações*

---

2. HOBSBAWM. Eric J. *Mundos do trabalho.* Rio de Janeiro: Paz e Terra, 1987.

que garantiam conhecimento e desempenho adequado do ofício. Em compensação estas pessoas esperavam o direito de exercer seu ofício e ganhar o que consideravam uma vida decente, correspondente a seu valor na sociedade e a seu status *social... E isto significava que eles tinham um direito inquestionável... Era um lugar-comum do debate político que o trabalho era "propriedade" do trabalhador e que deveria ser desta forma tratado... Em resumo, o ofício não era somente uma maneira de fazer dinheiro, mas, na realidade, a renda que ele proporcionava era o reconhecimento pela sociedade e pelas autoridades constituídas do valor do trabalho decente executado decentemente por grupos de homens respeitáveis, adequadamente treinados nas tarefas que a sociedade necessitava"* (p. 355).

Seria forçado pensar que tudo isso tem muito a ver com a história de nosso ofício de mestre? Que tem muito a ver com as lutas da categoria?

A identificação dos professores e das professoras como trabalhadores(as) assumida pela categoria desde final dos anos de 1970 nos coloca nessa longa herança a que Hobsbawm se refere. Os trabalhadores na academia, nas escolas continuamos em grande parte a atuar a partir das premissas dos ofícios, de sua herança. Carregamos uma ideia de coletividade, de domínio coletivo de saberes e de fazeres, de passagens por rituais idênticos de titulação, seleção e concursos. Provamos dominar saberes, conhecimentos e competências adequados a nosso ofício, e como coletivo esperamos o direito de exercê-lo e ganhar para ter uma vida decente, correspondente ao valor que a educação tem na sociedade.

Não foram estas as coordenadas em que a categoria avançou e se organizou? Não é essa a autoimagem construída? A defesa da escola, do papel central dos seus profissionais não recolhia e afirmava esse lugar-comum do debate político-histórico, que o trabalho é propriedade do trabalhador e que deve ser desta forma tratado? Não tem sido essa visão que vem inspirando as lutas por salários, carreira, condições e qualificação...?

Neste contexto histórico, nesta herança e neste debate político contemporâneo uso a expressão "ofício de mestre" e sobre essa história quero dialogar, continuar outros diálogos que venho travando com milhares de mestres em encontros, seminários e congressos. Temos muitas histórias a contar sobre nosso ofício porque não nos arrependemos do que fomos outrora, porque ainda o somos.

2
Um modo de ser

*"Sim, sou eu, eu mesmo, tal qual resultei de
tudo...
Quanto fui, quanto não fui, tudo isso sou...
Quanto quis, quanto não quis, tudo isso me
forma..."*

Fernando Pessoa

Lendo o livro *Imagens do outro*[3], me chamou a atenção uma pergunta que é posta logo na apresentação: *"... não sou eu mesmo um outro para mim mesmo...?"* Um outro que resultei de tudo e que me acompanha. Que somos e queremos deixar de ser. Não é fácil aceitar uma identidade tão socialmente determinada.

Participo de muitos encontros de professores(as). Num cartaz bonito e atraente se destaca o tema do seminário. Penso, o tema é esse ou o tema de tantos congressos somos nós? O clima é de festa, de encontro marcado. Encontros com nós mesmos, com nós-outros, com o outro que há em todos nós, o ser professor. Encontros que dão que pensar. Em que dá para sentir que amamos e odiamos o professor que há em nós. Que carregamos para a escola, para casa e para nossos congressos. Se percebe nos diálogos, nas experiências e práticas apresentadas que o que há de mais esperançador de que poderemos sair de lá liberados um pouco é o sentimento, a paixão e ódio para com o ser professor.

Problematizar-nos a nós mesmos pode ser um bom começo, sobretudo se nos leva a desertar das imagens de professor que tanto amamos e odiamos. Que nos enclausuram, mais do que nos libertam. Porque somos professores. Somos professoras. Somos, não apenas exercemos a função docente. Poucos trabalhos e posições sociais podem usar o verbo ser de maneira tão apropriada. Poucos trabalhos se identificam tanto com a totalidade da vida pessoal. Os tempos de escola invadem todos os outros tempos. Levamos para casa as provas e os cadernos, o material didático e a preparação das aulas. Carregamos angústias e sonhos da escola para casa e de casa para a escola. Não damos conta de separar esses tempos porque ser professoras e professores faz parte de nossa vida pessoal. É o outro em nós.

---

3. LAROSA, Jorge & ZARA, Maria Pérez de. (orgs.). Imagens do outro. Petrópolis: Vozes, 1998. – Ver: LAROSA, Jorge. Pedagogia profana – *Danças, piruetas e mascarados*. Porto Alegre: Contrabando, 1998.

Por vezes nos incomoda esse entrecruzamento de tempos e de vivências. De papéis sociais. Tentamos despir-nos dessa condição que se incorporou em nós. Tentamos afirmar-nos, profissionalizar nossos tempos, não misturá-los com visões antiquadas de vocação ou de amor. Gostaríamos de libertar-nos desses entrecruzamentos e reduzir o magistério a um tempo profissionalmente delimitado. E tendo cumprido esse tempo esquecer de que somos professores.

Assisti uma entrevista com uma atriz de teatro. Em debate a mesma questão nesse tipo de entrevista: se a personagem representada tinha a ver com a mulher-atriz, como separar a representação e a vida pessoal, como separar a personagem do humano de quem a representa... Em nosso caso, como tirar a máscara de professora, de professor quando termina o espetáculo da docência. A máscara virou um modo de ser? Personalidade? São frequentes depoimentos como estes: *"quando terminam as aulas quero deixar na gaveta as vivências do dia, não consigo". "Quando vou chegando em casa tento esquecer as lembranças da escola, não dá"*.

Nesse sentido, somos professores(as). Representamos um papel, uma imagem social, que carrega traços muito marcantes e muito misturados. Incômodos. A resposta à pergunta quem somos está colada a como foi-se constituindo a imagem social do magistério.

O ambíguo sonho da profissionalização

Por vezes ouvimos que essas fronteiras tão difusas entre os tempos da docência e os tempos da vida se devem a uma visão pouco profissional e às imagens ultrapassadas que temos de superar. A profissionalização do magistério aparece como um remédio para a afirmação de nossa identidade. Profissionalizados seremos capazes de separar nossos tempos, tirar a máscara após cada dia de docência e mostrar nossos múltiplos rostos com orgulho. Nas últimas décadas não faltaram pressões pela profissionalização do magistério, mas as incertezas ainda continuam. Seria mais uma máscara? Uma outra imagem mais moderna, racional e fria? A identidade pessoal e profissional estaria sendo redefinida com as pressões pela profissionalização da docência? Estamos avançando para um perfil de professor de tempos específicos, de competências exclusivas, de períodos definidos? O ser professor(a) estaria deixando de invadir outras dimensões de nossa existência? Somos ou apenas estamos professores e professoras?

No final dos 70 houve uma opção por definir-se como trabalhadores em educação. Trabalhadores como qualquer outros, caracterizados pelos traços do trabalho. Mais recentemente a identificação e valorização como profissionais passou a prevalecer no discurso. A identificação como professor-trabalhador ou como profissional não parece ter redefinido a autoimagem, nem mexido na imagem social. Somos outros ou continuamos os mesmos? Uma pergunta que aflora nos encontros e na abundante literatura sobre vidas de professores.

A preocupação por encontrar-nos como profissionais competentes em um campo do conhecimento vai e volta e reflete a procura da identidade coletiva e pessoal. Há profissões que têm seu estatuto definido e reconhecido. Entretanto, o saber-fazer dos professores de Educação Básica ainda não tem seu estatuto profissional. Mas poderá ter? A crença em que poderá ter é bastante dominante na categoria. O problema passou a ser apenas como chegar lá. Sendo mais competentes é o sonho. Tendo melhor preparo através de novos cursos de graduação, especialização, pós-graduação ou de formação permanente. Tornando a escola de melhor qualidade. Definindo uma carreira pautada por critérios "profissionais". Espera-se que a competência defina ou altere o imaginário social sobre nosso ofício. Nos libere da máscara.

A competência em um determinado recorte da ação social é colocada como um dos traços da profissionalização. Entretanto, nem todas as profissões são reconhecidas pela competência. A imagem social ou o reconhecimento social é mais importante do que a competência em si. O médico tem garantia de uma presumida competência. É socialmente reconhecido. Os mestres da Educação Básica não, ainda que dominem saberes e competências. Nem parece que estamos caminhando nessa direção e não por falta de competências acumuladas.

O discurso do profissionalismo é um sonho ambíguo. Do lado da categoria pode significar o reconhecimento e a valorização. Do lado social, pode significar a justificativa para adiar esse reconhecimento. Por falta de competência e de domínio de saberes, o reconhecimento e a valorização são sempre adiados. Quando os níveis de titulação aumentarem serás reconhecido e valorizado. Novos planos de valorização do magistério num futuro sempre adiado. O discurso da incompetência-competência não tem servido de justificativa, mais aparente do que real, para adiar esse reconhecimento? Não penso que os profissionais da Educação Básica sejam menos competentes do que outros profissionais de áreas próximas. A qualificação aumentou consideravelmente nas últimas décadas não obstante o estatuto profissional da categoria continua indefinido, ainda imerso em uma imagem social difusa, sem contornos.

Volto à pergunta que nos persegue: quem somos? Dominando competências mudaremos a imagem? Um ponto de partida para responder estas perguntas poderia ser este: Somos a imagem que fazem de nosso papel social, não o que teimamos ser. Teríamos de conseguir que os outros acreditem no que somos. Um processo social complicado, lento, de desencontros entre o que somos para nós e o que somos para fora. Entre imagens e autoimagens. É frequente lamentar que não somos socialmente reconhecidos. Mas como se constrói o reconhecimento social de uma profissão? Repito, seria um bom ponto de partida: somos a imagem social que foi construída sobre o ofício de mestre, sobre as formas diversas de exercer esse ofício. Sabemos pouco sobre nossa história. Nem nos cursos normais, de licenciatura e pedagogia nos contaram quanto fomos e quanto não fomos. O que somos.

Imagens tão diversas

Comecemos por um traço, a imagem social de professor não é única. O campo da educação não tem fronteiras bem definidas e além do mais é muito diversificado. Todos somos professores, pertencemos ao professorado, mas há hierarquias, há níveis e graus e há imagens bastante diferenciadas de ser, diferenças de salários, de titulação, de carreira, de prestígio. Diferentes formas de ser professor e professora. Não somos apenas professores de primário, fundamental, médio ou superior. Somos vistos com traços bem diferenciados e terminamos vendo-nos e vendo o magistério com traços bem diferenciados. Somos diversos. Há imagens sociais diversas do magistério e autoimagens diversas também.

Cada grupo de docentes tem experiências peculiares do reconhecimento social. Os professores de educação infantil carregam uma imagem difusa, pouco profissional. Lembro de uma professora inconformada com o perfil exigido para entrar no corpo de "profissionais" do maternal: simpatia, boa aparência, carinhosa no cuidado das crianças e amável no trato com as famílias... "Ninguém se interessou por minha formação, nem pelos cursos que frequentei", comentava. Não seria essa a imagem social de um médico pediatra para tratar dessas mesmas crianças, porque os médicos pediatras já gozam de um estatuto profissional e a professora da Educação Infantil não. Mudará essa imagem fluida se tivermos graduados, mestres e doutores em Educação Infantil? Possivelmente não. As identidades sociais são mais complexas e não dependem apenas dos níveis de titulação.

A professora das primeiras séries da educação fundamental carrega outra imagem social mais definida, porém ainda pouco profissional. A imagem de professora primária é dominante, com traços bastante feitos, onde predomina a competência para o ensino das primeiras letras e contas, mas sobretudo o carinho, o cuidado, a dedicação e o acompanhamento das crianças. Esses traços têm um reconhecimento bastante forte no imaginário social, porém não conferem um estatuto profissional. Podemos mudar o nome professora primária por professora de 1° grau, de Ensino Fundamental, de 1° ou 2° ciclos, por alfabetizadora, até profissional da Educação Básica ou pedagoga... A imagem social ainda está marcada pelos traços de professora primária construídos por décadas. Ser professora ou professor é carregar uma imagem socialmente construída. Carregar o outro que resultou de tudo.

O desencontro entre imagens sociais e imagens pretendidas pela categoria e autoimagens pretendidas por cada um cria uma tensão, um mal-estar que mantém sempre a pergunta: quem somos?

Os docentes de 5ª a 8ª e de 2° grau ou Ensino Médio teriam configurado sua imagem social pelo fato de serem licenciados? Possuem uma competência técnica em sua área, porém não conseguiram se afirmar como docentes e menos como educadores. Não incorporaram os traços reconhecidos da professora primária, nem a confiança social. Não incorporaram a figura do educador, condutor da adolescência e juventude como a professora incorporou o cuidado, a dedicação e o acompanhamento da infância. Nem conseguiram incorporar, ainda que licenciados, os traços da imagem de docente, professor de um campo do conhecimento, reservado ao professor universitário, socialmente definido com um estatuto de competente.

Os recortes do conhecimento nos atraíram, sobretudo nas décadas de 60 e 70, tempos de desenvolvimentismo, de especialização profissional, de departamentalização acadêmica, da produção e da pesquisa, tempos de valorização dos especialistas no mercado e do atrelamento da universidade e até do Ensino Fundamental e Médio às competências e especializações do mercado. Foi uma opção nem sempre livre. Passadas umas décadas nos perguntamos: sabemos melhor quem somos? Nosso estatuto profissional se afirmou? Como somos vistos no espelho do mercado? Qual nossa auto-imagem depois desse atrelamento ao domínio de competências em áreas recortes do conhecimento acadêmico e escolar?

Em muitos encontros de licenciados docentes de 5ª a 8ª e do Ensino Médio aflora essa indefinição profissional e pessoal, originada nessa indefinição social. A indefinição foi um traço construído na história desse nível de ensino e permanece. Está condicionada à história do antigo ginásio e dos cursos médios sempre preparatórios, nunca referidos a um tempo-ciclo específico da formação da adolescência ou da juventude, nem referidos a saberes para terminalidades específicas, mas a saberes sempre intermediários, preparatórios para o nível superior. No nível superior, os docentes e seus saberes têm um estatuto social reconhecido, mas o Ensino Médio é visto apenas como inter-médio, intermediário, indefinido. Esse é o imaginário social que as licenciaturas não redefiniram, antes reforçaram com anuência dos centros de formação e dos próprios profissionais teimosamente "profissionais" de suas áreas. Ficou o vácuo de um saber profissional capaz de dar conta da educação e da formação cognitiva, ética, estética, cultural etc. da adolescência e da juventude.

Nas últimas décadas, a adolescência e a juventude se afirmaram como tempos com traços mais presentes na mídia, na literatura, no cinema e na música. Se afirmaram nos diversos espaços sociais. Fala-se tanto em cultura juvenil, literatura juvenil, presença jovem. Estamos celebrando uma década do Estatuto da Criança e do Adolescente [sic]. Seria de esperar que essa afirmação desses ciclos da vida que correspondem à Educação Fundamental – 5ª a 8ª séries e Ensino Médio repercutisse no perfil de profissional da educação, nos seus saberes e na sua formação. Se esses docentes são os pedagogos desses ciclos da formação humana, seria normal que fossem afetados pelos novos perfis da adolescência e da juventude.

Lamentavelmente, não foram aproveitados esses avanços sociais e culturais havidos na configuração dessas temporalidades humanas para redefinir o caráter intermediário da 5ª a 8ª e do Ensino Médio. A figura do docente, licenciado numa área, não se aproximou nem aproveitou a configuração desse tempo educativo a exigir profissionais, saberes e competências específicas. Os docentes continuaram fechados em suas áreas, no domínio das competências próprias dos docentes das diversas áreas do Ensino Superior. Esperando que seu estatuto social viesse por essa aproximação, pela pesquisa em cada área, pela especialização em cada área, pelo acompanhamento da renovação teórica de cada área. As associações de áreas, seus congressos e sua produção buscaram o estatuto profissional de docentes por aí. Passaram-se várias décadas e esse estatuto profissional e social não se configurou por aí.

Chegamos a um ponto central na tentativa de entender-nos e de construir nossas identidades. Onde referi-las? A que visão e que prática de educação? Nos definimos por recortes de docência ou pelos tempos da vida que formamos? A figura social e cultural de educador-pedagogo nasce colada a uma tarefa social, a educação da infância-adolescência. O reconhecimento social do pedagogo-educador acompanha a história do reconhecimento social da infância. Em outros termos, o reconhecimento social de profissionais, tais como os médicos e os educadores que trabalham diretamente com pessoas, não vem apenas de sua reconhecida competência, mas do valor social que vai sendo dado à saúde, à vida, do valor social dado ao cuidado da infância, à formação da adolescência e da juventude. O reconhecimento social desses profissionais acompanha o reconhecimento social do campo em que trabalham, dos sujeitos com que trabalham, ou dos valores a que sua ação se vincula. As competências são referidas a esses valores. Sabemos, por exemplo, que em outros países o reconhecimento social dos mestres de escola se deve ao valor dado à construção da república, ou da identidade nacional, a valores e representações sociais. O caminho para saber quem somos, que reconhecimento social temos, é olhar para o reconhecimento social da infância, adolescência e juventude com que trabalhamos.

Poderíamos indagar se nos aproximamos da configuração de um profissional que dê conta da formação de um tempo social e cultural cada vez mais recortado, a adolescência e a juventude com suas especificidades. Não seria este um caminho mais certeiro para a afirmação social de uma profissionalidade mais definida e socialmente reconhecida? Penso que por aí vêm se afirmando outros profissionais da saúde, da psicologia, ou do direito. Vêm se afirmando sociólogos, historiadores, médicos, psicólogos, antropólogos, advogados que avançam no domínio de saberes, competências, metodologias referidos à especificidade desses tempos sociais, biológicos, cognitivos, éticos, culturais, identitários, corpóreos da adolescência e da juventude.

O que somos como docentes e educadores depende do reconhecimento social dos tempos da vida humana que formamos. Do valor dado a esses tempos. Como pedagogos nascemos historicamente colados à sorte da infância, a um projeto de seu acompanhamento, condução e formação. Temos os tempos da vida humana como nossos cúmplices. Nos afirmamos profissionalmente no mesmo movimento em que essas temporalidades vão se definindo, social e culturalmente. É menos a sorte dos recortes dos conhecimentos, das ciências e das técnicas, o que nos conforma, do que a sorte dos tempos-ciclos da formação humana. Estes são nossos cúmplices identitários.

Entretanto, nesse campo teremos muitos concorrentes. A educação da infância, adolescência e juventude não é campo tão difuso que todo adulto se julga competente para opinar? Será fácil saber quem somos no campo da formação humana? Ser educadores não é algo indefinido? Não foi fugindo dessa indefinição como educadores que saímos à procura de traços mais fechados, de saberes mais "profissionais"?

As diferenças de reconhecimento social do magistério dependem dos lentos processos de reconhecimento de nossos cúmplices. Esse fato teria a ver com os lentos processos de construção da adolescência e da juventude como um tempo social e cultural, como um tempo de formação. A tradição de reconhecer a infância como tempo de cuidados e de educação é mais antiga. A figura de educadores e educadoras da infância é mais reconhecida, tem uma história mais longa. O interessante é perceber que a adolescência e a juventude vêm se configurando como tempos sociais e culturais, como tempos de formação. Tempos específicos a exigir trato, saberes e profissionais específicos. A organização da docência por ciclos de formação, uma esperança de reconhecimento dos seus mestres?

A herança que carregamos

Não há como engavetar essas questões tão condicionantes do nosso perfil profissional e humano. Tem havido momentos em que essas questões têm sido mais explicitadas, momentos bastante reeducativos, de confronto com a imagem social que a categoria carrega. Alguns traços que pareciam socialmente aceitos foram questionados. A ideia de vocação, por exemplo, o componente vocacional a serviço dos outros e de ideais, foi perdendo peso. Entretanto, essa visão ainda é forte na autoimagem de muitos professores. Poderíamos pensar que são resquícios de uma visão religiosa que ainda perduram e que o avanço do profissionalismo irá apagando? Uma crença um tanto evolutiva e precipitada. A ideia de vocação pode estar incrustada na ideia de profissão. Até o Aurélio, antes de definir profissão como "atividade ou ocupação especializada", a define como "ato ou efeito de professar. Declaração pública de uma ciência, sentimento ou modo de ser habitual".

Por mais que tentemos apagar esse traço vocacional, de serviço e de ideal, a figura de professor, aquele que professa uma arte, uma técnica ou ciência, um conhecimento, continuará colada à ideia de profecia, professar ou abraçar doutrinas, modos de vida, ideais, amor, dedicação. Professar como um modo de ser. Vocação, profissão nos situam em campos semânticos tão próximos das representações sociais em que foram configurados culturalmente. São difíceis de apagar no imaginário social e pessoal sobre o ser professor, educador, docente. É a imagem do outro que carregamos em nós.

Um processo parecido vem acontecendo com a vinculação da ideia e do ideal de serviço à figura de professor. Um serviço aos semelhantes, sobretudo aos excluídos. Servidor público, serviço encomendado, delegado, licenciado. Facultado pela sociedade, pelo Estado, pelas famílias, pelas faculdades. Uma ideia próxima à vocação, porém secularizada, politizada. Se não aceitamos ser vocacionados por Deus para o magistério, não deixamos de repetir que a educação é um dever político do Estado e um direito do cidadão, logo o magistério é um compromisso, uma delegação política. É difícil sairmos de certos traços que vêm de longe, que não perdem relevância, apenas são destacados sob um olhar secularizado.

Tentamos superar uma herança social, vocacional, historicamente colada a nosso ofício: a imagem do mestre divino, evangélico, salvador, tão repetida como imagem em discursos não tão distantes. Discursos esquecidos, talvez, mas traços culturais ainda tão presentes. O ofício de mestre faz parte de um imaginário onde se cruzam traços sociais afetivos, religiosos, culturais, ainda que secularizados. A identidade de trabalhadores e de profissionais não consegue apagar esses traços de uma imagem social, construída historicamente. Onde todos esses fios se entrecruzam. Tudo isso sou. Resultei de tudo.

Por que essas lembranças de nosso ofício? Para entendermos um pouco melhor a nós mesmos, o que somos. Escreve-se muito sobre o professor que queremos, sobre como formá-lo e assumi-lo, como se estivéssemos diante de um profissional sem história. Um modelo novo a ser feito e programado. Um profissional que podemos fazer e desfazer a nosso bel-prazer, com novos traços definidos racionalmente pelas leis do mercado, pelas novas demandas modernas. Ou até pensamos podermos ser o professor que queremos, que sonhamos. É só constituí-lo em constituintes. Programá-lo, discutir seu perfil progressista, compromissado, crítico. Tracemos um novo perfil e ele se imporá como um modo de ser daqui para frente. Esses discursos e essas propostas entram em choque com o professor que a representação social nos diz teremos de ser. Parecem nos dizer: esqueçam o que são e sejam o docente que propomos, que arquitetamos e queremos. Voluntarismo ingênuo que reproduz os mesmos discursos e práticas da visão vocacional do magistério.

Uma vez configurados os novos traços e o novo perfil de profissional, apenas restará encontrar o programa, o currículo e a instituição mais adequados a sua com-formação. Ignora-se que o ofício de mestre de educação primária, fundamental, básica, carrega uma longa história. É uma produção social, cultural que tem sua história. É a essa produção social e cultural que devemos nos voltar e contra ela nos revoltar. As professoras e os professores sabem, vivenciam esse imaginário histórico, pesado, que carregam em seu pensar, fazer e ser professora, professor. Não é suficiente estar a favor ou contra essa herança secular, o problema é que ela nos acompanha como um destino. Ignorá-la ou apenas lembrá-la como coisa do passado é ingenuidade. Os fios e interesses políticos, sociais, religiosos, culturais em que foi tecido esse ofício não se desfazem com quereres, discursos, análises e pesquisas. Podem e devem esses fios ser analiticamente separados, esclarecidos, mas nas vivências a separação é mais lenta, mais difícil. A Escola Básica, seu cotidiano, a relação com as comunidades, com as famílias, com os educandos reforça esse tecido secular e reforça o próprio imaginário que de si mesmos têm os mestres da Educação Básica.

No convívio com professoras e professores percebo que há uma preocupação por qualificar-se, por dominar saberes, métodos, por adequar sua função social aos novos tempos, novos conhecimentos e novas tecnologias. Porém não é por aí que se esgotam as inquietações. Há algo mais de fundo em questão: o próprio sentido social de suas vidas, de seus esforços, de sua condição de mestres. Entender o papel que exercem, o peso social e cultural que carregam. Sua condição. Seu ofício. Seu ser professor, professora.

Essa procura de sentido passa por saber-se melhor, por entender melhor, que traços, que valores, que representações fazem parte desse construto social, dessa categoria social. Saber tudo isso que somos.

Durante décadas a categoria vem-se autodescobrindo e afirmando como coletivo social. Descobre que o trato que recebe, o salário que lhe é negado, as condições de trabalho não são produto deste ou daquele governo, nem sequer da cor e vontade política das administrações públicas. Que o trato está colado à imagem social que se repete com poucas alterações, que perdura como um modo de ser pesado. Os salários, a carreira, as condições de trabalho estão coladas à sua condição de coletivo, referido a ser professor(a) de escola primária, elementar, básica. Essa condição define tudo. Define sobretudo limites socialmente intransponíveis, tão difíceis de serem alargados. Por que toda luta e reivindicação se confronta com esses limites? Porque eles vêm de longe e se reproduzem no imaginário social ao qual os administradores apelam para justificar salários, carreiras e condições de trabalho.

Lembro-me de vários momentos tensos entre a categoria e as administrações municipais ou estaduais. A categoria bem organizada, a pauta de reivindicações mais do que justa. Semanas, meses de paralisação, de mobilização. Tudo parecia tender para justificar as reivindicações de uma categoria tão importante, de um campo social tão importante: a educação pública, o direito de todos à educação de qualidade. Basta o governador, o prefeito, os secretários compararem os salários já pagos ou prometidos com a função e o ofício de professora, professor de ensino primário e fundamental para a população e a mídia ficarem do lado das administrações: "esses salários? para professora, professor de escola não estão tão ruins..." A imagem social de nosso ofício se impõe. Os governantes jogam com essa imagem social contra a categoria: "para professor(a) esse salário não está tão ruim!" Para ser, para o que somos. Como pesa essa imagem! Somos a imagem que nos legaram, socialmente construída e politicamente explorada. Nossa relação com o magistério será de amor e ódio. Pode ser outra?

O ofício que carregamos tem uma construção social, cultural e política que está amassada com materiais, com interesses que extrapolam a escola. São esses os traços que configuram esse coletivo, essa função de mestre de escola.

A história das últimas décadas sobretudo se caracteriza por tentar redefinir esse imaginário, não apenas por melhorar as condições de exercer esse ofício. Criar outra cultura, mostrar outro perfil. Uma nova presença com gestos que chocam o imaginário de professora primária, de mulher bondosa, tenra, cuidadosa. Reconhecer esses traços para redefini-los em outros valores e outra cultura é um ponto de partida.

A estratégia pode ser reconhecer a herança recebida, seu peso, social e cultural, as relações e estruturas que lhe dão forma, as estruturas inclusive escolares que a reproduzem. Redefinindo estruturas, relações sociais e culturais, e alterando as condições, ir afirmando novos traços ou redefinindo perfis. Há formas possíveis de ser professora ou professor diferentes. Um processo lento que exige um trato pedagógico e político. Uma postura apenas modernizante, profissionalizante não dará conta desse processo. Pode esquecer a história e pode jogar fora como tradicionais dimensões permanentes do ofício. Poderia inclusive quebrar representações e autoimagens lentamente construídas. Exatamente porque ser professor(a) é uma forma de ser, não temos direito a quebrar formas de ser que se entrecruzam com identidades sociais e pessoais. Essas mudanças exigem um trato cuidadoso.

Que fazer? Que vem sendo feito? Lembrava que estão se espalhando encontros de professores que têm uma temática definida: os conteúdos, o currículo e reorganização dos nossos tempos... É tranquilo tratar esses temas. Percebo que, em realidade, o "tema" somos nós, a imagem do outro, do professor que há em nós. Encontros em que dá para sentir uma relação de amor e ódio com o magistério. É pouco tranquilo voltar-nos sobre nós. Nos faz pensar porque é uma mirada carregada de sentimentos desencontrados, apaixonados.

Esses encontros são momentos em que aprendemos mais sobre nós do que sobre conteúdos ou métodos. As greves são um desses momentos de paixão em que nos aprendemos mestres, brigamos com as formas de ser impostas e tentamos destruí-las para construir outras imagens. *"Quanto quis, quanto não quis, tudo isso me forma"*.

Através dessa relação apaixonada de amor e ódio nos aprendemos e aprendemos formas diferentes, mais nossas de ser e de vivenciar o magistério. Nem tudo o que somos nos pertence. Somos o que resultamos de tudo. Quanto fui, quanto não fui, tudo isso sou.

3

Um dever-ser?

> *"Recorda-te de teu futuro e caminha até a tua infância".*
>
> Jorge Larosa

> *"O monstro criança não é o pai do homem, é no meio do homem, o seu decurso, a sua deriva possível, ameaçadora".*
>
> Jean F. Lyotard

Nos queixamos de que a educação é um campo onde todo mundo dá palpite. Chama-me a atenção como esses palpites se traduzem em conselhos quando são referidos aos professores e às professoras de Educação Básica. Seja nas noites de formatura, seja no dia do professor, na mídia e até nos encontros da comunidade escolar, a tônica não é na competência técnica dos mestres, mas nos comportamentos e nas condutas que deve ter todo mestre. Cobra-se deles um dever-ser: seja um bom professor, uma boa professora. "A professora de meus filhos é muito boa", comenta uma mãe com outra à porta da escola. Boa não tanto no sentido de competente, mas de amável e carinhosa com seus filhos.

O imaginário social configurou o ofício de mestre com fortes traços morais, éticos. No terreno do dever. Há figuras sociais de quem se espera que façam bem, com eficiência. Há outras de quem se espera que sejam boas, que tenham os comportamentos devidos, que sejam mais do que competentes. O magistério básico foi colocado neste imaginário. Poderemos tentar reagir enfatizando profissionalismo e eficiência, qualidade e resultados. Que como mestres ensinamos a ler, escrever, contar, que ensinamos nossa matéria competentemente. Sempre será exigido mais desse ofício. As tentativas de destruir essa imagem de mestre como um dever-ser ao menos de substituí-la por uma imagem profissional competente vem de todo lado, sobretudo dos coletivos técnicos, de equipes de agências de treinamento e de financiamento (por que essa coincidência?).

Seja bom e competente, professor!

A defesa da competência técnica tem defensores de todas as cores e motivações. Diante dos crônicos problemas do fracasso escolar e diante das exigências de domínio das habilidades básicas do Ensino Fundamental, o domínio de habilidades de leitura, escrita e contas urge cada vez mais preparar a professora e o professor de Educação Básica como técnico competente, que dê conta da lectoescrita, das contas, das habilidades e competências básicas, ao menos. Temos de reconhecer que a competência aumentou e sem dúvida é urgente que ainda aumente mais, que as famílias, os educandos têm direito à aprendizagem dessas competências elementares, que em outros países já avançaram nessa direção mais do que nós.

Tudo justificável: elevar a competência dos mestres, investir recursos em sua qualificação, sua valorização, nas condições de trabalho para dar conta dessa tarefa elementar e fundamental da escola.

Frequentemente, a defesa dessa competência vem acompanhada de tentativas de destruir a imagem predominante de "boa professora", dedicada, amorosa. A contraposição dessas imagens de professor(a) chegou ao extremo de sentenciar: "quem não sabe ensinar, ama". Como se o imaginário coletivo de boa professora tivesse sido construído por causa da incompetência histórica dos mestres da Educação Básica. Essa frase tão repetida nos anos 80 supõe que diante da professora primária incompetente nas técnicas de ensinar e diante do predomínio de traços amorosos em substituição à competência, ter-se-ia criado entre nós esse imaginário moral em torno da figura dos mestres. Uma visão e interpretação tecnicista, simplória da construção de um ofício que vem de tão longe e que se destaca em todas as culturas como um dever-ser.

A visão tecnicista da história sempre foi empobrecedora no campo da Educação Básica. Simplifica demais as análises de um campo social e cultural tão complexo e termina por adiar a solução dos problemas que pretende resolver reduzindo-os ao domínio de técnicas. O curioso é que agências de financiamento e grupos "técnicos" que põem a solução para a educação no domínio de técnicas por parte dos docentes, pouco fazem para tornar a escola "cai não cai" e o professor amoroso em um competente profissional, para dar-lhes condições de trabalho. Exigiria opções políticas e econômicas caras e contrárias aos interesses hegemônicos que dominam a política e a economia. Esses mesmos grupos técnicos no poder terminam apelando para amorosas campanhas de amigos da escola, de comunidades solidárias, de compromissos da sociedade difusa. Poderíamos dizer que os próprios defensores de substituir o imaginário amoroso e moral dos mestres por um perfil técnico terminam reforçando o perfil que tentam destruir apelando à solidariedade, à amizade, ao compromisso fluido de todos. Ao amor das comunidades.

A mídia noticiou estes dias: O Banco Mundial admitiu que os organismos internacionais responderam por apenas 2% dos investimentos realizados na década da educação e não assumiu compromissos com elevar essa participação. Logo, continuemos apelando à bondade não apenas dos mestres, mas da sociedade, da comunidade solidária, dos amigos da escola. Mais uma vez o sonho do mestre competente e do trato profissional da educação elementar adiados, pelos grupos técnicos que tanto o defendem como a solução. Entretanto, o problema não é se são dadas condições para trocar a imagem amorosa por uma imagem de competência técnica. A questão é porque se construíram e mantêm esses traços tão fortes na imagem social e na prática do magistério básico.

Esses traços sonhados ou reais afetam a imagem dos mestres? Os traços não técnicos são resquícios de um passado incompetente? O dia em que a professora e o professor forem competentes em ensinar deixarão de ser amorosos? E se deixarem de ser amorosos se tornarão mais competentes? E as mães nas conversas nas portas das escolas à espera de seus filhos não dirão mais "a professora de meus filhos é muito boa", mas é muito competente. Como foram colados à imagem de educador e pedagogo, esses traços de amor, dedicação e bondade? Eles ocuparam o vazio deixado por traços de competência técnica? Estas questões não são coisa da academia, nem dos quadros técnicos das agências de financiamento e definição de políticas públicas, são questões que afetam de cheio a autoimagem dos próprios mestres.

Voltar à estação primeira, à infância

A melhor maneira de equacionar essas questões é vinculá-las com a construção histórica tanto da figura do pedagogo quanto do campo da educação e da pedagogia. Comecemos pelo começo: no princípio era a infância a ser conduzida, por quem? O pedagogo. Pedagogo-infância, uma relação que está na origem da imagem histórica do que até hoje somos, entre outras razões simples, porque ainda temos infância, não temos apenas analfabetos, iletrados. A infância enquanto sujeito social e cultural é mais do que um letrável. E o pedagogo enquanto construção histórica é mais do que um bom técnico em letramento. A infância tem entre seus múltiplos direitos o de ser alfabetizada e o pedagogo tem entre suas múltiplas obrigações éticas a de ser competente nessas técnicas. Entretanto, esse traço não esgota a totalidade de traços sociais e culturais que foram configurando a infância e seus pedagogos. Há uma cumplicidade mútua entre ambos que marcou profundamente o ofício e a imagem de mestre-educador.

Proponho que vejamos o traço do dever-ser como componente dessa história. Aí nos descobrimos. No espelho da história da infância descobrimos traços de nosso rosto. Infância e pedagogia, um caso não resolvido, insolúvel, que nem a teimosia do tecnicismo conseguiu romper. Nascemos colados ao dever que a sociedade foi reconhecendo de dar conta de suas crianças.

A figura do pedagogo vai se configurando no mesmo movimento da configuração histórica da infância. A infância não é um simples conceito, é um preceito, um projeto de ser, vinculado a ideais de felicidade e emancipação, nos lembra Philippe Ariès. Ou vinculada a um ideal-projeto de harmoniosa maturação, nos adverte J.J. Rousseau. Um projeto vinculado muito antes à *paideia*, que nasce preocupada com a educação justa da infância. Maturação, felicidade, emancipação, harmonia ou educação justa... tudo valores, ideais e projetos onde a infância e seu artífice, o pedagogo, se configuram.

A infância que conduzimos não é nenhuma categoria natural, mas uma imagem projetada, um projeto profundamente enraizado em ideais e sonhos, em deveres e valores. A imagem clássica de bons jardineiros a cuidar das tenras plantas de nossa infância incorpora a bondade, a dedicação, o cuidado. Entretanto, não supera uma visão da infância como uma planta que exige cuidados para seu crescimento. A sociedade e a pedagogia foram superando a visão naturalizada da infância que passou a ser vista como um projeto humano a ser realizado, formado não mais por um bom jardineiro, cuidadoso, atento à evolução natural, mas por um pedagogo identificado com valores e concepções de sociedade, de ser humano, projetados para a infância. Os valores de cuidado e atenção adquirem uma qualidade nova quando referida aos valores sociais, ao valor dado ao ser humano no processo civilizatório, nos embates sociais, políticos e culturais. O ofício de condutor-pedagogo de tornar realidade essa imagem projetada é contagiado pelo dever de dar conta desse projeto.

Sabemos que as relações entre pedagogia e a construção social da infância são históricas. Os traços se misturam. Um é a imagem do outro. A imagem da infância como um projeto de gente, como um chegar a ser, um dever-ser é a imagem do pedagogo. As crianças têm o dever de ser e os educadores o dever de dar conta de que sejam. A sociedade diz aos educadores: as crianças não são um dado natural, uma semente, uma realidade pronta, mas um possível. Teu dever é tornar essa possibilidade possível, tens de fazer fé nessa possibilidade, assumi-la como tarefa, como dever. Educar e instruir são atos éticos e políticos. A pedagogia não é apenas um corpo de saberes técnicos, nem sequer de saber-fazer. Daí a dificuldade de recortar a pedagogia no reparto das disciplinas, e daí a dificuldade de formar um educador, um pedagogo no seu sentido mais original aprendendo e dominando os saberes do reparto gradeado das disciplinas acadêmicas.

Conhecemos todos os longos debates sobre as licenciaturas. Toda tentativa de equacionar a formação de um educador da pré-adolescência e adolescência esbarra no recorte do reparto geográfico e gradeado das disciplinas, nunca questionado e nem enfrentado. Esbarra em não assumir um educador, condutor desses tempos da formação humana. Não reconhecer o adolescente como um possível humano é ficarmos amarrados para formar seus mestres identificados com essa possibilidade, esse dever-ser. O ofício de educar a adolescência será também um dever-ser como sempre foi o ofício de conduzir a infância.

A história nos mostra que essa visão da infância e do pedagogo como um projeto, um possível, é a matriz onde se configurou a concepção de educação como formação, *paideia*, *building*, pedagogia. Como um campo que se aproxima da reflexão filosófica, das questões existenciais, éticas, que perpassam a condição inacabada do ser humano.

Jean F. Lyotard (1993)[4], nas suas reflexões sobre o pós-modernismo explicado às crianças, nos lembra: *"Sabemos que em torno da palavra formação, Building, e portanto em torno da pedagogia e da reforma, se decide na reflexão filosófica desde Pro-*

---

4. LYOTARD, Jean F. *O pós-moderno explicado às crianças*. Lisboa: Dom Quixote, 1993. [Do mesmo autor – A condição pós-moderna, 1979, da mesma editora].

tágoras e Platão, desde Pitágoras, um núcleo essencial. Tem como pressuposto que o espírito dos homens não lhes é dado como é preciso, e deve ser re-formado. O monstro dos filósofos é a infância. Também é cúmplice deles. A infância diz-lhes que o espírito não é dado. Mas que é possível" (p. 120). Que poderíamos dizer dos pedagogos? A infância é nosso cúmplice? O que ela nos diz cada dia no convívio cara a cara por longas horas? Que seu espírito não é dado, mas que é um possível e que nosso dever de ofício é torná-lo possível.

É provocador que pensadores de outras áreas venham nos lembrar de nossas cumplicidades, não tanto com os conteúdos das disciplinas, mas com a infância. Como se estivessem a nos dizer: mestre, antes de tentar descobrir teu verdadeiro rosto pense no espelho que o reflete. Esse espelho, de longos tempos, é o caráter inconcluso do ser humano. Ser um possível e não um dado. Logo ser educador é ser o mestre de obras do projeto arquitetado de sermos humanos. Essa é a imagem mais pesada e inquietante que provoca amor e ódio.

Jean F. Lyotard ainda acrescenta *"Formar quer dizer que um mestre vem ajudar o espírito possível, à espera na infância, a realizar-se"*. Mas quem será capaz de dar conta dessa tarefa? O que se exigirá do mestre dessas artes de realizar o ser possível, à espera na infância? O pedagogo seria aquele que se desenvolveu, que aprendeu a realizar suas possibilidades, que se emancipou de sua condição infantil, e aprendeu a ajudar a realizar-se nele mesmo o ser humano possível que estava à espera na sua infância. Mas como a realização das possibilidades primárias não se esgota, o próprio adulto-mestre nunca estará acabado, nunca será um mestre pleno no sentido de dominar esse percurso.

A formação do ser humano possível à espera na infância sempre nos interrogará em nosso próprio percurso humano. Estaremos obrigados a ser mais do que competentes, a manter-nos em uma constante autoformação formadora. Quando educamos uma criança, ou interrogamos a formação do espírito possível, à espera na infância dos educandos, estaremos interrogando essa questão em nós. A função pedagógica, educativa não apenas é um dever para os educandos, mas para os mestres. É um ofício que nos interroga, nos confronta com nosso próprio dever ser o protótipo de ser humano possível em nós.

É mais fácil questionar o sucesso ou fracasso dos alunos no domínio de conteúdos e técnicas, de competências, do que o próprio mestre questionar a formação e o desenvolvimento humano dele próprio, porque será sempre uma autointerrogação. O primeiro nos expõe a nossos domínios e competências, o segundo nos expõe a nossa emancipação da condição infantil. Pensar e mexer com a formação humana é um pensar nossa própria formação, nosso próprio percurso. Nos enfrenta com um dever-ser. O que é bem mais complicado do que um saber-fazer. É bem mais complicado do que cuidar bem das flores da infância. Ainda Jean F. Lyotard (1993): *"Não se pode ser mestre, no sentido de dominar esse curso. Não se pode expor uma questão sem ficar exposto a essa questão. Interrogar um "tema" (a formação, por exemplo) sem ser interrogado por ele. Portanto, sem reatar com essa estação da infância, que é a dos possíveis do espírito"* (p. 120).

Infância, estação primeira do espírito, com que convivemos, que nos interroga em cada encontro e nos pergunta se dela saímos, se nos emancipamos, nos desenvolvemos ou a ela voltamos. Se a possibilidade de sermos, de ser da infância, se tornou realidade em nós mesmos. Não apenas convivemos com a infância como pedagogos. A ela, a nossa infância voltamos como referência. Por ela recomeçamos cada dia, quando nos repensamos pedagogos. Ser pedagogo é um dever de estarmos em percurso de formar-nos, de tornar-nos possíveis.

Como docentes podemos nos ver preparados, dominando e carregando conteúdos bem organizados e planejados para a aula, em qualquer matéria e para qualquer série ou aluno, em qualquer idade. Essa docência poderá alimentar uma autoimagem neutra. Sem paixão. Sem amor e ódio. Sem começo. Sem o permanente reportar-nos à infância, adolescência ou juventude como começos, como possíveis. Entretanto, como pedagogos, mestres-educadores, essa prática não é possível. Nossa autoimagem se constrói cada dia em relação à infância, adolescência e juventude como possibilidades, inclusive em nós. O que nos confronta com nosso próprio percurso humano. Nos interroga: ainda esse espírito possível está à espera em nós? *"O monstro criança não é o pai do homem, é no meio do homem o seu de-curso, a sua deriva possível, ameaçadora"* (p. 120).

Ser mestre, educador é um modo de ser e um dever-ser. Ser pedagogos de nós mesmos. Ter cuidados com nosso próprio percurso humano para assim podermos acompanhar o percurso das crianças, adolescentes e jovens. É uma conversa permanente com nós mesmos sobre a formação. *"Uma autoformação fundadora?"*, se pergunta Lyotard.

Essa formação é outra história

Seguindo estas trilhas chegamos a uma questão muito delicada: que possibilidades reais têm os mestres de Escola Básica de se desenvolverem como seres humanos? De sair de sua "infância" e cultivar as suas potencialidades cognitivas, éticas, estéticas, identitárias...? Que condições lhes são oferecidas para participar, dialogar, estudar, reunir-se, qualificar-se? Para ser pedagogos de seu próprio percurso humano e poder acompanhar o percurso cultural, social, cognitivo da infância e da adolescência?

As condições precárias de trabalho, os péssimos salários, a falta de estabilidade, a condição de aulistas, o fraco ambiente cultural das escolas, a duplicidade de turnos de docência e ainda o trabalho doméstico... não apenas limitam a qualidade da docência, impossibilitam uma autoformação formadora.

Diante da ênfase da nova LDB no desenvolvimento pleno dos educandos, encontro reações de professores(as) muito parecidas: *"como dar conta dessa finalidade se não entendo nada de desenvolvimento humano? Não tive essa matéria na minha graduação"*. A tendência é encarar essa tarefa como mais um tema, uma matéria a ser encaixada (transversalmente?) na geografia dos saberes e do saber-fazer, nas grades dos currículos de formação de docentes. Se ter uma nova disciplina for necessário não será suficiente. Esse dever-ser a que nos referimos exigirá mais do que uma disciplina para ser apreendido. Exigiria uma leitura, uma conversa a ser tida com nosso próprio percurso, com o percurso dos próximos, das crianças, adolescentes e jovens com quem dialogamos e convivemos. Exigirá reeducar nossa capacidade de escuta atenta.

Esse aprendizado poderá ser feito a partir de textos sobre desenvolvimento humano, mas também, e sobretudo, a partir de uma leitura "pedagógica" de práticas, vivências, textos literários, linguagens artísticas etc. Leitura pedagógica no sentido de estarmos à procura da compreensão de nós mesmos, interrogando o tema formação, desenvolvimento, deixando-nos interrogar por esse tema, pelas várias manifestações de formação com que convivemos na diversidade de convívios. Um texto literário, uma narrativa, um filme, uma pintura, uma música, as fotografias de Sebastião Salgado, as notícias de cada dia. Leituras múltiplas que nos mantenham reatados(as) com essa estação primeira da infância, que é a dos possíveis do espírito. Outra forma de formação diferente da tradicional transmissão de conhecimentos, exatamente por tratar-se de um dever-ser e não de uma competência técnica.

Aprender a ser pedagogo, a reatar com a estação da infância, que é a dos possíveis do ser humano, exige domínio de teorias e, sobretudo, exige uma elaboração pedagógica que não pode ser confundida com a aprendizagem e o domínio de mais uma teoria. É antes um saber sobre o percurso pedagógico, formador, que vai tornando possíveis as possibilidades de sermos humanos. É aprender a ser aquela professora "boa", aquele professor "bom" que de alguma forma as mães nas conversas à porta da escola comentam. Elas captam esses traços porque são mães portadoras de um senso fino do trato com a infância e a adolescência, da percepção das nuanças desse percurso para o possível humano. Portadoras de paciência, valorização, diálogo, compreensão do percurso dos filhos.

Possivelmente sejam as mães e os pais os pedagogos que recomeçam em cada filho, que voltam à estação primeira da infância. Infância renovada, concreta e diferente no percurso de cada filho, para pacientemente acompanhá-lo. São elas, sobretudo, as que intuem essas dimensões como características da "boa" professora, do "bom" professor. Elas veem nesse curso mais do que o aprendizado das teorias necessárias. Veem outro percurso, o pedagógico. Apontam aí os bons professores, pedagogos e educadores.

Às vezes uma visão ingenuamente profissionalizante contrapõe o ofício de mestre de escola e outros mestres do mesmo ofício em outros espaços sociais. Inútil contraposição. Quando participo de reuniões de professoras e professores com as mães e alguns pais reina um clima de distância. Somos tratados como se não entendêssemos das artes de educar. Somos notificados de normas, de regimentos, de horários de entrada e saída, de uniformes, de frequências, da disciplina. Um diálogo mediado por acidentes. Um diálogo de surdos onde não nos encontramos no que nos é comum: mestres do ofício de educar, de tornar realidade o possível da infância, adolescência de nossos filhos educandos.

Falamos de tudo, menos deles. Não nos aproximamos da tarefa e das artes que em espaços diferentes, família, escola, têm o mesmo projeto e dever-ser. O máximo a que chegamos é a falar um pouco dos conhecimentos e competências, dos programas e das matérias, do livro didático e dos critérios de aprovação onde, em vez de encontrar-nos no que é comum, nos desencontramos. Onde os docentes são autoridade e os pais leigos. O campo dos conhecimentos pouco aproxima escola-família. O campo comum, a educação, nem é tocado. Encontros tão desencontrados apesar de papéis tão próximos. Apesar de processos formativos tão próximos e de aprendizados e ofícios tão coincidentes como sermos mães, pais, professoras, professores. Um diálogo que poderia explorar e trocar tantos aprendizados tão próximos.

Estou sugerindo que misturemos tudo. Que renunciemos ao papel específico da escola e de seus docentes? Não. Estou sugerindo que demos um trato profissional, que planejemos, que acompanhemos e avaliemos tarefas e papéis mediadores da formação humana que acontecem em múltiplos espaços, e com muitos mestres dessas artes. Aí nos encontramos e temos muito a aprender e escutar. A peculiaridade da escola e dos docentes é dominar um trato profissional desses saberes e artes, de seus processos mais pedagógicos, da organização de seus tempos e espaços, da invenção de recursos e de sua articulação com o saber e a cultura acumulados. Sem abandonar o ofício comum, educar, formar sujeitos humanos.

O dever-ser que acompanha todo ato educativo e todo educador exige reflexão, leitura, domínio de teoria e métodos. Porém, não se esgota aí seu aprendizado, porque situa-se no campo dos valores, da cultura. É um saber de outra natureza. Estes dias, dialogando com os professores de várias cidades do interior de Minas que optavam pela organização da escola em ciclos de desenvolvimento, o repórter da TV me perguntou: "com esse método as crianças aprenderão mais e melhor? E os professores já foram treinados nesse novo método de ensino?" Toda tentativa de reencontrar-nos com nosso ofício de educadores reduzida ao domínio de mais um método de ensino. É o imaginário social, da mídia e por vezes da escola sobre a educação e os educadores. Demasiado pobre.

O traço do dever-ser situa-se em outro referencial, não calculável, nem ponderável por resultados imediatos, mas por pacientes percursos. Esse aprendizado não se esgota em cursos de 100, 300 horas, porque é um perene recomeçar. Não cabe titulação, ou licenciamento, porque é percurso sempre novo. Os professores sabem desse caráter da docência: cada dia no convívio com crianças ou adolescentes é um outro dia. É voltar à infância, reencontrá-la nos educandos e em nós mesmos. É o que torna a educação contagiante e surpreendente como é a infância quando não é negada ou reprimida. "Quando trabalho com crianças viro criança", dizia-me uma professora. A volta à estação primeira exige domínio de artes e saberes.

As dimensões do dever-ser não cabem num novo ou velho método. É uma postura humana, pedagógica, mais do que uma nova metodologia, nova didática ou nova estratégia de ensino. Mais do que uma nova competência teórica a ser treinada em conjuntos de cargas horárias de requalificação. A infância é um projeto de ser, um possível, não um dado. Tratar esse projeto como um dado, com técnicas fechadas predeterminadas em cada bimestre, medindo resultados, é abandonar o trato pedagógico.

Quando dialogamos com os professores sobre como organizar a escola e a prática pedagógica para dar conta do que a nova LDB nos propõe, o pleno desenvolvimento dos educandos, sempre aparecem as perguntas: que currículo? e como vamos avaliar esses processos de desenvolvimento pleno? A tendência pode ser manter as mesmas lógicas quantitativas e seletivas; quantas etapas a criança ou o adolescente avançou nesse desenvolvimento? Somar os bimestres e aprovar ou reprovar em desenvolvimento é a negação de uma postura pedagógica. É gradear o desenvolvimento, torná-lo impossível. É enquadrar a arte de acompanhá-lo como pedagogos na geografia das disciplinas, ou aprender mais um saber para tentar aplicá-lo. Essa lógica encara a formação de ser humano como mais uma disciplina, trata a infância ou adolescência como um dado e não como um possível surpreendente. Essa lógica reforça imagens de docente que não esgotam, antes restringem funções mais educativas, mais perenes na configuração de nosso ofício.

Podemos e devemos aprender saberes, conhecimentos, conteúdos, e ensiná-los. Porém, não será fácil ensinar com esses métodos o trato da infância. Pressupõe esses saberes e exige outros. A infância e a adolescência, seu desenvolvimento, seu tornar-se possível nem sempre é o foco na formação de educadores e menos ainda é o foco do próprio percurso formador dos docentes. Entre as metodologias de requalificação de professores se espalha a reflexão sobre a prática, a tematização da prática ou a partir do que os professores fazem levantar temas, refletir sobre esses temas, para estudar e teorizar, para redefinir práticas, para reaprender a fazer. Esses métodos poderiam ir além de tematizar práticas, conteúdos e métodos. Poderiam enfrentar os docentes com sua condição de educadores, de condutores da infância. Poderiam contribuir para que as professoras e os professores se descubram educadores, pedagogos a acompanhar o pleno desenvolvimento dos educandos. Educar essas dimensões exigirá mais do que tematizar práticas de ensino.

Será necessário sobretudo tentar a tarefa de reatar com a infância. Entender o que ela nos diz sobre as possibilidades de sermos humanos, educar a sensibilidade para captar nos temas, nas unidades e nos conteúdos do programa, sinais, significados desses processos de humanização. Refletir sobre como revelar aos educandos os sinais desse percurso pedagógico, desse desenvolvimento que se revela na história de cada tema, ciência, tecnologia ou arte, em cada vivência da cidade e do campo, em cada processo produtivo e social. Deixar de tratar os saberes humanos como apenas conteúdos, matérias escolares, temáticas, conhecimentos de nossa disciplina, de cada bimestre ou ano letivo, como precondições para passar de série, no concurso ou no vestibular. Avançar revelando a nós mesmos e às crianças e adolescentes os sinais de humanização que aí apontam. Aprender a escutar esses sinais, a entender os processos como os seres humanos nos tornamos possíveis, nos desenvolvemos. Revelar os significados dados pela história. Cultivar essa sensibilidade nos educandos e em nós, no cotidiano da escola, nas relações entre pessoas e gerações que ela propicia.

Tornar o professor reflexivo, capaz de tematizar práticas pode ser demasiado racional para captar processos tão surpreendentes como acompanhar a formação da infância e adolescência. Por que insistir tanto em cultivar a capacidade de reflexão, tematização e não de sensibilizar-se, de ler, dialogar, escutar a infância e adolescência? Cultivar nos educadores(as) o hábito de refletir sobre o real é necessário, porém não secundarizar outros traços de uma autoformação formadora.

A capacidade de escuta sempre renovada

Educar educadores desse dever-ser é mais do que dominar técnicas, métodos e teorias, é manter-se numa escuta sempre renovada porque essa leitura nunca está acabada. Como uma matéria pendente, nunca aprovada. Um saber pedagógico para ser vivido mais do que transmitido. Aprendido num diálogo atento, em primeiro lugar, com os diversos aprendizados, com o próprio percurso de nossa formação, e com os percursos daqueles com os quais temos o privilégio de conviver mais de perto, filhos, amigos, alunos.

Acompanho várias experiências de qualificação de educadores em que se privilegiam momentos de um auto-olhar coletivo como pessoas esquecendo, se possível, que somos docentes. Ver-nos como gente com uma história feita de muitas tentativas de sair da infância, de desenvolver nossas múltiplas dimensões cognitivas, afetivas, éticas, estéticas. De aprender múltiplas linguagens. De retomar nossas autoaprendizagens para refleti-las coletivamente e aprender coletivamente nosso ofício no próprio percurso. Em outros momentos é privilegiada a nossa condição de adultos, em relação cotidiana com as jovens gerações. Como construirmos essa identidade de adultos acompanhando crianças, adolescentes, jovens se formando? Como aprendemos esses papéis que exercemos em múltiplas situações? Não pretendendo que a infância e a adolescência aprendam de nossa condição de adultos, mas aprendemo-nos no espelho da infância. Na imagem que ela tem de nós adultos. "Recorda-te de teu futuro e caminha até a tua infância".

A prática pedagógica enquanto convívio de gerações poderá ser bem mais explorada como oficina dessas aprendizagens. Uma leitura que partindo da prática escolar deverá ser alargada para o aprendizado com os diversos processos e as diversas manifestações do desenvolvimento humano fora da escola. Lembro de tantas experiências de qualificação de docentes, educadores, que exploram a prática escolar e as múltiplas práticas sociais, as diversas manifestações culturais como sendo a melhor oficina da educação do seu olhar e sensibilidade pedagógica.

Múltiplas linguagens e expressões humanas são exploradas saindo dos mecanismos estreitos do discurso, da apostila, dos receituários. Um livro de literatura, um filme, um quadro, uma música, um projeto arquitetônico, a cidade planejada, a terra cultivada, o espaço humanizado ou desumano, os movimentos sociais, seus símbolos, seus gestos... uma pluralidade de expressões do tornar-nos humanos, de reatar-nos com a infância, com os possíveis do desenvolvimento. Uma variedade de mecanismos de educar-nos como educadores, de alimentar aquela escuta e aquele aprendizado.

Ler textos teóricos, tematizar, será aconselhável e necessário para familiarizar-nos com o saber articulado produzido, mas também seria aconselhável e necessário ler romances, narrativas, poesias, visitar museus, assistir teatros, cinemas... Acompanhar a diversidade de manifestações da cultura sem esquecer das manifestações do avanço da consciência dos direitos, das lutas diversas pela dignidade e pelos direitos que acontecem fora e próximas da escola onde, por vezes, participam as famílias, as comunidades e até os próprios educandos e educadores.

Ler e escutar a história real, brutal da infância popular. De tantas crianças e tantos adolescentes que nunca poderão voltar à estação primeira de uma infância não vivida. Destruída prematuramente. Aprender o trato do desenvolvimento humano no acompanhamento atento da própria infância e adolescência, juventude ou vida adulta com que convivemos. São eles e elas nossa leitura primeira, a matéria de nosso percurso formador nunca aprendida, nunca aprovada porque sempre surpreendente. Refletir a prática, sim, eleger temas para projetos sim, mas não esquecer dos sujeitos, de seus tortuosos percursos humanos que não cabem em um tema. O transbordam. A volta à infância nos reeduca como pedagogos. Nossa cúmplice.

Penso em Paulo Freire que tanto se perguntava onde e como se educar como educador. Na leitura e escrita atenta de todo movimento de humanização e afirmação seja dos camponeses, dos trabalhadores, dos oprimidos e excluídos e também dos jovens e estudantes.

Paulo esteve atento a todas essas manifestações que aconteciam a seu redor e captava a afirmação de sujeitos, a iniludível preocupação com a humanização. É o olhar pedagógico sobre toda manifestação em que os seres humanos, também os estudantes, vão se tornando sujeitos.

A capacidade de escuta sempre atenta e renovada da realidade onde se formam as crianças, adolescentes e jovens faz parte de nosso dever de ofício. A arte de diagnosticar, auscultar, perceber; é tão importante nos profissionais da saúde quanto a capacidade e o tino para regular e intervir. Todo ofício é uma arte reinventada que supõe sensibilidade, intuição, escuta, sintonia com a vida, com o humano.

Como voltar à infância não vivida?

Aprendi com Paulo Freire que esse aprendizado tem de se alimentar também de um olhar atento, indignado perante os brutais processos de desumanização a que são submetidos tantas mulheres e homens perto de nós, tantas crianças, adolescentes, jovens e adultos com quem convivemos como educadores. A indignação diante das condições em que reproduzem suas vidas, na moradia, no trabalho, na rua e até nas escolas pode reeducar nossa sensibilidade para com os difíceis percursos a que são submetidos, os limites impostos a sua humanização.

Paulo foi educador e fez de seu ofício um dever-ser porque esteve sempre atento à desumanização, indignado diante desses processos brutais. Ele tinha certeza que encará-los de frente é mais educativo para os educadores do que os frequentes olhares para os avanços das tecnologias e as promessas de um futuro cor-de-rosa. Educar o direito e dever à indignação diante da desumanização da infância pode ser uma matriz formadora de pedagogos.

Participo de encontros de educadores do campo, das escolas dos acampamentos e assentamentos do Movimento dos Trabalhadores Rurais Sem Terra – MST. Em um desses encontros estavam elaborando uma cartilha sobre "Nossos valores". Fiquei curioso, não tinha visto uma cartilha orientada à formação de educadores e educadoras que se preocupasse com sua condição de sujeitos éticos. Tão atolados nas disciplinas acadêmicas, nos conhecimentos, métodos e técnicas de bem ensinar esquecemos que o ser humano acumulou valores, se conformou como uma espécie de valores, ética. Que todo educador tem como ofício esse dever de formar sujeitos éticos.

O que mais me surpreendeu no debate dos professores(as) do MST foi que um dos valores destacados como traço do educador era "O direito à indignação". Entendi. Aprenderam esse direito, esse traço na pedagogia do Movimento Sem Terra. No percurso tenso de sua formação como sujeitos sociais. O mesmo traço tão destacado por Paulo Freire, tão sensível e indignado diante de toda forma de desumanização.

Paulo parece nos sugerir que nós formaremos educadores num duplo olhar, de um lado olhar para as manifestações múltiplas de humanização, de outro para o reconhecimento da desumanização como viabilidade e realidade histórica.

O ofício de educador(a) como um dever-ser se insere nessa constatação que Paulo nos lembra: o permanente movimento de busca da conclusão ou realização no qual a pedagogia e o pedagogo nasceram colocados historicamente. Entretanto, esse movimento não é linear, marcado pelo progresso – como a visão burguesa nos quer passar. Esse movimento real, concreto, nem sempre é de humanização. Para muitos, para os outros, os excluídos, os oprimidos, os analfabetos, os reprovados e multirrepetentes, as crianças de rua, os adolescentes e jovens sem horizontes é um percurso de desumanização.

Paulo nos sugere que olhemos primeiro para a desumanização que se dá em volta de nós, nos grupos com que trabalhamos, nos educandos e suas famílias, sua classe, sua raça e que a partir desse olhar e talvez, sobretudo, a partir dessa dolorosa constatação, nos perguntemos como educadores sobre a outra viabilidade, a da sua humanização. Sem paixão e indignação não aprenderemos a ser educadores de uma infância e adolescência desumanizadas.

Como voltar à infância não vivida? Como dizer aos educandos das escolas públicas: "recorda-se de seu futuro e caminha a sua infância"? Que infância? Perguntar-nos-ão. Não vivi a infância, me foi negada esta vivência. Fui "adulterado", obrigado a lutar pela minha sobrevivência como adulto desde o início de meu percurso humano. Como voltar à estação primeira da infância se meu trem nela não parou?

Para milhares de docentes, educadores da escola pública, seu ofício aparece como um dever-ser com novas tonalidades, exatamente diante da dolorosa constatação de que milhares de crianças, adolescentes, jovens e adultos com que convivem na escola estão submetidos a condições inumanas de vida. Como educadores(as) terão de dar conta de algo mais do que acompanhar seu desenvolvimento, terão de recuperar sua humanidade roubada, na expressão de Paulo. Entendemos por que ele tanto insiste que todo ato educativo, inclusive a educação dos educadores(as), é um permanente diálogo, uma permanente e atenta escuta dos processos educativos formadores e deformadores, que acontecem dentro e fora da escola. Educar o educador seria aproximá-lo tanto quanto possível daquela tão repetida frase: "tudo que é humano me toca, me preocupa e ocupa". Educar a sensibilidade perante o humano.

Voltando a Lyotard, educar o educador será um permanente regresso à estação da infância como a expressão do humano possível, mas também voltando a Paulo como a negação dessa possibilidade. Ter convivência com uma infância que vive em condições de desenvolver essas possibilidades é atraente, empolgante. É um dever-ser realizador. Mas estar dia a dia convivendo com a negação da infância, com a infância perdida, a humanidade roubada tão cedo, em vez de ser um convívio educador de educadores, pode ser um convívio deformador. "Quem deforma o educador?", nos perguntávamos em 1988. Respondíamos: as condições de trabalho. Diríamos hoje, também, o convívio doloroso com a desumanização da infância, da adolescência, da juventude e dos adultos, nossos cúmplices no fazer pedagógico.

Muitas vezes de volta das escolas dos morros, das vilas, voltando, ontem, da Baixada Fluminense, me perguntava como as professoras e professores conseguem continuar acreditando na educação como humanização no meio de tanta desumanização? Será, talvez e sobretudo, a partir dessa cotidiana constatação que continuam se perguntando sobre a outra viabilidade – a da humanização deles e delas e dos educandos? O ofício de mestre, um dever-ser incômodo.

4

A humana docência

"E toda a humana docência
para inventar-se um ofício
ou morre sem exercício
ou se perde na experiência..."

Cecília Meireles

Lembro-me de um passeio a uma fazenda de uns amigos. Fui apresentado ao fazendeiro como professor da faculdade de educação: *"que falta nos faz a educação"*, me disse ele. Perguntei se perto havia alguma escola para as crianças. *"Não precisamos de escola"*, me respondeu seco, *"criança que aprende a ler não quer ficar mais no campo"*. Históricos desencontros entre educação e ensino que impregnam o imaginário social.

Educar como adestramento, como moralização para termos um povo ordeiro e trabalhadores submissos. Esta visão da educação é bastante divulgada. A escola, o ensino, o aprender as letras lembram processos sociais menos conformadores, mais libertadores. Desencontros que têm marcado a visão da educação e da escola e a autoimagem de seus profissionais. Nos vemos mais como docentes do que como educadores e vemos a escola como tempo de ensino, mais do que como tempo de educação. A nova LDB não acaba de articular bem essa contraposição ou esses desencontros. Desde os primeiros títulos a Lei nos fala de educação, dos princípios e fins da educação nacional, do direito à educação e do dever de educar. Entretanto, o Título V nos fala dos níveis e das modalidades de educação e de ensino. Artigo 21: *"A educação escolar compõe-se de: I – Educação Básica, formada pela Educação Infantil, Ensino Fundamental e Ensino Médio. II – Educação Superior"*.

Ao longo de vários artigos a LDB define as finalidades da Educação Infantil, educação de jovens e adultos, educação profissional, Educação Superior, educação especial (sempre entendendo essas modalidades como educação). Em vários artigos, definirá as finalidades do Ensino Fundamental e do Ensino Médio, não usando o conceito educação. Sempre que me aproximo da LDB sinto-me incomodado com essa segregação e me pergunto por que o trabalho de uma professora ou de um professor com a infância, com jovens e adultos, com universitários, é reconhecido como educação e o trabalho dos professores e das professoras com crianças, adolescentes e jovens não é reconhecido como educação, mas como ensino.

Essas diferenças de trato não são gratuitas, têm uma longa história de tensas concepções do que seja o educativo e de tensos processos de definição do papel social da escola primária, desde as cadeiras de instrução pública até o atual Ensino Fundamental e Médio. Tensos processos que têm a ver com nossa formação social e sobretudo com o papel reservado ao povo. Trabalhador, educado, ordeiro, mas com poucas letras e sem a cultura devida. Tem a ver também com as pressões pela inclusão social e cultural, pela cidadania. Mas tem muito a ver com as respostas parciais, instrumentalizadoras dadas a essas pressões sociais. Ao longo de nossa história há resistências para que o povo vá à escola, mas há maiores resistências para que seja instruído, prefere-se que seja "educado" em uma ambígua e adestradora concepção de educação. Essas tensões tão arraigadas em nossa história social e na cultura política elitista deixaram marcas profundas não apenas em nosso sistema educacional ou de ensino, mas também nas imagens sociais dominantes sobre seus professores. Deixaram marcas confusas nas suas autoimagens. Que professor foi se constituindo nessa história tão confusa em que educação e instrução andaram tão desencontradas?

Docentes-educadores, uma relação tensa

É bom lembrar que desde o final dos anos 50 e nas décadas de 60 e 70 vai se articulando na América Latina um movimento fecundo de educação popular. Educação vinculada com a libertação, emancipação e politização do povo. Um movimento que afirma outra concepção de educação, bem diferente da visão do fazendeiro. Movimento Popular que foi reprimido enquanto a escola, como tempo de ensino das primeiras letras, era assumida com uma função instrumentalizadora, credencialista. Educação e ensino nunca caminharam muito próximos e ainda se distanciaram nas últimas décadas. Se o fazendeiro via a educação como necessária ao adestramento de trabalhadores submissos e via o ensino como ameaça, a educação popular via a educação como libertação e o povo reivindicava escola como direito. A história política das últimas quatro décadas inverteu os sinais: a educação do povo foi e continua sendo temida enquanto se defende toda criança na escola, no Ensino Fundamental.

Esses desencontros e esses sinais por vezes trocados entre educar e/ou ensinar tem marcado nossa identidade ora de educadores, ora de docentes. Como a sociedade nos vê? E como nos vemos? Quem trabalha com a infância, com jovens e adultos, se definirá como educador? E quem leciona no Ensino Fundamental ou Médio se definirá como ensinante, docente? Não é um jogo de termos. Reduzir o papel da escola fundamental e média a ensinar é enfatizar dimensões docentes, ensinantes, e frequentemente esquecer dimensões formadoras.

Nesses desencontros, nos desencontramos. Em nosso papel social e cultural se desencontram imagens não coincidentes, que foram perfilando um rosto desfigurado. Esse rosto desfigurado, indefinido de mestres e de nosso fazer social condiciona políticas de formação, currículos de formação e as instituições formadoras. Tem condicionado as teorias pedagógicas e nosso pensamento pedagógico, tão distante da teoria educativa e tão próximo do didatismo, das metodologias de ensino e dos saberes escolares a serem ensinados.

Poderíamos avançar levantando a hipótese de que a opção da nova LDB por Ensino Fundamental e Médio e não por educação reforça uma visão reducionista do direito humano, cidadão à educação, ao conhecimento e à cultura, ao desenvolvimento pleno como humanos de nossa infância, adolescência e juventude, sobretudo dos setores populares tão penalizados nas últimas décadas com uma visão mercantilizada e pobre do seu direito à Educação Básica universal. Poderá também reforçar um imaginário de escola e do professor(a) confundindo e retardando a afirmação de outras imagens.

É pesada a imagem da tradição que padecemos. A maioria dos professores e das professoras de Educação Básica foi formada para ser ensinante, para transmitir conteúdos, programas, áreas e disciplinas de ensino. Em sua formação não receberam teoria pedagógica, teorias da educação, mas uma grande carga horária de conteúdos de área e metodologias de ensino. É verdade que essa imagem de ensinante vem sendo alterada, no diálogo com a prática, nas interrogações vindas do convívio com a infância, a adolescência ou juventude. No diálogo com colegas, nos confrontos políticos, na sensibilidade com a dinâmica social e cultural fomos reaprendendo nossa condição de educadores(as). Um aprendizado através de um diálogo tenso que vai reconstruindo o rosto desfigurado e indefinido.

O uso do termo "ensino" e não "educação fundamental e média" reflete uma longa história de destaque do papel social da escola como tempo de instrução, de aprendizado das letras e das noções elementares de ciências. A imagem social da escolinha das primeiras letras e da professora das primeiras letras ainda é muito forte em nossa cultura social e política.

Lembro-me de ter participado, na década de 80, de uma mesa sobre a função social da escola. Um tempo em que se falava muito do direito ao saber socialmente acumulado. Um dos expositores centrou toda sua reflexão numa frase: "a função da escola e dos seus mestres é ensinar". Fiel a essa visão fez uma defesa do direito ao saber socialmente produzido e uma crítica dura à escola e aos mestres que não ensinam perdendo preciosos tempos de docência em festas, celebrações, saídas à cidade. "É mais folclore do que ensino", afirmava. Quando chegou minha vez fui obrigado a tomar uma posição, defendi as celebrações, as comemorações, os rituais, os símbolos, a memória coletiva, as músicas, as festas, a cultura como componentes do direito à Educação Básica universal. Lamentei que uma visão tão reducionista do direito da infância, adolescência e juventude à educação excluísse dimensões tão básicas e universais de todo processo educativo e formador do ser humano. Estava em confronto a velha dicotomia: ensinar ou educar. Sobretudo estavam em debate concepções estreitas ou alargadas de nosso ofício.

Essas mesmas questões vêm se colocando cada professor e professora. Ao final quem sou eu? Qual minha função social? Ensinar sem dúvida, socializar conhecimentos, saberes, competências. Ensinar bem de maneira competente minha matéria. Essa resposta tão simples satisfaz muitos profissionais por décadas, mas muitos outros vêm percebendo lacunas. Experimentam um fundo de insatisfação, uma sensibilidade não satisfeita, sobretudo quando tiram seu olhar fixo nas matérias e passam a enxergar e sentir os educandos. Captam em seus olhares e comportamentos de crianças e adolescentes sua insatisfação, até desinteresse e indisciplina.

Nas últimas décadas os docentes participaram nas fronteiras dos movimentos sociais, sindicais e culturais onde estavam em jogo os direitos populares. Nessas fronteiras não apenas foram conquistados direitos, mas também foram alargados os conteúdos dos direitos sociais, entre eles o direito à educação. Se para uma visão reduzida o direito à educação se restringe a ter toda criança na escola e ao domínio de habilidades primárias, para os movimentos sociais de que os professores participaram esse direito é mais largo, é o direito ao conhecimento, ao saber, à cultura e seus significados, à memória coletiva, à identidade, à diversidade, ao desenvolvimento pleno como humanos. Nessas vivências de fronteira, os professores e as professoras foram questionando a imagem tradicional de escola e de professor(a) e foram reconstruindo suas autoimagens. "Quando termina uma greve não somos os mesmos", manifestava um professor. O olhar sobre os educandos será outro.

No convívio com a infância popular percebemos que algo falta em nosso ensinar, que esperam mais de nós e do seu tempo de escola, um tempo tão difícil de segurar diante das pressões da sobrevivência. Descobrimos os educandos, as crianças, adolescentes e jovens como gente e não apenas como alunos. Mais do que contas bancárias, onde depositamos nossos conteúdos. Vendo os alunos como gente fomos redescobrindo-nos também como gente, humanos, ensinantes de algo mais do que nossa matéria. Fomos relativizando os conteúdos, repensando-os e selecionando-os em função dos educandos, de sua formação, de sua educação. Nesse processo de redefinir o saber escolar, as funções sociais, políticas e culturais da escola em função de projetos de sociedade e de ser humano, de cidade e de cidadania não perdemos a centralidade nem do conhecimento, nem de nosso ofício de ensinar. Nos redescobrimos em horizontes, intencionalidades e significados mais abertos. Reaprendemos que nosso ofício se situa na dinâmica histórica da aprendizagem humana, do ensinar e aprender a sermos humanos. Por aí reencontramos o sentido educativo do nosso ofício de mestre, docentes. Descobrimos que nossa docência é uma humana docência.

Ensinar e aprender a sermos humanos

Pela própria experiência humana, pelo convívio com filhos(as), netos(as), na família, pela proximidade com a infância nas salas de aula sabemos que ninguém nasce feito. Nos fazemos, nos tornamos gente. – "Virou gente"! – falamos com orgulho de um filho, crescido e criado. Não nascemos humanos, nos fazemos. Aprendemos a ser. Todos passamos por longos processos de aprendizagem humana. Se preferimos, toda criança nasce humana, mas isso não basta: temos que aprender a sê-lo. Podemos acertar ou fracassar. Nessa aprendizagem também há sucesso e fracasso.

O ideal de humanidade vem variando com o avanço civilizatório, com as lutas pelos direitos. Queremos que todos participem desse ideal, desse projeto. Que seja garantido a todos e a todas o direito a ser gente, a passar por esse aprendizado. A Educação Básica universal como direito situa-se nessa história de luta pelo direito de todos a sermos humanos. Este é o fio condutor das lutas sociais e políticas pelos direitos humanos, ou melhor, pelo direito básico, universal, a sermos plenamente humanos.

Reduzir essa tensa história do direito à Educação Básica universal ao domínio de habilidades, saberes, competências pontuais é empobrecer essa história. É empobrecer o ofício dos profissionais desse direito. Nesse reducionismo tão presente em nossa visão da escola e de seus mestres, aprender habilidades, saberes, competências, exige apenas alguém que domine essas habilidades e competências, domine a matéria e a ensine. Quando o objeto do aprendizado vai se reduzindo, empobrecendo a esse ponto, o ensinar e os ensinantes ficam reduzidos, empobrecidos. O magistério perde o sentido histórico, a escola como processo, como tempo de ensino-aprendizagem perde sentido. Os conteúdos, a didática, a avaliação e a própria formação dos mestres se empobrecem. A perda de sentido do magistério para os docentes e da escola para os alunos pode ter uma de suas raízes mais fundas na perda do legado histórico do direito à Educação Básica universal como direito radical de todos a sermos humanos, a aprender a sê-lo. A escola passou a ser uma vivência humana pobre.

A recuperação do sentido de nosso ofício de mestre não passará por desprezar a função de ensinar, mas reinterpretá-la na tradição mais secular, no ofício de ensinar a ser humanos. Podemos aprender a ler, escrever sozinhos, podemos aprender geografia e a contar sozinhos, porém não aprendemos a ser humanos sem a relação e o convívio com outros humanos que tenham aprendido essa difícil tarefa. Que nos ensinem essas artes, que se proponham e planejem didaticamente essas artes. Que sejam pedagogos, mestres desse humano ofício.

O ofício de mestre, de pedagogo vai encontrando seu lugar social na constatação de que somente aprendemos a ser humanos em uma trama complexa de relacionamentos com outros seres humanos. Esse aprendizado só acontece em uma matriz social, cultural, no convívio com determinações simbólicas, rituais, celebrações, gestos. No aprendizado da cultura. Daí que a escola é um processo programado de ensino-aprendizagem, mas não apenas porque cada mestre esperado na sala de aula chegará para passar matéria, mas porque é um tempo-espaço programado do encontro de gerações. De um lado, adultos que vêm se fazendo humanos, aprendendo essa difícil arte; de outro lado, as jovens gerações que querem aprender a ser, a imitar os semelhantes. Receber seus aprendizados. Os aprendizados e as ferramentas da cultura.

A relevância da escola está em que essa imitação, esse diálogo de gerações não se dá de maneira espontânea, como em outras relações e espaços sociais, mas de maneira pedagógica, intencional, cuidadosa. O tempo de escola é um diálogo de gerações programado por adultos que dominam um saber de ofício. Nos processos de ensino-aprendizagem mais difusos e informais, os adultos atraem a atenção dos mais jovens e principiantes nas artes de ser humanos. Em cada momento nos vêm representando papéis, maneiras de como ser homem, mulher, trabalhador(a), como sobreviver, relacionar-nos com a natureza, com o espaço, com a afetividade, como viver em sociedade, ser cidadãos... Todo adulto é de alguma forma um pedagogo das novas gerações nas artes de ser gente. Ser mestre por ofício é isso mesmo, porém exige mais. É isso mesmo, no sentido de que essas matrizes de toda docência humana estão na base da nossa docência escolar.

A matriz pedagógica fundante que faz parte de nossa condição humana é querer, ter necessidade de aprender observando e imitando os outros. Uma criança desde cedo experimenta seus limites existenciais, não sabe ainda como se defender, sobreviver, mas ignora sobretudo como ser. A necessidade de aprender a ser é mais radical do que a necessidade de aprender técnicas, habilidades de sobreviver. Esta distinção é fundamental para todo processo educativo, inclusive escolar. As artes de sobreviver, de dominar conhecimentos e técnicas, de aprender as leis que regulam a natureza, o meio ambiente, o entorno social, conhecer a cidade, os processos de produção, as relações sociais, relacionar-se com o mundo e com a sociedade são parte do conhecer humano, porém não é toda a aprendizagem que fazemos e que precisamos. Os animais de alguma forma precisam também dessas aprendizagens.

Nascemos ignorantes de muito mais: das artes, saberes e significados da cultura, acumulados sobre como ser e constituirmos humanos. São os processos de ensinar-aprender mais complexos, e mais esquecidos nos currículos, na organização dos tempos e espaços escolares, na formação de professores(as). Aprendemos disciplinas sobre que conhecimentos da natureza e da sociedade ensinar e com que metodologias, porém não entra nos currículos de formação como ensinar-aprender a sermos humanos. Falta-nos a matriz pedagógica fundante. Nosso perfil e saber de ofício ficam truncados. E mais, descuidamos uma das curiosidades mais próprias de nossa condição humana, a curiosidade por aprender a ser, por entender os significados, por apropriar-nos da cultura. Nesses complexos saberes nascemos ignorantes.

Tem-se tornado consenso na prática de ensino partir do que os alunos já sabem na linguagem, nas contas, nas ciências... De fato aprendemos muitos dos saberes sobre as coisas, sobre o entorno no contato direto, na experiência sem que outros nos ensinassem. Mas esse aprendizado não dá conta de nossa ignorância. O ofício de ensinar-aprender se fundamenta sobretudo na consciência de que as novas gerações e todos nós temos do que não sabemos, da vontade de saber mais, do que chamamos curiosidade. Uma das preocupações de muitos docentes é que não se percebem necessários aos discentes, porque estes não se mostram discentes, ou com vontade alguma de aprender na escola. Se não há vontade de aprender perde sentido ensinar. Perdemos o sentido de nosso saber-fazer. Entretanto, é curioso constatar que essa mesma infância, adolescência e juventude se mostram curiosas em aprender a ser gente, a situar-se no tempo e espaço social, no seu tempo, ser contemporâneos com os avanços humanos, nas artes, nas músicas, nas tecnologias, no amor, na sexualidade, na estética, nas modas...

As novas gerações que frequentam as escolas reconhecem que fora da escola há muitas vivências a experimentar e muitos saberes a aprender. Se tivéssemos uma infância, adolescência e juventude apáticas e passivas diante do desconhecido e ainda não vivido, teriam perdido o sentido do aprender e consequentemente estaríamos perdendo o sentido de nosso ofício de mestres. Quando nos diálogos com professores(as) percebo esse sentimento de que a infância e juventude são apáticas, desmotivadas, fico perplexo. Chegamos à sensação do sem-sentido da nossa função social e da função social da escola. Perde sentido a expressão que mais tem definido a função nossa e da escola: ser espaço de ensino-aprendizagem, sermos docentes, mestres das artes de ensinar a quem quer aprender.

Roubaram sua vontade de saber?

Diante dessa sensação de perda de sentido, percebemos uma inquietação coletiva por entender melhor os sujeitos sociais com que trabalhamos, a infância, adolescência, juventude. Sabemos pouco sobre eles e elas, sobre suas vontades de saber e de experimentar, porque o foco de nosso olhar não esteve centrado nos educandos e em como expressam sua vontade de ser, viver, aprender. O foco de nosso olhar desde o primeiro dia de aula ainda continua fixo na nossa matéria. Nossa frustração é constatar logo no início do curso que a nova turma não é mais interessada por nossa matéria do que a anterior. Mais um ano letivo em que muitos serão reprovados, por desinteresse por aprender. Que desinteresse por aprender é esse? Não querem aprender nossas lições?

A cultura da repetência tão internalizada em nossa consciência profissional revela nosso amargo sentimento de que o aluno não quer nada, não quer aprender, apesar de ensinarmos bem. Os altos índices de repetência refletem os altos índices de nossa frustração profissional. Confirmam a visão que temos de que as novas gerações não querem aprender, logo confirmam que nosso ofício perdeu seu sentido. Nos diálogos com o magistério, alguns chegam ao limite de sugerir que sem reprovação o desinteresse por aprender chegará ao extremo: "se sabem que não serão reprovados para que estudar?" Essas constatações ou a crença nessa lógica é brutal. É uma expressão, um atestado de que chegamos ao sem-sentido de nosso papel social. Não tem sentido ensinar, ser docentes diante das novas gerações que não querem aprender e que só serão motivadas a querer aprender se ameaçadas com a reprovação e a repetência.

Chegamos a uma questão que temos debatido bastante em reuniões e congressos: o desinteresse dos alunos por nossa docência não questiona nossa docência? Não nos adverte que deixou de ser humana a docência? É preocupante que a infância, a adolescência e a juventude não tenham interesse por nossas lições, mas pode acontecer que tenham interesse por outras lições, por exemplo como aprender os valores em uma sociedade sem valores, como aprender a amizade, o amor, o relacionamento humano, os valores e leis que regulam o relacionamento entre gêneros, classes, raças, idades. Pode ser que queiram saber como vão se inserir no trabalho, nas artes, na cidadania, como funciona a produção... como ser gente. Será que a infância, adolescência, juventude não se colocam essas questões? Ou nós não incorporamos essas questões como conteúdos de nossa docência? Seu "desinteresse" não questiona radicalmente nossa "desumana" docência?

Esse sentimento bastante generalizado no magistério, de que os alunos não querem nada, é socialmente preocupante porque se é verdade que as novas gerações brasileiras não querem aprender é porque chegaram a um grau de desumanização tal que a curiosidade, a vontade de aprender a ser, de experimentar a vida, de saborear a existência humana, de ser humanos está sendo quebrada já na infância. A infância, adolescência e juventude populares estão submetidas a condições de existência tão desumanas que nem vontade têm mais de aprender as artes de ser humanas? Será que é essa radicalidade que as professoras e os professores percebem no convívio diário com as novas gerações, sobretudo com a infância popular que frequenta a escola pública? Pode ser que, como educadores que têm o raro privilégio e peso de conviver com a infância excluída, percebam que estamos chegando aos limites da barbárie, à negação do que está na base de todo processo civilizatório, a vontade do ser humano, de aprender a ser mais humanos, de aprender o legado civilizatório e os significados da cultura.

O fracasso de nosso ofício de mestre quando situado nesse nível reflete o fracasso de nossa civilização, de nossa cultura. Reflete que à nossa infância, adolescência e juventude não está sendo roubado e negado apenas o direito a conhecer a leitura e a escrita, as contas, o saber científico e tecnológico... está sendo roubada a vontade de saber, de experimentar, de ser alguém. Estão sendo quebrados no cerne mais radicalmente humano. Está sendo negada a matriz fundante de todo processo educativo. Está sendo destruído o sentido de nosso ofício. De toda humana docência.

Os debates sobre a cultura e a prática da reprovação, sobre a indisciplina e a violência, sobre o desinteresse dos educandos e sobre a sensação de fracasso dos educadores teriam de ser discutidos nesses níveis onde o próprio sentido de nosso ofício de mestre está em jogo. Entender que nos situamos nas fronteiras, nas situações-limite de desumanização-humanização em que a infância joga suas possibilidades tão limitadas de ser alguém. Ressituar nosso ofício nos tensos processos de ensinar-aprender a ser humanos traz novas profundidades para repensar os problemas vividos na prática. Não adianta fugir deste núcleo onde historicamente nos situamos.

Podemos levar o debate, as queixas, as soluções, os jeitos inovadores para questões acidentais, fora do foco. Nossa tendência, em reuniões de área, de escola, de diretorias, de técnicos de secretarias é fugir da raia. Prática que nada resolve, que deixa tudo no mesmo lugar, nos deseduca. A administração da escola, da formação e requalificação dos professores tem uma capacidade incrível de ficar na periferia das questões, de propor jeitinhos, técnicas, arrumações para questões e vivências tão sérias, vividas pelos mestres no seu contato direto com a infância, adolescência e juventude popular. O papel dos educadores "de ponta" tem sido mostrar sua insatisfação com arrumações, jeitinhos "inovadores", e tentam, às vezes com seu descrédito, trazer suas vivências para o nível de radicalidade que elas têm.

A categoria vem denunciando, nas últimas décadas, sua insatisfação, até apatia, diante de remedos inovadores dos sempre repetidos cursos de treinamento, dos sempre "novos" conteúdos. Muitos coletivos de professores não estão muito distantes da apatia dos educandos. Às vezes temos a dura sensação de uma contaminação mútua. Como interpretá-la? Como um alerta de que os problemas crônicos das escolas têm raízes mais fundas. Ter coragem de entender a radicalidade que denunciam.

Como ir a essa radicalidade? Muitos educadores(as) apontam o caminho. Sabem dos processos da desumanização que os levam, educadores e os educandos, à apatia, ao desinteresse não só com as matérias – que temos de reconhecer têm pouco de interessantes, são muito chatas. Mas, o que é mais grave, os processos de desumanização a que são submetidos desde a infância levam à perda de horizontes, à perda da vontade de ir além de seus limites. A vontade de ir além como sonho que deveria ser de toda criança, jovem e adulto. Sonhos triturados e abandonados pelas necessidades permanentes da sobrevivência. Que humana docência inventar para dar conta dessa infância não vivida?

Quando esses processos se experimentam tão cedo, no abrir-se para a vida, até na infância que frequenta nossos maternais, ou essa realidade é encarada pedagogicamente ou cairemos num sem-sentido profissional, que nos levará ao desânimo, à busca de saídas na rigidez, na reprovação. Nos leva a sairmos pela tangente, administrar nossa matéria, nossos horários, nossos jeitos de aceleração, de progressão continuada, de avaliação descritiva, de trocar séries por amontoados de séries-ciclos. São jeitos que nos distraem, nos entusiasmam de momento, mas passado o "oba-oba" logo caímos "na real". Não reprovar e manter a lógica seriada, deixa tudo como está. Acelerar os retidos mantendo a lógica precedente, conteudista, deixa tudo como está. Aprender novos métodos de passar matéria deixa a apatia dos educandos no mesmo lugar. Logo nos descobrimos no mesmo lugar, girando no mesmo sem-sentido profissional e humano.

Intervenções coletivas mais radicais

As questões e as intervenções estão mais embaixo, na raiz. São mais radicais. Já em 1993 quando iniciamos a construção da Proposta político-pedagógica Escola Plural[5] no coletivo das quase 200 escolas da rede municipal de Belo Horizonte descobrimos que as professoras e os professores com suas inovações transgressoras apontavam para essa radicalidade na intervenção educativa. A Proposta Escola Plural assumia como primeiro eixo norteador: *"Uma intervenção coletiva mais radical"*: *"o fracasso escolar dos setores populares rebate em nossa sensibilidade social e profissional como um desafio a ser enfrentado com maior radicalidade do que foi no passado"*. A não contemporalização com saídas fáceis, com reforminhas e a radicalização das intervenções é uma questão de profissionalismo. Não temos direito de brincar com os educandos. Os profissionais da saúde em nosso contexto social, no sistema público de saúde, não têm o direito de ser ingênuos, sabem que trabalham com doentes, com seres humanos quebrados, mutilados, limitados nas possibilidades de um desenvolvimento sadio desde a gestação. Assumem a desumanização a que são submetidas as crianças das maternidades, os jovens e adolescentes dos hospitais e enfermarias. Esse olhar e essa consciência são condições prévias a seu ofício. Sabem que na tentativa profissional de garantir o direito à saúde desses seres humanos não cabem jeitos, "oba-oba", nem cartas de princípios utópicos. O realismo é o ponto de partida.

---

5. *Escola Plural* – Proposta político-pedagógica. Belo Horizonte: Smed, 1994.

Qual a saída se partimos desse realismo profissional como mestres, se vamos à radicalidade da desumanização de nossa infância? A saída mais urgente é colocar nosso ofício nos processos de ensinar-aprender a sermos humanos nos limites reais, em que nossa infância pode ser humana. Partir dessa realidade que, aliás, é tão parecida com a experiência dos limites vividos quando crianças e jovens por milhares dos mestres de hoje. Estes não vêm das camadas médias e altas, mas dos setores populares, foram triturados também cedo e como filhos(as) de trabalhadores(as), como negros(as), trabalharam e estudaram. Pode ser que não tenham experimentado os limites de desumanização que a infância popular experimenta, mas têm uma história de trabalho e uma história de vida em que não foi nem é fácil ultrapassar as fronteiras da desumanização. Como ignorar a própria trajetória humana agora como docentes?

Mas a pergunta continua: o que fazer, uma vez situados nesse cerne de nosso ofício: como ensinar-aprender a ser humanos os desumanizados? Começar por equacionar pedagogicamente os limites, as possibilidades vividas pelos educandos que temos, não que sonhamos e gostaríamos de ter. Se esses limites raiam as fronteiras da desumanização, entender que a primeira tarefa da escola e nossa tarefa é que o pouco tempo de escola não seja uma experiência a mais de desumanização, de trituração de suas esperanças roubadas de chegar a ser alguém. A escola pode ser menos desumanizadora do que a rua, a moradia, a fome, a violência, o trabalho forçado, mas reconheçamos, ainda, as estruturas, rituais, normas, disciplinas, reprovações e repetências na escola são desumanizadores.

Temos a sensibilidade para com o clima pedagógico da escola, como enturmar para melhor ensinar e aprender, como melhor avaliar a aprendizagem... Muito bem, mas é pouco para nosso ofício. Situados nos processos de ensinar-aprender a ser humanos teríamos de equacionar se a estrutura seriada, se a organização das turmas, se os conteúdos, a didática, a avaliação permitem ou dificultam que a infância e adolescência popular vivam, se descubram, aprendam a ser gente. Quais as possibilidades de humanização dos tempos, dos espaços, das normas, dos rituais, das relações sociais na sala de aula e na escola? Todo esse cotidiano quebra identidades, quebra processos de aprender a ser gente, desfigura autoimagens...? Essas questões nem sempre ocupam a pauta de nossas reuniões e encontros, mas são as grandes questões de nosso ofício. De nossa humana docência.

Situar o foco de nosso ofício aí não é utopia. Durante os últimos anos venho me convencendo de que há milhares de docentes que vêm tentando recuperar esse olhar, cultivam a sensibilidade para com essas questões, sabem que lidam com crianças, adolescentes e jovens situados nessas fronteiras de desumanização-humanização. As propostas construídas por tantos profissionais, na Escola Plural, Candanga, Sem Fronteiras, Cidadã e tantas outras têm como preocupação central a recuperação dessa questão fundamental: as estruturas escolares humanizam ou desumanizam? Permitem que a criança, o jovem e o adulto tenham vivências humanizadoras? Aprendam a ser gente? Ou as estruturas escolares com sua rigidez conteudista, sua seletividade se tornam desumanas, quebram identidades, impedem possibilidades de aprender a ser, de ter vontade de aprender? Que parte tem a escola, nossas matérias, nossa organização escolar na desmotivação, não apenas para estudar, fazer os deveres de casa, mas para viver, para ser gente? Conversando com as famílias ouvimos depoimentos desencontrados: "minha filha gosta da escola, vai contente, gosta de estudar, gosta da professora, do professor..." "que sorte, porque meu filho detesta, não quer estudar..." A culpa é do professor, da professora? As condições em que a infância vive são pesadas, desmotivadoras, mas também a escola e nosso trabalho são pesados, mas o profissionalismo dos mestres poderá conseguir reavivar a vontade de aprender, a curiosidade de ser.

Muitas vezes perguntado se o centro das propostas pedagógicas que estão acontecendo é acabar com as séries, com a reprovação, implantar os ciclos em seu lugar, ou avaliar de maneira diferente... respondo com sinceridade que tudo isso é apenas consequência de inovações mais radicais. Essas propostas recolhem as tentativas de milhares de profissionais que colocam como foco de sua prática serem mestres de ensinar-aprender as artes de sermos humanos. Aí situados, passa a ter a centralidade devida, perguntar-nos se as estruturas escolares como parte das estruturas sociais permitem essas aprendizagens, ou pelo contrário se essas estruturas e suas lógicas impedem, dificultam que os educandos se formem e desenvolvam como humanos.

Quando questionamos o sistema seriado, a seletividade, a reprovação, a avaliação, a lógica precedente, a separação dos educandos de seus pares, pela retenção, quando questionamos a lógica gradeada e disciplinar, a organização dos tempos e espaços, do trabalho dos docentes... somos guiados por uma preocupação radical: questionar em que medida permitem ou limitam nosso ofício, o ensinar-aprender a sermos humanos. Muitas vezes nos questionamos, mas por que mexer nessas estruturas seriadas se em nossa escola as taxas de reprovação são baixas? Se os alunos passam no vestibular? Não é essa a questão nuclear. Podemos acabar com a reprovação, a defasagem idade-série, elevar os índices de sucesso escolar às custas de estruturas, lógicas e processos que quebram autoimagens, que sacrificam vivências humanas, culturais, sociais, que veem a escola apenas como um tempo eficiente de ensino-aprendizagem das disciplinas escolares. Conhecemos escolas de "qualidade" que conseguem êxito escolar, mas os custos pagos pelos mestres e alunos todos sabemos, por experiência como profissionais e como pais.

Participei no final de 99 da formatura de Ensino Médio de um colégio "de qualidade". Um clima de festa. Os discursos de formatura dos alunos, as faixas das famílias coincidiam em algumas palavras: sucesso, êxito, esforço, dedicação, coragem, "muitos são os que começam, poucos perseveram e chegam à vitória", falou o diretor todo empolgado. Perguntei a um dos formandos: quantos colegas chegaram à formatura? "Nem um terço dos que iniciamos o 1º ano científico". Ele estava entre os poucos das camadas médias e altas e entre os pouquíssimos dos setores populares que têm êxito, sucesso, perseverança, coragem de continuar no tortuoso e solitário percurso escolar. Me perguntei como educador: e a aprendizagem das artes de serem humanos, sacrificada e esquecida nesse percurso poderão ser recuperadas ou são possibilidades de humanização perdidas? Ainda que a escola tenha êxito na aprendizagem das matérias, dos valores de sucesso pessoal, pode estar deixando de lado e até sacrificando outros ensinos e aprendizagens humanos. Garantir essas aprendizagens é a finalidade primeira do direito à Educação Básica universal. Colocar os conteúdos a serviço dessas aprendizagens é nosso ofício.

Colocarmos essas questões para nossa reflexão e inovação faz diferença para um projeto educativo que tenha em mente o direito de toda a infância, adolescência e juventude a se realizar como pessoas, sujeitos, cidadãos. Faz diferença na construção de nossa autoimagem.

Nas fronteiras da desumanização

Entretanto, essas questões têm uma emergência toda especial para os profissionais da escola pública que trabalham com crianças, adolescentes e jovens-adultos condenados a viver nas fronteiras da desumanização. Teremos obrigação moral como profissionais de extirpar toda estrutura, toda lógica e todo ritual, excludentes e seletivos, que reforcem os processos de exclusão e desumanização a que vêm sendo submetidos fora da escola. Nessa perspectiva, a lógica seriada, precedente e seletiva, a cultura e prática da reprovação e retenção, da separação de seus pares, são injustificáveis por suas consequências desumanizadoras, sobretudo para crianças submetidas a processos tão brutais de desumanização fora da escola. As vítimas sabemos quem são, a mesma infância, adolescência e juventude que é excluída, desumanizada fora da escola, os alunos e alunas pobres, negros(as), filhos(as) dos setores populares.

É inadiável criarmos culturas, lógicas, estruturas escolares e profissionais que deem conta de processos de ensinar-aprender menos desumanos. A escola sozinha não reverte processos de desumanização da infância. Ao menos como espaço de igualdade poderá não contribuir para legitimá-los e reforçá-los. Quando buscamos outras lógicas, outras estruturas, os ciclos de formação, por exemplo, buscamos ao menos tornar o tempo de escola mais humano. Essa tarefa é possível, está em nossas mãos em grande parte. Podemos colocar-nos como questão nuclear que ordenamento escolar, que organização dos tempos e espaços do nosso trabalho de trabalhadores em educação darão conta de uma escola que seja um centro do ensino-aprendizagem digno. Assumir nosso ofício de mestre do ensino-aprendizagem dessas artes. Podemos construir uma escola menos desumana para nós e para os educandos.

A organização por ciclos de desenvolvimento ou de formação pretende chamar a atenção para a função nuclear de toda ação e instituição educativa: respeitar, trabalhar pedagogicamente cada temporalidade-ciclo desse desenvolvimento ou dessa aprendizagem. Entretanto, confundir ciclos com somatório de séries, sequenciação de conteúdos, normatização de fluxos não altera em nada a lógica seriada e da sequenciação das matérias, da articulação gradeada dos saberes escolares. Continuamos no mesmo foco estreito. Fora do foco identitário de nosso ofício. Recuperar o foco de nosso ofício de mestre das artes do desenvolvimento pleno dos educandos como nos sugere a nova LDB, Artigo 2°, poderá significar a esperança para toda a infância, adolescência e juventude e, sobretudo, para os mais privados de espaços de dignidade, a esperança de viver ao menos um tempo de escola mais humano.

Sempre me pergunto por que Paulo Freire é reconhecido no mundo inteiro (mais do que aqui) como o educador da metade do século XX. Pelo método de educação de adultos? É pouco. Relendo sua obra e sobretudo sua prática, o que mais me chama a atenção é que Paulo recuperou dimensões e matrizes pedagógicas que o tecnicismo e credencialismo tinham marginalizado. Recuperou a humana docência. Repôs o foco na questão nuclear do fazer educativo: o ser humano como problema.

O ser humano como problema de si mesmo, como problema da educação. Assumir a educação como humanização. Mas sem esquecermos os brutais processos de desumanização a que milhares de seres humanos são submetidos desde a infância. Humanização, desumanização são possibilidades dos seres humanos. Os educadores das escolas públicas sabem dessas possibilidades tensas. Para muitas das crianças com que convivem, desde muito cedo as possibilidades de humanização vão se distanciando, e para muitos nunca chegarão. A desumanização será mais forte. O que fazer no tempo em que convivem com adultos educadores(as) na escola?

Esta é a pergunta de muitos educadores e de muitas educadoras, da escola pública: quanto maior sua sensibilidade para com a desumanização vivida pela infância, adolescência e juventude com que convivem, maior seu incentivo para perguntar-se sobre a outra viabilidade: o que a escola, nós educadores(as) podemos fazer para a sua humanização. Cresce o número de profissionais da educação escolar que, tendo avançado na sua consciência profissional, social e política, e tendo denunciado o caráter desumanizador das estruturas sociais e econômicas, não ficam satisfeitos com a denúncia, mas se perguntam se a escola reproduz inexoravelmente essa desumanização, ou, pelo contrário, poderá contribuir para a outra viabilidade, a de sua humanização.

O fato dos setores populares fazerem tantos esforços e sacrifícios por entrar na escola e nela permanecer, por tentar por anos sobreviver, trabalhar e ir à escola, já indica que eles acreditam na outra viabilidade, a de sua humanização. Se perguntamos às famílias pobres, excluídas, oprimidas, por que matriculam seus filhos na escola?, nos dirão: "para que não tenham uma vida tão aperreada quanto a vida da gente". Há um sonho, recuperar ao menos nos filhos a humanidade não tida. A luta popular pela escola faz parte dos anseios de liberdade, de justiça, de luta dos oprimidos, pela recuperação de sua humanidade roubada.

Voltamos à pergunta: é possível exercer o ofício de ensinar-aprender a ser humanos nas condições desumanas vividas pela infância com que trabalhamos? É possível, faz parte de nosso ofício. Mas o que fazer? Ensinando-lhes a ler, escrever, transmitindo-lhes informação, saberes escolares, não estaremos transmitindo-lhes as ferramentas para sua humanização, para sair da exclusão e da pobreza? Nossa experiência, pessoal, familiar, profissional nos deve ter ensinado que é um direito aprender esses instrumentos e competências, mas que os saberes escolares não são aprendidos se ao mesmo tempo não tentarmos recuperar a humanidade que lhes é roubada.

Sabemos que muitas vezes em nome de que todos aprendam a qualquer custo, as competências, requeridas para sair da exclusão e da pobreza, a escola, suas estruturas ainda terminam excluindo, desumanizando os já excluídos e desumanizados fora da escola. O preço que a lógica social e a lógica escolar impõem aos setores populares para sair da pobreza e exclusão é tão alto que ainda reitera a desumanização, reforça sua autodestruição. Que fazemos na escola com adolescentes e jovens multirreprovados mais do que terminar de destruir sua autoimagem de seres humanos? Se no foco de nosso olhar não estiver primeiro e concomitantemente recuperar a humanidade roubada não acertaremos com o ensino-aprendizagem de nada.

Insisto, ter a ousadia de reencontrar-nos com nosso ofício de mestre do ensino-aprendizagem humanos traz consequências muito mais radicais para os profissionais da escola pública. Será por causa disso que é na escola pública onde encontramos as transgressões mais radicais? Será por causa disso que entre os profissionais da escola pública encontramos mais inconformismo pedagógico e político? Poderíamos levantar a hipótese de que apenas quando tentamos fazer da escola um espaço e tempo de direitos, de humanização e não de mercantilização, nos encontramos como educadores. Recuperamos nosso ofício.

A escola e nossa docência podem ser mais humanas

Quando estou escrevendo e pensando sobre estas dimensões centrais nos processos educativos, recebo o telefonema de uma senhora que tem seus filhos na escola pública. Está inconformada porque, segundo me conta, de acordo com as novas normas de matrícula e enturmação, sua filha será separada das colegas com as quais vem convivendo. Não entende a falta de sensibilidade de normas que quebram sentimentos e afetividades, amizades e relações entre as crianças da mesma idade. Lembrei que, como pai, passei por uma situação semelhante na enturmação de meus filhos no início de cada ano letivo. Lembro que a resposta dos responsáveis pela enturmação foi simples: grupinhos de amigos atrapalham a atividade docente do professor e o aprendizado dos alunos. É possível que atrapalhem o aprendizado e docência das matérias, que o silêncio, o isolamento frio, entre alunos(as) e com os docentes seja um clima mais propício à boa transmissão de objetos e de matérias, porém nunca foi nem será o melhor clima para aprender as artes difíceis de sermos humanos. As possibilidades de transmitir, ensinar e aprender esta grande lição ficam truncadas, sacrificadas em nome do aprendizado de matérias, ou em nome de bem administrar a matrícula e enturmação. É possível a formação de turmas de coletivos de alunos pensando que são pessoas e não números? Pessoas que têm direito ao conhecimento, e também ao sentimento, à emoção e à amizade, aos valores e ao convívio com seus pares de vivências humanas. As possibilidades de desenvolver essa totalidade de dimensões humanas também é negada à infância popular.

Situados aí, a tarefa que se impõe é como recuperar todas as dimensões da humanidade roubada a essas crianças e adolescentes com que a escola trabalha. A organização em ciclos tem esse horizonte. A preocupação primeira será como, ao menos no tempo de escola, não reforçar as amargas experiências de desumanização a que são submetidos. Insisto neste ponto, que a escola não seja mais uma experiência amarga, excludente, destrutiva de sua autoestima, de sua identidade já quebrada. Eliminar do cotidiano escolar toda prática, ritual ou gesto, reprovação e exclusão que reforce os processos excludentes e segregadores a que são submetidos desde o nascimento. Eliminar na escola as condições inumanas a que sua condição de classe, de raça os submete fora.

A escola e nossa prática docente não têm que reproduzir necessariamente a sociedade injusta e discriminatória que aí está, nem para os trabalhadores em educação nem para os filhos e as filhas do povo. Esta tarefa é nossa, depende de nossas opções profissionais. Jogar a responsabilidade toda para o capitalismo, o neoliberalismo... é muito cômodo para nós. Estaremos fugindo da responsabilidade que nos toca. Quanto mais conheço as escolas, mais percebo que muitos profissionais estão indo além. Não reproduzem, no tempo de escola, a desumanização de outros tempos, das estruturas sociais. Muitos professores(as) se perguntam que é possível fazer na escola em termos de recuperar a humanidade que tão cedo lhes é roubada e negada. Nos tornamos humanos na medida em que as condições materiais em que vivemos e as relações que estabelecemos com outros seres são humanas. Será esta a matriz pedagógica a recuperar?

A categoria tem colocado todos seus esforços em melhorar as condições materiais e de trabalho nas escolas, por aí vai um dos caminhos para torná-las mais educativas, para que cheguem a ser espaços mais humanos. O grave das condições materiais e de trabalho das escolas não é apenas que é difícil ensinar sem condições, sem material e sem salários, o grave é que nessas condições nos desumanizamos todos. Não apenas torna-se difícil ensinar e aprender os conteúdos, torna-se impossível ensinar-aprender a ser gente.

As condições que impedem ou permitem essas aprendizagens são materiais, mas também são de estrutura, de organização e de clima humano ou de relações sociais, humanas, culturais. Podemos ter escolas em boas condições físicas, equipadas, salários e condições de trabalho razoáveis e faltar clima humano. Porque as relações entre professores ou com a direção, entre educandos sejam distantes, formais, frias, coisificadas ou burocratizadas. Nessas condições materiais e de trabalho os alunos poderão até aprender nossas matérias, passar, porém não aprenderão uma matéria, a principal, a serem humanos. Nem os mestres mais vividos poderão ensinar, nem os alunos iniciantes nas artes de viver aprenderão em que consiste ser gente.

Essa matéria somente se aprende em um clima humano, em interações humanas, quando nos revelamos como humanos, quando os educandos convivem com seus semelhantes e diversos. Nas reuniões têm surgido essas questões e vivências. Lembro-me de um professor que deu um depoimento: *"quando entro na escola é como se me colocasse uma máscara, de professor. Sou professor e nada mais. Falo de minha matéria. Minha vida é minha vida. É outro departamento"*. Resistimos a revelar-nos como gente. O clima escolar burocrático, normatizado, a organização disciplinar e gradeada nos levam a representar apenas nosso papel de transmissores, se possível competentes. Negamos a possibilidade de dar o salto para uma relação pedagógica, fazer de nossa prática uma relação, interação entre gerações. Revelar-nos.

Apenas nessa relação poderemos avançar na recuperação da humanidade roubada. Como avançar nessa direção no cotidiano escolar? Muitos coletivos de professores estão avançando, como? Tornando a escola mais humana. Somente em um clima humano nos tornamos humanos. Falo em clima, não penso em grandes mudanças. O que fazemos cada dia pode ser mais humano, desde a enturmação à avaliação, desde os banheiros às salas de aula. As relações podem ser menos burocratizadas e frias.

A cultura escolar tende a curricularizar, gradear, disciplinar e normatizar saberes sociais, relações e até ciclos de desenvolvimento. Sei e experimentei como essas tensões acontecem sobretudo no início de cada ano letivo. Sei que a tentação mais atraente, porque mais fácil, é administrar carteiras e material, crianças e mestres, cargas horárias... Tudo como objetos, quantificados, cortados e recortados, unidos ou separados. Nivelar tudo e todos. Nem sempre o mais fácil é o mais pedagógico. As normas nivelam tudo, coisificam as pessoas e desfiguram identidades e diversidades humanas e pedagógicas. Educandos e professores tratados como números. Ignoram-se os tempos pedagógicos das escolas e dos coletivos de profissionais. Os alunos deixam de ser crianças, adolescentes em um ciclo de seu desenvolvimento humano, e são normatizados, enquadrados como coisas, por critérios cronológicos que nada têm a ver com os tempos do seu desenvolvimento, mas têm a ver apenas com os calendários civis e escolares. Quem cumpre aninhos até 30 de junho se matricula e convive com alunos do 2º ano, quem cumpre em 1º de julho conviverá com alunos(as) de outra turma, de outro ano...

Perde-se uma das dimensões básicas da ação educativa: aprender a ser, desenvolver-se no convívio com semelhantes e diversos em temporalidades do fazer-nos humanos, no convívio com sujeitos respeitados para expressar significados e aprender significados no convívio próprio de seu tempo cultural. Convívio de semelhantes e diversos onde seja pedagogicamente possível contar-nos uns aos outros; adultos a crianças e adolescentes, estes àqueles e entre si, contar-nos nossas histórias, nossos significados, nossos saberes e ignorâncias. Nossa cultura.

Como é bonito chegar em uma escola onde as crianças e adolescentes convivem, trabalham em grupos. Em interações múltiplas, dialogam, produzem, inventam em coletivos. Cada dia temos mais escolas dinâmicas, flexíveis. Espaços abertos reinventados.

Em vez de fechar os educandos em recortes, artificiais, o que fecha as possibilidades de interações humanas, o ideal a ser perseguido, ainda que mais complexo de administrar, seria estimular interações entre os semelhantes e diversos, em ciclos e interciclos. Em vez de isolar 30, 35 crianças ou adolescentes com idade do mês tal ao mês qual com um único adulto, professora ou professor em um espaço e tempo rígidos, invariável cada dia e todo o ano, o que se tenta é administrar tempos e espaços múltiplos, onde as interações sejam mais plurais. Interações não apenas com um adulto, o que empobrece, mas com coletivos de adultos, de profissionais do ciclo e não apenas do ano, ou da turma. Interações dentro de ciclo, da infância, da adolescência e entre esses tempos humanos. Recuperaremos a humanidade roubada, a infância e adolescência, tratando-os como pessoas e não como coisas.

Onde está a matriz pedagógica que diferencia essas formas diversas de gerir a escola? Na superação do trato coisificado das matérias, das competências e saberes escolares. Na superação da rigidez, da normatização e coisificação dos educandos e educadores. A ênfase no ensino-aprendizagem das artes do desenvolvimento humano é outra matriz pedagógica e administrativa. As diferenças passam por imagens desencontradas de nosso próprio ofício de mestre. Somos mestres de quê?

O central é criar condições múltiplas de interação. A matriz pedagógica que embasa a organização por ciclos de desenvolvimento e formação é que ninguém se desenvolve, aprende essa arte isoladamente em espaços fechados, em vivências reduzidas, mas em convívio e interação com os semelhantes e diversos. Nos tornamos humanos em relações, espaços e tempos culturalmente densos, porque diversos, quanto mais propícios melhor para as trocas, a pluralidade de trocas humanas. A resistência à reprovação e retenção tem nessa matriz pedagógica um forte argumento. Se aprendemos em interações humanas próprias de nosso tempo-ciclo humano, cultural, cognitivo, social, simbólico... é uma brutalidade pedagógica reter adolescentes, jovens, violentar seus tempos, suas possibilidades de aprender, de se desenvolver como humanos em seus tempos somente porque não dominam a lectoescrita, ou as contas.

Quando vejo nas salas de aula, no recreio, adolescentes e jovens separados de seus pares de ciclo, forçados a conviver, interagir com criancinhas de 7-8 anos em espaços tão fechados, tão isolados dos seus pares sinto uma repulsa pedagógica e humana e me pergunto que teoria pedagógica poderá ter justificado essa violência praticada por décadas em nossas escolas. Me pergunto que nos terá levado a perder a sensibilidade tão própria de nosso ofício. Me pergunto onde nos leva o trato gerencial, frio, burocrático dos processos de ensinar-aprender. Esse trato burocratizado mata a própria função pedagógica da escola e desfigura o papel social dos seus mestres. Nossa obrigação como educadores é transgredir essas normas por serem contra o direito primeiro de toda criança a viver sua infância e adolescência, por serem contra nosso ofício de educadores(as).

Recuperar a humanidade roubada supõe ainda que nós, adultos, nos revelamos tão humanos quanto os educandos. Nosso ofício é revelar as leis da natureza, a produção do espaço, da vida, ensinar matérias... mas sobretudo relevar-nos às novas gerações, revelar a humanidade, a cultura, os significados que aprendemos e que vêm sendo aprendidos na história do desenvolvimento cultural.

Lembro-me de um professor de biologia que experimentava como tantos e tantas o desinteresse dos adolescentes para com sua matéria. Perguntei como saía dessa. *"Quando percebo que o desinteresse dos alunos chega ao limite, me disse, apago o quadro, fecho o livro, me sento sobre a mesa e começo a falar de minha vida, quando era adolescente, jovem, de minha relação com os filhos, adolescentes... O silêncio e a atenção voltam, eles se abrem e falam de sua adolescência, sua música, suas dúvidas e curiosidades. Dialogamos um tempo juntos sobre sua curiosidade e suas questões. Descobri que os adolescentes e jovens têm muita vontade de saber sobre a vida (não é essa minha matéria?), mas sobretudo muita vontade de saber-se e de saber sobre mim, minhas inquietações, meus tempos de adolescência e juventude. Esperam que revele meu percurso humano."*

Dialogamos solto. Um professor profundamente humano. Aprendi, aprendemos que educar é revelar saberes, significados, mas antes de mais nada revelar-nos como docentes educadores em nossa condição humana. É nosso ofício. É nossa humana docência.

5

Conteúdos da humana docência

> *"Eu sustento que a única finalidade da ciência está em aliviar a miséria da existência humana".*
>
> Brecht

"Mas aí cabe tudo, todos somos educadores. E o que fica para nós? O que nos identifica como professores?" Essa foi a reação de um professor diante do trato dado à educação, na nova LDB. De fato, uma das contribuições da nova Lei 9394/96 é incorporar uma concepção ampliada de educação. O Artigo 1º nos diz: *"A educação abrange os processos formativos que se desenvolvem na vida familiar, na convivência humana, no trabalho, nas instituições de ensino e pesquisa, nos movimentos sociais e organizações da sociedade civil e nas manifestações culturais".*

Essa concepção de educação como formação humana que se dá em uma pluralidade de espaços sociais amplia a visão dos processos educativos e consequentemente amplia o leque de educadores. Todo ser humano seria educador, pode participar na *humana docência*. Se enraizamos a ação educativa na condição humana, na pluralidade de tempos e espaços em que nos formamos ou tornamos humanos teremos de admitir que qualquer um pode ser considerado educador. A reação do professor tem sentido: onde fica a especificidade docente? Pareceria que as instituições especializadas como a escola são desnecessárias e o saber e a dedicação específicos de um profissional não teriam sentido. Há concepções de educação que se encaixam melhor em nossa autoimagem e identidade do que outras. Convivemos melhor com visões fechadas do fazer educativo do que com visões abertas. Estas nos ameaçam, nos deixam inseguros.

É difícil separar as concepções de educação de nossa autoimagem pessoal e profissional. Nos encontros com professores(as) percebo que não há dificuldade em incorporar visões e práticas de educação desde que não ameacem essa autoimagem. O Artigo 2º da nova LDB diz que *"a finalidade da educação é o pleno desenvolvimento do educando"*. Podemos entender que os profissionais da Educação Básica terão de se propor como ofício dar conta desse pleno desenvolvimento dos educandos. As reações quando debatemos essa finalidade proposta pela Lei são bastante coincidentes: *"Eu sou profissional da minha área, da minha disciplina". "Nunca estudei desenvolvimento humano". "Mal dou conta do meu desenvolvimento, como posso dar conta dos outros?" "E os conteúdos onde ficam?"* Reações muito parecidas se dão nos processos de implantação de propostas como a Escola Plural,

Escola Candanga, Escola Democrática etc., que coincidem na procura de uma visão mais ampla da docência.

Autoimagens ameaçadas

Lembro que somos professores e professoras, referidos a uma imagem social. Quando essa imagem é mexida, nos sentimos inseguros. A identificação com a imagem de docente de área é muito forte em nossa tradição social e pedagógica. Nos apegamos a esse saber-fazer docente, *"eu sou profissional de minha área"*. Abrir esse horizonte profissional nos parece arrombar cercas. Perder nossa propriedade. Mas nem todos e todas se identificam com essa imagem docente, nem com recortes do conhecimento. As imagens e autoimagens de professor(a) são bastante diversificadas. As reações a uma visão e prática ampliada da educação são também diversas.

As professoras e os professores de Educação Infantil e do 1º e 2º ciclos não têm muita dificuldade de trabalhar com uma visão mais plural de Educação Básica, estão acostumados em sua prática profissional a ter de dar conta da pluralidade de dimensões da formação da infância. A organização do trabalho na base da regência de turmas obriga a ter sensibilidade com a totalidade da vida dos educandos. Estes são seus conteúdos, sua matéria pedagógica. Diríamos que há uma adequação entre uma visão e uma prática ampliada de educação, os conteúdos da prática e a autoimagem profissional.

Os professores e as professoras de 5ª a 8ª e Ensino Médio, licenciados em disciplinas, em recortes do conhecimento, têm dificuldade de identificar seu papel profissional na organização por ciclos de desenvolvimento humano. Associam sua autoimagem a uma visão fechada de educação, a conteúdos de área, de disciplina. Resistem e, quando aceitam fazer parte de um coletivo profissional do 3º ciclo, por exemplo, querem continuar dando aula de sua matéria. Reagem a pensar sua prática dentro de um coletivo que pense no pleno desenvolvimento da adolescência. Sentem-se ameaçados em sua identidade pessoal e profissional. Diríamos que neste caso se dá uma adequação entre uma visão e uma prática restrita de educação e a autoimagem profissional.

Pensar que falta esclarecimento, que antes de implementar uma proposta inovadora os professores têm de ser treinados, não resolve problemas que são mais complicados. A identidade profissional tem que ser tratada com muito cuidado e respeito. Não é uma questão de esclarecimento. Que fácil resulta equacionar as reações dos mestres frente às inovações educativas no campo mental, de como falta esclarecimento teórico, de reflexão e tematização, de leitura, cursos ou treinamentos. Mudemos a cabeça dos mestres e a educação será outra. Elaboremos um texto esclarecedor e sua prática será outra. Depois de feito tudo isso voltamos à escola e percebemos que as práticas, as posturas, as autoimagens continuam tão parecidas... Em realidade não se altera o subsolo dessas práticas e autoimagens. Os significados e os valores, as identidades construídas com traços arraigados, os medos e as inseguranças individuais e coletivas continuarão. Não foi alterada a imagem social que pressiona sobre a escola e os mestres na mídia, nas famílias, nos valores e interesses dominantes. Há uma resistência social a uma prática ampliada do direito popular à Educação Básica alargada. Apenas treinar, esclarecer não muda práticas.

As opções teóricas e pedagógicas, a abertura ou resistência à inovação não é tanto uma questão de ignorância dos mestres e dos familiares, de esclarecimento ou de conhecimento teórico, nem ideológico e político, mas é basicamente uma questão de autoimagem e identidade pessoal e profissional reforçada por interesses e valores sociais. Não é fácil redefinir valores ou pensamentos, práticas ou condutas socialmente incorporadas a nossa personalidade profissional. É uma violência íntima. Exige muito cuidado e respeito. Não se trata de ser a favor ou contra mais uma moda na roupagem pedagógica, de ter consciência crítica ou alienada. Está em jogo o pensar, sentir e ser da gente. Em toda transgressão pedagógica e política estamos em jogo. As propostas inovadoras quando tentam repensar a visão e a prática de Educação Básica terminam questionando e confrontando autoimagens profissionais, têm um papel importante na desconstrução-construção de valores e imagens sociais. Mexem com traços e interesses arraigados da cultura política e profissional.

Defesa dos conteúdos. Defesa de nós mesmos

Uma das perguntas que logo se colocam os professores e as professoras é: e os conteúdos? desaparecem? não têm mais importância? No fundo, a pergunta se volta para o próprio ofício: e a minha identidade de docente, de professor(a) como fica? Interrogar-nos pelos conteúdos de nossa docência é interrogar-nos por nossa função, por nós mesmos. O medo de perder os conteúdos é o medo de perder o sentido do nosso saber-fazer. Na ousadia pedagógica de repensar os conteúdos de nossa docência poderá estar o encontro de um novo sentido para nosso saber-fazer.

Os maiores ataques que o movimento de renovação pedagógica recebe é que despreza, secundariza os conteúdos escolares, o que provoca uma reação em defesa dos conteúdos. É curioso que essa reação aconteça em um momento em que os profissionais se descubram escravos dos conteúdos, cansados da monótona transmissão de programas e matérias, em que o nível de suportabilidade desses maçantes conteúdos por parte dos alunos está raiando as fronteiras da apatia, o desinteresse, a indisciplina.

É curioso que a defesa dos conteúdos gradeados e disciplinados venha em um momento em que as diversas áreas do conhecimento se repensam à luz de novos paradigmas, no momento em que as grades, recortes disciplinados e departamentalizados do conhecimento se quebram nas pesquisas e nas instituições de nível superior. Quando o modelo de conhecimento e sua departamentalização disciplinar se desmorona na universidade, na pesquisa e na produção mais global do conhecimento, os profissionais de Educação Básica formados no velho modelo, enclausurados e licenciados para bem reproduzi-lo na Escola Básica tentam defendê-lo apenas porque tentam defender-se. É um gesto de autodefesa. Mais do que um gesto consequente em defesa do conhecimento socialmente construído. Uma reação inconsequente e lamentável para a Educação Básica. Uma reação fechada que não acompanha a abertura que vem se dando nas diversas áreas do conhecimento.

Os novos paradigmas das ciências tocam nos conteúdos da docência e terminam pondo em xeque a própria docência. Somos o que ensinamos. Nossa autoimagem está colada aos conteúdos do nosso magistério. Essa imagem será mais fechada se os conteúdos se fecham, será mais aberta se os conteúdos se abrem. As propostas inovadoras situam a inovação nesse movimento de quebra das fronteiras entre as áreas do conhecimento, no movimento de transdisciplinaridade, de uma visão mais totalizante do conhecimento e da cultura. A questão não é secundarizar o conhecimento socialmente construído, mas incorporar dimensões perdidas, visões alargadas, sensibilidades novas para dimensões do humano secundarizadas. Alargar nossa docência nas fronteiras em que se alargou o direito à Educação Básica.

Tenho sido perguntado por que o nome Escola Plural. A escolha do nome tenta incorporar a procura pedagógica de uma docência aberta à pluralidade de saberes e de aprendizagens, à pluralidade de dimensões do desenvolvimento humano, da formação dos educandos e dos educadores. Esse foco está presente em todas as propostas: Escola Candanga, Cabana, Sem Fronteiras, Cidadã, Democrática... Os nomes dados pelos profissionais de cada rede apontam uma função social mais aberta para a escola e para os educadores(as).

Lembremos que estes têm sido os embates mais de fundo nos movimentos sociais e culturais nas últimas décadas e nos movimentos de produção teórica. A nova LDB (1996) identifica-se com esse movimento cultural e teórico no alargamento da concepção de educação. A Escola Plural em 1994 destacava como um dos eixos norteadores a *"Sensibilidade com a totalidade da formação humana"*. Abria os conteúdos da docência. Foi e continua sendo esse o ponto mais ameaçador a uma imagem fechada de conteúdos e de docência. Transcrevo o trecho da Proposta político-pedagógica Escola Plural[6] (1994):

"Os movimentos democráticos e de renovação pedagógica criticam os sistemas escolares por terem perdido a pluralidade de funções socioculturais que a sociedade deles espera.

Podemos detectar um descompasso entre a escola e o movimento social. Este exigindo das instituições educacionais uma formação mais plural. Essas fechando-se na educação de aspectos singulares. [...]

Nossa escola foi perdendo progressivamente sua função socializadora, ao mesmo tempo em que as identidades socioculturais dos cidadãos se diversificam. Os movimentos de renovação pedagógica tentaram encurtar esse descompasso. Na década de 80, os profissionais tornaram-se mais sensíveis à diversidade da cultura e dos saberes dos alunos.

---

6. *Escola Plural* – Proposta político-pedagógica, Belo Horizonte: Smed, 1994.

Atualmente, as propostas vão mais longe. Pretendem construir uma escola mais plural, em duplo sentido:

– Primeiro, sintonizada com a pluralidade de espaços e tempos socioculturais de que participam os alunos, onde se socializam e formam.

– Segundo, alargando suas funções e recuperando sua condição de espaço-tempo de socialização e individualização, de cultura e de construção de identidades diversas.

O movimento social atual, que recoloca o direito de todos à realização plena como sujeitos socioculturais, encontra eco em nossas instituições educativas. Elas redefinem-se como espaços e tempos de vivência desses direitos" (p. 8-9).

A Proposta já percebia em 1994, antes da nova LDB, que ao longo das últimas décadas vinha se dando uma tensão entre conteúdos abertos e fechados, entre paradigmas abertos e fechados sobre a produção do conhecimento. Dizer que esse alargamento do educativo e do conhecimento secundariza os conteúdos escolares é no mínimo uma justificativa cômoda de quem prefere continuar tranquilo entre grades curriculares e não percebeu que essas velhas e enferrujadas grades já foram derrubadas na pesquisa e na produção do conhecimento. A tensão é mais de fundo.

Não é uma tensão entre currículos e matérias pobres ou ricas, críticas ou alienantes, mas entre saberes e capacidades que fazem parte da totalidade do aprendizado humano. Captar a diversidade de saberes e competências e integrá-las como parte da formação mais total não tem sido fácil. Ora privilegiamos umas e esquecemos outras, e terminamos polarizando e contrapondo funções ou dimensões de nosso ofício. As velhas dicotomias entre pedagogo-educador e mestre-docente-professor passam por essa dificuldade de referir a diversidade de conteúdos da humana docência a um referencial mais amplo, à formação humana.

Docência aberta a outros conteúdos

Aprendo no convívio com docentes e nas propostas educativas que acompanho que não estão empobrecendo os conteúdos de sua docência. Estão incorporando novos e entendendo melhor que conteúdos fazem parte da docência. Incorporam conteúdos mais abertos.

A preocupação em recuperar este referencial unificador para nossa docência aconselha que tenhamos clareza das diferenças que há entre conteúdos mais fechados e mais abertos, que nos perguntemos onde se colocou ao longo da história o ofício de educar.

Aplico à nossa reflexão as análises que Fernando Savater[7] (p. 48s.) faz sobre saberes e capacidades fechados e abertos. O ensino nos treina, nos torna capazes de aprender certas capacidades que podemos chamar de "fechadas", algumas estritamente funcionais como andar, vestir-se; outras mais sofisticadas como ler, escrever, contar. São

---

7. SAVATER, Fernando. *El valor de educar.* Barcelona : Ariel, 1997.

habilidades extremamente úteis e imprescindíveis para a vida diária, para o trabalho e para outros aprendizados. Essas habilidades são fáceis de programação, podem ser aprendidas em tempos definidos e de maneira perfeita. Podemos ter alunos que aprendem a ler, escrever, fazer cálculos matemáticos em determinada série ou bimestre, numa escala de tempos predefinidos. Podemos predefinir que aprovaremos a quem aprender esses conteúdos fechados ou reprovaremos a quem não os aprender nas séries e tempos previstos.

O ensino e o aprendizado dessas competências fechadas poderão ser organizados em tempos fechados, em lógicas lineares, em bimestres, anos letivos, séries, graus, níveis. O máximo que devemos prever é que se respeite sua lógica interna fechada e os ritmos diferenciados de sua apreensão, que se recupere, ou acelere os mais lentos e se estimule e avance os mais rápidos. A lógica seriada é a materialização de processos sequenciados do ensino desses saberes fechados. Os currículos gradeados se dão bem com essas competências fechada. Os tradicionais mecanismos de sequenciação, de precedência e de avaliação etapistas, de retenção se justificam nessa lógica. Até retoques inovadores como avanços progressivos, aceleração, progressão continuada são adequados ao ensino-aprendizagem desses saberes e competências.

Muitas experiências e reformas fazem retoques nessa lógica, a flexibilizam, mas sem tirar o foco dessas competências fechada. Sem abrir as grades, dimensões e lógicas mais abertas, incorporar novos saberes, sem alargar o campo do educativo e incorporar ao direito social a educação e a cultura. É o máximo de avanço que se pode chegar em currículos gradeados e disciplinados para o aprendizado das habilidades e competências que chamamos fechadas ou que, por sua natureza, são fechadas.

Savater nos lembra que essas habilidades ou conteúdos fechados, uma vez dominados, perdem interesse em si mesmos ainda que continuem com sua validade instrumental. Essas habilidades fechadas se esgotam uma vez aprendidas. Não tem sentido que uma criança ou adolescente que dominou esses saberes fechados os repita. Sabemos como é fastidioso repetir deveres de casa e mais ainda repetir o ano. Aprendeu está aprendido. Os professores percebem essa característica dos conteúdos escolares fechados. Os alunos repetentes perdem interesse pelas matérias que repetem que foram aprendidas no ano anterior, e até os alunos mais rápidos na aprendizagem perdem interesse em acompanhar os mais lentos da turma. A saída tem sido classes homogêneas por níveis de aprendizagem como precondição para manter o interesse. A natureza fechada desses conteúdos os torna interessantes apenas enquanto são aprendidos, logo se tornam desinteressantes. Daí a dificuldade que temos de manter o interesse da infância, adolescência ou juventude diante de saberes fechados. Não adianta tentar inventar didáticas, mais atrações, quando os alunos perderam o interesse por saberes fechados. É a natureza do saber que torna curta a margem de interesses tanto para o aprendiz quanto para os mestres.

Sabemos como é fastidioso para nossos filhos ter de encontrar nos "para-casa" cinco verbos transitivos ou intransitivos. O único argumento didático é que repetindo exercícios iguais gravarão aprendizagens fechadas. Quando pergunto aos alunos como foi a escola hoje? Teve algo de novo?, a resposta mais frequente é: "tudo igual". É porque não têm interesse pelo estudo? perderam a curiosidade humana pelo saber? os docentes não dominam conteúdos e métodos que tornem os saberes mais atraentes? Nada disso, é a natureza fechada desses saberes úteis que perde o interesse logo que se aprendem. Por experiência própria sabemos como é extremamente fastidioso e desumano ensinar repetindo por anos saberes que já sabemos, tão fechados, que não acrescentam interesse algum nem humano, nem intelectual para nós mestres.

A docência repetitiva de saberes fechados não estimula a pesquisa, nem a leitura e o embate, e torna-se um dos processos mais desqualificadores. Reduzir o professor e a professora a meros aulistas de saberes fechados é desqualificador. Pouco adianta sugerir a nova moda: que o professor e a professora devem ser pesquisadores de sua prática e dos conteúdos. Tematizadores como se diz. Podemos alegar que os professores de Educação Básica não pesquisam, nem leem porque não têm interesse, não foram preparados, mas o problema é mais de fundo. Os saberes a serem ensinados, uma vez aprendidos (e os mestres passaram a graduação aprendendo seus segredos), perdem interesse. Repeti-los é fastidioso. Os currículos da Escola Básica, as grades, as disciplinas, o caráter elementar, primário desses saberes escolares fechados os tornou ainda mais fechados, sem interesse para os mestres que os dominam. Temos percebido que as primeiras vítimas desses conteúdos fechados da docência são os próprios docentes. Toda tentativa de incentivar pesquisa pode ser um recurso didático, podemos pesquisar e ler sobre novas formas de ensinar e de aprender. Muito bem. Mas sobre os próprios conteúdos escolares repetidos a cada ano letivo não há muito a teorizar e refletir.

Os saberes sobre o que pesquisamos na universidade e nos centros de pesquisa são mais abertos. Há o que pesquisar e debater. Transferir essa função sem mais para os conteúdos fechados dos currículos escolares é inútil. Pensar que os professores do magistério básico não pesquisam, não produzem textos, monografias, porque não dominam nossas metodologias científicas de pesquisa ou não dominam nossas artes de equacionar um problema, fazer uma revisão bibliográfica, interpretar teorias, levantar hipóteses, coletar dados e testar as hipóteses levantadas... é um olhar fora de foco. Ensinar orações subordinadas diretas ou indiretas, acento átono ou tônico, ou cálculo matemático, vertebrados ou invertebrados no ensino fundamental é tão igual e tão fechado que não há o que pesquisar.

Temos de reconhecer que são esses saberes fechados que ocupam lamentavelmente a maior parte do tempo e das energias dos doentes da escola elementar. Elementarizamos tanto as competências básicas que aprisionamos nessa estreiteza os docentes da escola elementar. A palavra "grade curricular" é apropriadíssima. Quem está atrás das grades tem pouco a pesquisar e refletir a não ser como delas sair.

Sem dúvida, há uma reação a essa monótona docência de conteúdos fechados, nada surpreendentes nem para os mestres nem para os alunos. A procura de sentido tem vindo das tentativas de abrir esses conteúdos fechados, encontrar, explorar e pesquisar suas conexões com saberes abertos. Lembro os avanços havidos na educação matemática e em outras áreas do conhecimento. Os PCNs incorporam essa preocupação por abrir as áreas a dimensões mais abertas.

Percebo que o reencontro com o sentido da docência se dá na medida em que vamos descobrindo que esses saberes escolares e conteúdos fechados se são imprescindíveis ao aprendizado humano, não o esgotam. Há capacidades "abertas", que são componentes de nossa docência e do direito à Educação Básica. Aprender por exemplo o convívio social, a ética, a cultura, as identidades, os valores da cidade, do trabalho, da cidadania, as relações sociais de produção, os direitos, o caráter, as condutas, a integridade moral, a consciência política, os papéis sociais, os conceitos e preconceitos, o destino humano, as relações entre os seres humanos, entre os iguais e os diversos, o universo simbólico, a interação simbólica com os outros, nossa condição espacial e temporal, nossa memória coletiva e herança cultural, o cultivo do raciocínio, o aprender a aprender, aprender a sentir, a ser... Esses conteúdos sempre fizeram parte da humana docência, da pesquisa, da curiosidade, da problematização. Nunca foram fechados em grades, nem se prestam a ser disciplinados em disciplinas.

Ao longo da história, o aprendizado dessas capacidades "abertas" tem sido considerado como a base da civilização, do progresso, do desenvolvimento. Quando pensamos educação nos referimos a todos esses aprendizados. Seu ensino e o saber desse ofício sempre foram considerados mais nobres, socialmente mais valorizados. Até da escola e de seus mestres se espera que deem conta também dessas competências abertas. Por mais fechada que seja uma proposta escolar, na hora de vender sua imagem de boa escola terá que prometer que não descuidará da educação das competências abertas, ao menos em tempos extraescolares, extragrades, em retiros, projetos culturais, temas transversais de ética, ecologia, sexualidade, no catecismo, na aula de religião, na opção pelos pobres e excluídos. Até as escolas e colégios mais centrados em conteúdos fechados tentam vender educação, cidadania competente e até crítica no início de cada ano letivo.

A cultura mais aberta, a preocupação com os valores e os comportamentos, inclusive a ameaça das drogas e da violência, a própria distância dos tempos áureos da ciência e da tecnologia abrindo bons empregos, estão mudando a imagem de escola boa, centrada nos conteúdos fechados. As famílias pagam caras mensalidades e querem mais. A indústria do ensino não pode vender apenas ensino, tem de vender também educação, cidadania, valores, moralização, comportamentos. Tem que incorporar a promessa de que em troca da cara mensalidade dará conta de ensinar saberes mais abertos. Outros tempos e outras sensibilidades educativas e culturais? Outro perfil de família cliente do ensino competente?

As tensões entre conteúdos da docência

Os conteúdos abertos brigam por espaço e tempo no ordenamento escolar e no imaginário dos mestres, porque a história social e cultural (nem sempre a história dos currículos, nem da formação de professores) os legitimou como componentes do campo educativo, inclusive escolar. Nessa briga travada em vários níveis, no pedagógico e no político, as capacidades abertas tinham perdido espaço nas últimas décadas. Nos tempos escolares graduados e disciplinados estiveram quase ausentes. Sabemos que os conteúdos legitimados nas grades foram os mais fechados, os saberes "úteis" ao mercado.

No reparto das grades e disciplinas, das cargas horárias, os saberes tidos como mais úteis ao mercado ocuparam os maiores tempos, foram prestigiados e seus docentes fizeram questão de privilegiá-los com os saberes mais nobres, mais exigentes. Nessa defesa se autoprestigiavam, como licenciados das áreas mais nobres. Os saberes duros, seletivos, porque úteis e fechados, passavam a ser os mais prestigiados. Criou-se uma cultura de qualidade para legitimá-los e nem assim conseguiram legitimar-se no imaginário da infância e juventude que apenas os engole por medo à reprovação. A reação de muitos docentes desses saberes fechados e úteis ao movimento de redefinição da cultura da reprovação indica que esses saberes não se legitimaram. Ouvimos com frequência: *"se o aluno sabe que não será reprovado não estudará nossas matérias"*. É o atestado de reconhecimento de que o interesse pelo estudo dos conteúdos fechados é limitado. É necessário criar um clima de ameaça, de medo. Não se legitima como conhecimento e como cultura.

Houve e ainda há pressões de profissionais de áreas que foram marginalizadas, porque mais próximas da formação das capacidades abertas, para serem incorporadas como saberes tão legítimos. Sabemos que tem sido uma das tensões curriculares e profissionais complicadas, não resolvidas ainda. Por que a marginalização dos conteúdos de história, geografia, literatura, arte, cultura, sociologia, filosofia, estética, movimento, memória coletiva...? Porque foram marginalizados o ensino e o aprendizado de saberes e competências humanas mais abertos e desinteressados. Porque não foram consideradas no rol dos saberes úteis ao mercado, nem sequer necessárias à formação do trabalhador, do técnico, do médico, do engenheiro, ou do gestor. E o mais grave, nem sequer foram consideradas úteis à formação do cidadão. Consequentemente o domínio desses saberes abertos não entrou nos currículos de magistério, de licenciatura, nem de pedagogia. Temos de reconhecer que no embate entre saberes e competências fechados e abertos aqueles ocuparam as grades curriculares e marginalizaram os saberes abertos. Temos de reconhecer que as tensões e as tentativas de recuperar os vínculos entre todas as áreas do conhecimento e a formação das competências abertas estão postas nas escolas e nas relações nada fáceis entre seus profissionais.

Pode ser pedagógico explicitar essas tensões e perceber aí um dos processos mais ricos de conformação dos profissionais da Educação Básica nos últimos anos. As tensões ainda são fortes e as propostas pedagógicas que acontecem em muitas escolas e redes vêm sendo uma oportunidade para explicitar essas tensões. Podemos cair na defesa incondicional dos conteúdos fechados de nossa docência. É uma opção, ainda de muitos. Por serem fechados são mais próximos de um modelo pedagógico fechado, linear, quantificável, de um ordenamento seriado, de uma ordenação sequencial, precedente, arquitetônica, subir o edifício do conhecimento, da ciência como se escala um prédio ou uma montanha mágica. A tradicional cultura da avaliação e da reprovação-retenção se encaixa nesses saberes escolares e nessas lógicas fechadas. A docência rotineira é mais tranquila nesse modelo científi-co-escolar fechado, unitário e sequencial. Seriado.

A defesa da escola seriada se apega a essas lógicas escolares mais adequadas a essas competências fechadas. Os remedos amontoados de séries, de progressão continuada, de aceleração aparecem de tempos em tempos, na tentativa de lubrificar essas lógicas sem perder a centralidade dos conteúdos fechados. Abrindo-se até as grades um pouco a projetos transversais e marginais que contemplem algumas dimensões abertas, que enfeitem as grades escolares sem quebrá-las. Flores educativas penduradas em grades de ensino, nas disciplinas dos saberes fechados úteis. Um enfeite que oculte a rigidez das grades. Não uma solução.

A teimosa defesa do gradeamento e da reclusão da docência nessas competências fechadas ainda vai perdurar. Faz parte de uma tradição que vem das origens políticas e sociais da organização do nosso sistema de instituição pública, reforçado pelo positivismo republicano e pelo industrialismo e tecnicismo de décadas e até pelo cognitivismo mais recente. Essa tradição foi legitimando como conteúdos centrais e quase que únicos da docência os saberes e competências fechados. As competências abertas ficaram por conta das famílias, das igrejas, dos meios de comunicação, por conta dos processos difusos de socialização. Em décadas recentes nos disseram que nas sociedades modernas cada instituição social tem seu papel profissional. À escola cabe apenas transmitir as competências fechadas na visão tecnicista e mercantil do vestibular e do concurso. Em nome da modernidade fecharam os horizontes de nossa humana docência. Fecharam os conteúdos. A Lei 5692, dos tempos autoritários, definiu com rigidez as cercas, gradeou o conhecimento e legitimou uma imagem estreita da docência.

O modelo de formação mantido irresponsavelmente por décadas em muitos cursos normais, de licenciatura e pedagogia, treinou e preparou primeiramente para dar conta dessas competências fechadas. Ao menos era o que se esperava e em grande parte se fez. Nem sempre temos consciência das marcas deixadas em nossa autoimagem docente. Formamos profissionais não apenas competentes nesses conteúdos fechados, mas imbuídos de uma autoimagem reduzida e fechada da função social deles e da escola. Temos gerações de docentes filhos e filhas da Lei 5692/71 e da tecnocracia, do autoritarismo, da modernização produtiva, do modelo científico utilitário, e agora do pensamento único neoliberal. O entulho desses tempos ainda invade os pátios das escolas e dos cursos de formação, das grades, do ordenamento escolar, dos conteúdos e das autoimagens pessoais e profissionais. E como custa remover esse entulho! Algumas escolas e coletivos de docentes optaram por mantê-lo e enfeitá-lo com flores, com cores de algum ou outro tema aberto. Projetos paralelos à margem das grades, muito avançados, onde se empenham alguns professores avançados, mas que não alteram o núcleo duro das grades, nem removem o entulho do tecnicismo e conteudismo. Projetos plantados como flores à margem desse entulho têm vida muito curta. Murcham. Mas cada dia encontramos mais escolas e redes que vêm fazendo a faxina desse entulho, limpando a área, os currículos, os tempos e espaços, abrindo as mentes para ampliar a concepção de educação e de mestre. Incorporar para valer conteúdos, saberes e competências abertas.

Essas tensões vêm fazendo parte do movimento de renovação pedagógica das últimas décadas e vêm fazendo parte da construção de um novo perfil de docente. Podemos lembrar as vinculações buscadas entre conhecimentos escolares e cidadania e a luta pela inclusão social e cultural, pela igualdade e diversidade. Há manifestações muito ricas na tentativa de abrir os conteúdos de nossa docência. Muitas das associações de professores(as) das diversas áreas do conhecimento colocaram os espaços dos seus congressos e publicações a serviço da abertura de seus saberes e da incorporação dos vínculos com saberes e competências mais abertas, mais próximas de uma visão plural da formação humana. Mais próximas de uma concepção plural do magistério.

Podemos lembrar os vínculos buscados entre conhecimentos escolares e os conhecimentos socialmente construídos e acumulados. Percebemos que nem todo saber escolar fechado, gradeado e disciplinado dava conta da complexidade dos conhecimentos sociais e que a história da produção social do conhecimento tem tudo a ver com processos abertos de produção social, cultural e política, tem tudo a ver com os movimentos civilizatórios, com o desenvolvimento humano, com a afirmação ou negação dos direitos humanos, com os valores. Fomos percebendo que a luta pelo conhecimento tem tudo a ver com as lutas pela inclusão social e cultural, pela liberdade e emancipação, pela igualdade e diversidade... Até os conhecimentos mais fechados participam dessas tensões. O privilegiamento desses saberes nas grades curriculares e a exclusão ou marginalização de outros saberes fez parte dessas tensões sociais, culturais e políticas. Milhares de profissionais da escola perceberam em que grades e disciplinas foram fechados, eles e os conhecimentos, e como o foco de seu olhar profissional foi fechado e reduzido. Tentar abri-lo e abrir-se a uma visão mais plural dos conteúdos de sua docência é um projeto de milhares de docentes.

Esses embates podem ser percebidos nas áreas do currículo, nos centros de formação, nos congressos de áreas, nas Cbes e Coneds, nos congressos do Endipe, da Anfop, da CNTE, dos sindicatos. Essas tensões passaram a ser vivenciadas na prática pedagógica e política dos profissionais da Educação Básica. Em muitos espaços não passaram de embates teóricos, mas nas vivências de cada educador(a) passaram a ter um caráter existencial. Estava em jogo sua autoimagem pessoal e profissional. Seu saber de ofício. Sua história de vida. Discutir estas questões em uma mesa de um congresso entre pares de pesquisa é mais fácil do que discutir as mesmas questões entre os profissionais que cada dia têm de mudar suas escolhas pedagógicas e pessoais para serem consequentes com esses embates.

Os conteúdos da docência estão mudando, ao menos está sendo difícil não perceber que até os conteúdos mais fechados são inseparáveis dos conhecimentos e competências humanas mais abertas. Essas mudanças afetam o saber-fazer, o ofício docente. Como esses embates afetam os docentes? Que reações estão assumindo? As reações são bastante diferenciadas, o que está nos levando a um magistério mais diversificado. Temos ainda docentes apegados aos saberes e habilidades, mais fechados e úteis, tendo ainda como referencial de sua docência as demandas do mercado, do concurso, do vestibular. Assumem como seu ofício treinar para concorrer na sociedade competitiva. Mantêm o caráter seletivo do sistema seriado, se apegam à cultura da reprovação, como parâmetros de uma escola de qualidade. Assumem sua função credencialista.

Mas encontramos também docentes que tentam quebrar essa estreiteza e buscam os vínculos entre esses saberes fechados, úteis e o direito igual de todos a concorrer com as mesmas competências nesse mercado competitivo. Guiam sua prática fechada na crença num democratismo credencialista. Já que a sociedade é competitiva, demos a todos as mesmas credenciais, os mesmos domínios dos saberes fechados e as mesmas competências escolares para competir em igualdade de condições. Pensam ser essa a função da escola e de sua docência e reagem à introdução de outros saberes e competências mais abertos que não fazem parte dessa concorrência desleal. Fiéis a esse democratismo credencialista pensam que ocupar tempos escolares com a cultura, os valores, a estética, a ética, é negar, sobretudo aos setores populares, a igualdade de competências escolares para competir no mercado. Este credencialismo democrático é a nova cara dos velhos credencialistas. É a nova roupagem para se apegar ao conteudismo, às séries, à reprovação, às grades, às disciplinas, à velha docência de saberes fechados, rejeitando sequer repensá-los em nome da democracia.

Mais recentemente vem crescendo o grupo de profissionais que repensam cada vez com maior empenho os conteúdos de sua docência e neles se repensam. Em realidade o movimento de renovação pedagógica e política que vem se intensificando e radicalizando nas últimas décadas traz imagens desencontradas de educador e de mestre, porque tenciona duas funções sociais: educar, ensinar. Vimos como a nova LDB se envolve no equacionamento dessa tensão, daí que quando os professores e as professoras de Educação Básica tentam entender-se na nova Lei se explicitam tensões de ofício. É importantíssimo para nossa autoimagem e identidade lembrarmos sempre que as tensões entre concepções e práticas de educação e de mestre-educador têm uma longa história em todas as culturas. E entre nós têm uma particular história.

Polaridades sociais que nos perseguem

Quando não entendemos bem o que somos é bom voltarmos para a história em que foi construindo-se nosso ofício. Insisto em que é ingênuo pensar e teimar, em inventar em nós uma imagem social que carregamos, como tantos carregaram e nos passaram. Imagem colada aos conteúdos de nosso fazer.

A história da educação e dos educadores registra permanentes polarizações: formar nas artes de falar ou nas artes de intervir? Ser mestres nas artes do domínio da fala, da palavra, do raciocínio, ou ser mestres nas artes de intervir, de agir, de produzir? Nessas polaridades os conteúdos da docência mudam, a imagem muda. Manacorda, em sua *História da educação*[8], nos mostra como a ênfase em uma ou outra formação,

---

8. MANACORDA, Mário. *História da educação*. São Paulo: Cortez, 1989.

para uma ou outra função social, vai demarcando duas ênfases no ofício dos mestres e nos conteúdos de sua docência: saber ensinar as artes da fala, da arguição, da oratória, para o controle social e político, ou saber ensinar as artes de produzir, as técnicas de intervir. Os mestres se veem logo, desde a civilização egípcia, envolvidos em formar tipos sociais diferentes, em dimensões diferentes do aprendizado social e político.

Até hoje estamos às voltas em nossa autoimagem com essa tensão. Lembro de um professor que dava aulas em um colégio privado para filhos(as) das "camadas médias, altas" e também dava aulas na escola pública de periferia. Sentia a tensão de ser professor de adolescentes, que sabia serem tão diferentes nas origens e nos destinos e funções sociais. *"Sem querer* – dizia ele – *minha tendência é, como professor da escola privada, dar mais ênfase na teoria, no raciocínio e na lógica teórica e científica, e na escola pública pôr maior ênfase em exemplos práticos, em ensinar a fazer"*. O que está na base dessa tensão? Apenas dar ou não conteúdos, e que conteúdos? A tensão está na dificuldade de descolar nossa função social e nossos conteúdos da imagem social de ser humano referida a cada grupo social. Nossa autoimagem joga com destinos humanos, ideais humanos diversos.

Chegamos a um ponto central. Em realidade nossa docência e autoimagem não se definem apenas nem basicamente em função dos conteúdos se fechados ou abertos. Nos definimos em função do protótipo de ser humano que pretendemos formar. Entretanto, esse protótipo de ser humano não é um construto abstrato, mas de carne e osso, concreto, histórico. Nossa docência, seus conteúdos definem-se pela imagem social de ser humano, trabalhador, cidadão, referida a cada grupo social, a cada gênero, a cada etnia e raça. Quando descobrimos esses estreitos vínculos entre nossa imagem profissional e a diversidade de imagens sociais terminamos por nos entender um pouco mais. Somos diferentes para formar diferentes. As diferenças e diversidades sociais existem e cada dia se tornam mais desiguais. As desigualdades de origem, gênero, raça e classe da infância e adolescência que acompanhamos e o seu destino tão desigual marcam a imagem de educador(a) que somos e que a sociedade nos impõe. Somos imagens desencontradas do profissional que queremos e do profissional que a desigualdade social nos impõe.

Os conteúdos de nossa docência trazem as marcas dessas imagens desencontradas. Identificamos as camadas médias-altas como dirigentes, intelectuais, profissionais do raciocínio científico, lógico, das artes de falar, gerir, produzir, conduzir, convencer. Logo ensinamos os conteúdos que deem conta dessa ordem social. Querendo ou não, colocamos nossa humana docência e os seus conteúdos a serviço dessa imagem. Ao contrário identificamos como ideal social para as crianças, adolescentes e jovens dos setores populares, ser trabalhadores, logo dominar o raciocínio prático, o saber-fazer, seguir ordens, o trabalho braçal, o saber prático, viver da renda do seu trabalho. Podemos ensinar os mesmos conteúdos, porém com outras ênfases. Toda docência, a escolha de conteúdos ou o programa de todas as disciplinas serão inseparáveis dessas tensões entre dimensões a formar, protótipos de seres humanos a formar e desenvolver. Nosso pensar e fazer é guiado por opções de relações entre grupos, classes, raças, gêneros. As tensões de conteúdos são mais do que tensões de conteúdos.

Todo profissional do ensino-aprendizagem de qualquer conteúdo esteve sempre e está a serviço de um ideal de ser humano. Faz parte de nosso ofício. Ignorar esse traço é tentar abafar uma consciência histórica que nos persegue. Engano inútil, em que ainda alguns mestres tentam se isolar em conteúdos neutros. *"Eu sou professor de minha matéria, nada tenho a ver com o pleno desenvolvimento humano dos alunos, com a classe, com a raça, com o gênero, com a ordem social"*. Engano inútil. Por trás da ênfase na matéria há valores, crenças. O que leva o docente a se dedicar e com eficiência a ensinar sua matéria? É a crença, o valor dado, a importância dada a essa aprendizagem para um dado ideal de ser humano, para um projeto de sociedade. Um ser humano competitivo, para uma sociedade competitiva ou um cidadão participativo para uma sociedade igualitária. O que está em jogo são conteúdos referidos a um ideal de ser humano e de sociedade. Em nossa docência aflora nosso compromisso com o destino de seres humanos e da sociedade.

Paulo Freire insistiu na dimensão humanizadora ou desumanizadora de toda relação pedagógica. O movimento de professores mostrou que toda prática educativa, docente, está orientada por um projeto de sociedade e de ser humano. A sociologia do currículo e do conhecimento nos mostrou que não há conteúdo escolar neutro. Na atualidade é difícil manter-se no limbo pedagógico da neutralidade da docência e dos conteúdos.

Essas velhas polaridades sociais nos perseguem. Nos encontros de professores(as) ainda vai e volta a velha distinção binária dos tempos da Grécia entre a função de ensinar e a função de instruir, entre educadores e docentes, entre educação e ensino. Durante as últimas décadas a visão tecnicista e a pretensão de neutralismo conteudista tentou convencer os professores que sua função é ensinar "o professor que ensina" que o modelo de escola de qualidade é aquela que dá importância aos conteúdos úteis ao mercado, que ensina bem, prepara bem para passar no vestibular, no concurso. Educar deveria ficar por conta de outros profissionais e em outras instituições: a família, as igrejas, os tempos e espaços extraescolares, alguns projetos culturais, formativos, fora das grades curriculares. Esta crença ainda é forte.

Desde a reforma universitária de 1968 e desde a Lei 5692/71 os profissionais da Escola Básica são (de)formados, licenciados para cumprir esse papel de ensinantes apenas e não de educadores. Saem licenciados no domínio dos conteúdos de um recorte do conhecimento. Entretanto essa separação binária entre educar e instruir não tem sido tão pacífica nem ao longo da história da educação nem nos cursos de formação, nem na história mais recente da categoria e menos ainda na vivência pessoal do magistério. Nas lutas políticas como trabalhadores em educação ou nas lutas pela cidadania, pela igualdade dos direitos frente à segregação racial e sexista, nas lutas pela ética na política, no convívio social, aprendemos a importância da formação cívica, ética, política, a importância da formação de identidades. Entretanto, como professores e professoras, continuamos inseguros na incorporação desses saberes no currículo e, os saberes técnicos, as habilidades úteis para a inserção nessa mesma sociedade contra a qual lutávamos absorvem nossas energias. Em nossas próprias vivências experimentávamos velhas polaridades entre instruir ou educar, entre conteúdos fechados ou abertos.

Por um lado a crença em que fomos formados docentes nos dizia que pelo domínio dos saberes de nossa matéria fundaríamos uma sociedade, uns valores e uma ética igualitária e democrática: se todos dominam os mesmos saberes e competências estarão em igualdade de condições para competir e progredir. Percebemos logo que ao menos para nós, tão sabidos e competentes no domínio dos conhecimentos técnicos e científicos, essa lógica não funciona e nas lutas como categoria tivemos de aprender outras competências para defender direitos de cidadania, de trabalhadores, de negros, de mulheres. As crianças e jovens terão o mesmo percurso? Serão suficientes os domínios dos conteúdos e destrezas técnicas das teorias científicas que aprendam na escola, para se realizarem como humanos? Por que os conteúdos, a formação cívica, ética, política que nós aprendemos não poderá fazer parte também de nossa humana docência? Estes embates estão postos na categoria.

A história da educação tem mostrado que as polaridades em que nos debatemos sobre o que somos e o que devemos ensinar são falsas. Nossa experiência humana e docente seria suficiente para nos convencer de sua falsidade. São polaridades enganosas de frequente uso político. Deveríamos perguntar-nos a quem interessa dividir nossa função social entre educar ou instruir, cindir nossa autoimagem entre ser profissionais apenas dos saberes científicos e práticos de nossa matéria ou ser educadores, profissionais da ética, da cultura, da formação e do desenvolvimento humano. Cindir conteúdos fechados e conteúdos abertos é insustentável em um projeto educativo, em uma proposta curricular ou até em uma política de avaliação. Sem o domínio de competências técnicas, práticas, úteis não seremos cidadãos e trabalhadores, não estaremos aptos nem para a vida produtiva, nem para nos realizar como sujeitos éticos, históricos. Até aí parece haver consenso. Mais difícil é reconhecer que a melhor preparação técnico-científica para a vida produtiva, para a vida política, para a gestão da empresa ou da cidade sem valores, sem capacidades morais, sem autonomia ética e política, carece de sentido humano.

As artes de instruir e educar, de colocar os saberes e competências técnicas e científicas acumuladas pelo ser humano a serviço do desenvolvimento, da autonomia, da emancipação e da liberdade e igualdade, enfim dos valores humanos, é nossa arte. São as delicadas artes de nosso ofício de mestre. Nas informações científicas, históricas, matemáticas, linguísticas, artísticas, estéticas, corpóreas que transmitimos nos conteúdos de nossa docência, estaremos ou não transmitindo a herança humana, a memória coletiva e os valores morais, imagens de sociedade, de ser humano, de sua humanização ou exploração. Sempre é bom.

São essas as tensões mais de fundo de nossa docência e de nossa autoimagem. Exatamente porque nossa imagem e função social está atrelada às artes de ensinar, aprender a sermos gente, em estruturas, relações sociais e relações de poder e culturais, concretas, nossos conteúdos e nossa humana docência como refletíamos antes, trazem as marcas das tensões em torno de ideais diferentes de ser humano. Dependendo das dimensões a serem formadas, aprendidas se esperará dos mestres que saibam ensinar, formar umas dimensões ou outras. Até hoje padecemos essa tensão. Nela nos formamos. Podemos ter um ideal de sociedade e privilegiar a formação de um cidadão consciente, crítico, participativo, mas esse nosso ideal se choca com o ideal de trabalhador passivo, de cidadão alienado que a sociedade define que determinadas famílias e determinados grupos sociais e políticos têm de cumprir.

Nosso ofício é tenso exatamente porque se situa nesse fogo cruzado que sempre se deu em torno de projetos de sociedade, de homem, de mulher, de negro, de índio, de trabalhador, de cidadão, em síntese, de ser humano. Até os professores que se pensam neutros, técnicos, apenas docentes e transmissores de sua matéria estão optando por um tipo de sociedade, por valorizar determinadas dimensões de um protótipo de ser e deixando de lado outras dimensões.

Percebamos ou não, queiramos reconhecer ou não, sempre estaremos como docentes a serviço do desenvolvimento de protótipos de ser social. Neste sentido a velha tensão entre educar ou instruir, ser docente, professor ou educador é uma falsa tensão, mas nos incomodará ao longo de nossa experiência profissional. Não há como fugir, sempre nossa docência será uma *humana docência*.

6

Intranquilidades nos quintais do conhecimento

> *"A escola não deve converter-se em uma incubadora de pequenos monstros avidamente instruídos".*
>
> *"A cultura é um privilégio. A escola é um privilégio. E não queremos que seja assim. Todos os jovens deveriam ser iguais perante a cultura..."*
>
> Gramsci

Sempre me chamou a atenção nas pesquisas sobre a instrução pública e seus professores, no final do Império e na República Velha, encontrar o nome "proprietário", "proprietária" de determinada cadeira de instrução. A ideia de proprietário(a) naqueles tempos deveria dar aos professores e às professoras uma certa autoestima. Se aprovado(a) no concurso, receberia o atestado de propriedade. Um direito vitalício.

Um século depois, nenhum professor se considera proprietário nem de cátedra nem de cadeira. Entretanto, a cultura da propriedade ainda persiste. Falamos em minha área, minha disciplina, meus alunos, minha turma. O sistema seriado e os currículos gradeados dividem o conhecimento em lotes e os departamentos dos centros de formação nos licenciam, nos dão o título de proprietários de um desses lotes do conhecimento. Nossa identidade docente é inseparável dessa titulação. Quando alguém nos pergunta o que somos e respondemos professor, professora, logo nos perguntará: "de que área?", isso se nós mesmos não nos adiantamos e respondemos logo: "sou professor de história, matemática..."

As reformas dos currículos, dos livros de textos, do material didático são mais do que reformas de conteúdos, elas reafirmam ou questionam e até orientam autoimagens de docência. Nós docentes somos o que ensinamos, nos representamos como profissionais dos saberes e das competências que os currículos, os livros e o material didático nos pautam como prática de nossa docência. Sobretudo em nossa tradição pedagógica tão conteudista e tão centrada na imagem de professor licenciado em áreas recortadas dos saberes escolares, identificamos nossa docência com nossa matéria, nosso lote. Qualquer mudança ou afirmação dos conteúdos e de seu ordenamento nos afeta como profissionais.

A impressão que temos é que os professores estão passando por uma sensação de ameaça. A tranquilidade de anos de trabalho em sua propriedade está ameaçada de invasão. Os conteúdos da docência, as fronteiras e cercas que os separam, estão em questão e com tudo isso nossa própria docência perde seus referenciais, se redefine e outros traços se destacam. Um profissional diferente em construção?

Uma crítica contundente vinda das áreas

Poderíamos identificar alguns dados que mostram o momento que estamos passando. Por exemplo, os congressos das diversas áreas do conhecimento, os encontros mais abertos, as propostas político-pedagógicas assumidas por várias administrações municipais e estaduais e os Parâmetros Curriculares Nacionais. Animando essas diversas frentes de inovação dos conteúdos da docência, temos as pesquisas e a produção teórica em cada área e especificamente na produção sobre currículo. Minha preocupação é apenas com esses processos enquanto podem estar redefinindo, questionando ou repondo os conteúdos da docência e portanto repõem, questionam e redefinem a própria docência e a autoimagem dos docentes.

Comecemos por um fato característico das últimas décadas. As associações de professores(as) das diversas áreas do conhecimento escolar, seus encontros, congressos e sua produção são fatos marcantes no repensar dos conteúdos da docência e do perfil de professor(a) de Educação Básica, sobretudo para os licenciados das áreas.

Desde a década de 80 as áreas do conhecimento passaram por um repensar-se, não tanto repensar as fronteiras que as cercam, mas o que se planta em cada área. A ideia de propriedade de um recorte do conhecimento e o atestado ou licenciatura, para ter a exclusividade de plantar nessa propriedade, não foram questionados entre os profissionais da Educação Básica, apenas o que se planta, produz e se vende.

Os encontros e associações foram e são de licenciados por área ou recorte das grades curriculares. Que avanços representam? A primeira característica desses encontros tem sido a crítica às visões tradicionais de cada ciência. Visões em que a maioria dos docentes tinham se formado e que repetiam em sua prática. Criticar a visão tradicional de cada ciência representava uma crítica a políticas e conteúdos docentes e a imagens de docência. Da pergunta "o que ensinamos?" se chegava à pergunta "que professores somos?" Os mesmos de sempre, ensinando conteúdos e visões de nossa área já superados? Os docentes que se aproximaram dessas críticas passavam por um desencontro com sua docência tradicional, tentaram renovar-se, sentiram a dificuldade de incorporar essa renovação conceitual de sua área na prática da docência, nas estruturas escolares. A crítica trazida por esses encontros e pela produção das associações de área tem sido um foco de renovação da docência, ao menos um foco de molestar de muitos docentes com sua prática, com seu papel e com as estruturas escolares.

Uma das críticas mais contundentes era a visão neutra das ciências, dos conteúdos e da própria docência. Aquela identidade tão repetida: sou professor, ensino, transmito os conhecimentos de minha área, quem os aprender será aprovado, quem não os aprender será reprovado, recebia uma crítica contundente. A crítica não se fixava em aspectos pontuais dos conteúdos, nem dos métodos, mas situava-se no cerne da própria ciência, denunciava-se que os saberes estavam marcados por um viés naturalizante, neutro. Descobríamos que nem os saberes, nem a docência, nem seu aprendizado eram neutros.

Estava aberto o caminho para algo mais do que repensar os conteúdos, a didática, os métodos de ensino. Passamos a repensar-nos em nosso papel de profissionais da ciência e do conhecimento.

O importante desta crítica é que vinha de dentro de cada área, de cada ciência, não vinha de uma moda didática, de uma proposta inovadora, de uma metodologia ou teoria pedagógica. Não vinha das faculdades de educação, mas vinha dos próprios centros de pesquisa, produção e ensino de cada área do conhecimento. O rever-se das ciências afetava de maneira mais contundente as autoimagens de cada docente de área, de cada licenciado. Afetava-lhes no que constituía sua definição, sua propriedade, ser professor de determinada matéria. Exatamente o que descobriam nesses en- contros e em sua produção era a superação de uma visão naturalizante e neutra do saber, das teorias de cada área, de seu saber de área, de seu saber de ofício.

Na construção e implementação das Propostas pedagógicas nas escolas e redes municipais e estaduais, por vezes encontramos resistências de docentes, licenciados por área. Maiores resistências do que nos regentes de classe dos ciclos iniciais de educação fundamental, mas também encontramos professoras e professores que passaram por esse percurso de repensar seu campo e área do conhecimento, profissionais abertos ao dinamismo teórico e metodológico de suas áreas.

Outra característica dos encontros de profissionais das áreas tem sido avançar em direção a uma visão política, macro, das ciências.

A programação desses encontros trazia temáticas amplas que vinculavam o conhecimento, a ciência e a tecnologia, sua função social e política com a conjuntura, com as estruturas econômicas e de poder, com as ideologias e modelos de sociedade. Os docentes descobriam-se inseridos em contextos e correlações de força mais amplas. Abriam novos horizontes para a própria docência. As próprias ciências eram referidas a esses horizontes mais abertos, à produção social do conhecimento, da ciência e tecnologia, do espaço, suas dimensões éticas e políticas. Os conteúdos da docência tentavam sair dos quintais de cada área e de sua lógica para inserir-se em lógicas maiores.

Todos esses embates mexiam com a própria docência e com o próprio papel social. Mexiam com a cultura fechada, com o foco do olhar centrado no ensino de conteúdos úteis, neutros. Mexiam com a visão fechada de docente de área, de disciplina de recorte de um saber gradeado.

Esses congressos e encontros e sua produção incorporam nos conteúdos escolares os avanços de cada ciência, os embates teóricos e metodológicos, mostrando que a escola e seus profissionais não estiveram parados nestes anos. Um dinamismo inovador de conteúdos e, sobretudo, de perfis de docente teve como núcleo essas associações de docentes das diversas áreas.

86

As ciências, os conteúdos da docência não se explicavam por si mesmos, por suas lógicas internas, por sua história isolada, mas por uma história global. Muitos profissionais da escola abriram os estreitos horizontes em que se identificavam. Não dava mais para ter uma autoimagem de proprietário de um quintal, de um recorte do conhecimento escolar. Dominar os conteúdos e métodos de sua matéria é um saber necessário, porém insuficiente para dar conta do saber-fazer de seu ofício. Fazia parte desse saber-fazer entender os vínculos estreitos entre o conhecimento, as ciências e as estruturas de poder, os modos de produção, as contradições entre a apropriação, distribuição da riqueza e da própria ciência e do conhecimento. Em realidade foram descobrindo que eram posseiros de terras que tinham donos. E poderosos que ditavam o que plantar em cada área, que conteúdos eram prioritários para levar aos concursos, ao vestibular, ao mercado vida. Os quintais de nossa docência têm donos. Faltava-nos sabendo disso ocupar nossas terras. Tornar-nos senhores e plantar de acordo com nossa concepção de conhecimento, de sociedade, de cultura devida.

A docência se politizou e adquiriu novas dimensões e saberes. A politização veio dos movimentos políticos, de análises críticas da organização da categoria, mas também da desnaturalização das próprias ciências e conhecimentos, da descoberta de seus vínculos com interesses políticos, econômicos e sociais, de classe, até de gênero e raça. As organizações de profissionais de área, seus congressos e sua produção contribuíram para a politização da docência e para a superação de uma ingênua estreiteza. Toda ciência é humana, como toda docência é humana docência.

A postura crítica para alguns passou a ser uma opção política e ideológica, para muitos uma coerência com o caráter histórico, humano, de toda ciência. De uma docência neutra, coerente com uma visão naturalizante de cada área do conhecimento se passou a uma visão social, histórica. Nenhum saber se explica por si mesmo, os fatos e suas explicações não acontecem naturalmente, à margem de ideologias, interesses e tensões humanas.

É nesse remoinho de tensões onde passamos a ver-nos como docentes. As opções políticas e a percepção dos determinantes históricos de todo conhecimento, ciência e tecnologia acordaram muitos docentes da tranquilidade de seu quintal. Ser professora ou professor exigia o domínio de cada área do conhecimento, suas teorias e metodologias de ensino e exigia também o conhecimento dos vínculos entre cada ciência, a produção do conhecimento, a dinâmica social, os interesses de classe, as estruturas de poder. Ser um profissional do conhecimento exigia mais do que ser um bom transmissor dos saberes escolares fechados, gradeados e disciplinados. Muitos docentes de Educação Básica incorporam essa visão ampliada de sua docência.

Alargando os horizontes da Docência

Esse alargamento do horizonte da docência foi extremamente positivo. Trouxe inseguranças, vontades de ler mais, de acompanhar os avanços, de participar nos congressos e encontros, de ter tempos para estudo e debate. Encontramos em muitas escolas a figura do coordenador de área, um professor ou uma professora eleitos pelos pares da área para coordenar essa necessidade sentida de renovação da docência. Apareceram os conflitos entre esses avanços e a rigidez das grades curriculares, a visão atrasada dos livros didáticos e sobretudo a rigidez da condição de aulista, da falta de tempos, espaços e condições de estudo. As velhas estruturas gradeadas, a organização do trabalho tão disciplinar, a redução do docente a aulista, pago apenas por aula dada, podia ser apropriado à figura do professor tradicional, mero transmissor de saberes neutros, naturalizados, fechados e úteis. Entretanto não dava mais para a nova figura de docente de um conhecimento dinâmico, histórico, humano, em permanente redefinição histórica.

Outra concepção da ciência e do conhecimento levava a outra vivência da docência e consequentemente exigia outras estruturas escolares e curriculares. Outra organização do trabalho. Exigia a quebra dos velhos quintais e da velha concepção de propriedade pedagógica. Esse molestar se manifestava nas escolas e encontrava o caminho político nas organizações da categoria. O direito a tempos e espaços de estudo e de qualificação entrou nos pontos de reivindicação, indicando a consciência de estar se tornando outros docentes, sujeitos de outros direitos: o direito a dominar saberes dinâmicos, a atualizar-se, a acompanhar os avanços de sua área.

Em todos estes encontros discutiam-se também questões pedagógicas. O campo da pedagogia, do currículo, da didática também vinha se redefinindo. Por outros caminhos chegávamos a visões muito parecidas. A área do currículo tem sido das mais críticas na última década. A construção, seleção e organização dos saberes escolares não obedecia a processos e lógicas neutras, a técnicas, mas estava cruzado por interesses políticos, sociais, de classe. Inclusive por interesses e tensões internas à escola, aos diversos agentes, às diversas ciências e seus vínculos com o poder e os interesses hegemônicos etc. As estruturas escolares, o ordenamento dos conteúdos, as grades, as cargas horárias traziam as marcas da sociedade e de seus conflitos.

A figura de professor(a) que foi se constituindo nesses processos todos estava cada vez mais distante da figura que a mídia, o discurso político, e até acadêmico tinham dos professores e das professoras primárias, dóceis, quase iletradas, aptas ao ensino das primeiras letras, das contas e das noções elementares de ciências. Mais moralizadoras de condutas do que transmissoras de conhecimentos. Essa imagem desqualificada ficava distante da imagem que a categoria ia construindo. Por outro lado, a imagem legitimada pelas reformas tecnicistas, cientificistas e credencialistas dos anos 60 e 70, da Lei 5692 de 71, dos conteúdos neutros e da didática tradicional também foi ficando distante. Até a imagem de professor, sempre desqualificado diante dos avanços das ciências, visão tão cara às agências e políticas de requalificação, também ficava inadequada à nova imagem que os encontros de áreas, a produção e os debates mais abertos iam consolidando.

O nível dos debates das diversas áreas do conhecimento e da docência estava sintonizado com o repensar-se de cada ciência e da pedagogia e os professores e as professoras da Educação Básica participaram nesses debates, não foram meros receptores. Cresceram e se redefiniram nesses debates. Não é exagero pensar que esses encontros e essa produção tiveram o mérito de serem espaços de dinamização da Educação

Básica quando os espaços oficiais estavam ausentes, ou reproduzindo concepções e práticas ultrapassadas. Esse dinamismo não mexeu nem com todos os conteúdos da docência, nem com o material didático, nem com os docentes e seu ofício de maneira uniforme. Esse dinamismo encontrou resistências.

Uma crítica não tão contundente

Os entraves a essas mudanças vinham das estruturas escolares, das relações sociais e das culturas que essas estruturas materializam e legitimam. Os saberes sociais, o conhecimento de cada área se curricularizam na escola, se degradam nas grades, se disciplinam nas disciplinas e se enclausuram nas cargas horárias e na própria estrutura parcelar que legitima a existência das diversas áreas. Esta estrutura e suas lógicas legitimadoras conviveram nas últimas décadas com o dinamismo teórico e metodológico das áreas e dos seus encontros e congressos. Um convívio complicado e tenso.

Chegamos a um ponto que mereceria um trato mais aprofundado. Por que esse convívio? Por que não se deram rupturas na estrutura gradeada? Que consequências trouxe? Que marcas deixou nos conteúdos das áreas e na imagem da docência?

A imagem de docente consolidada pela Lei 5692/71 como proprietário de um saber de área, como licenciado nesse saber, como membro de uma estrutura gradeada, parcelada do conhecimento, como senhor de sua matéria, de sua carga horária, de suas aulas, de suas decisões, não foi radicalmente questionada, apesar desse movimento de renovação das áreas em associações e congressos.

É interessante constatar que os professores não se sentiam ameaçados pelas lógicas e as culturas profissionais. Nem pelas estruturas temporais e de trabalho a que estavam atrelados. Nem sua autoimagem sentia-se ameaçada nesses pontos tão cruciais, porque os encontros, as associações e a produção reproduziam a estrutura demarcada por quintais, por grades e disciplinas. Reproduziam e reforçavam a cultura de docente de área. Encontravam-se e reforçavam-se com seus pares de área, como um coletivo de proprietários de um recorte do conhecimento. Ainda que ampliassem seus horizontes, os avanços teóricos, metodológicos e até didáticos eram renovados, porém sem questionar a estrutura escolar, o currículo, as cargas horárias tão diversificadas e gradeadas.

A crítica nem sempre chegava a perceber que a mesma lógica, os mesmos interesses políticos e econômicos que davam pesos sociais diferenciados aos saberes, davam também tempos diferenciados. As valiosas reflexões sobre a dimensão histórica, política da construção do conhecimento, da ciência não foram levadas à construção histórica das estruturas escolares, das grades curriculares, das cargas horárias. E menos ainda foram levadas à construção histórica da própria licenciatura para a educação fundamental. Por que esses questionamentos não aconteceram com a radicalidade com que se dava a crítica a visões tradicionais de ciência e de seu ensino? Responder a estas questões exigiria pesquisa cuidadosa. Dizer que as críticas tão positivas eram as possíveis não convencia.

Poderíamos buscar possíveis pistas na própria estrutura de áreas reforçada pelas associações e congressos e pela produção teórica por áreas. Elas eram espaços de encontro dos professores das escolas com pesquisadores e professores das universidades e dos departamentos onde os docentes tinham se formado e licenciado. Os encontros passaram a ser uma extensão e atualização do modelo de formação que tivemos desde a reforma universitária de 1968 e desde a Lei 5692 de 71. De alguma forma terminaram reforçando esse modelo. Renovaram-se teórica e metodologicamente as diversas áreas e os professores dessas áreas, porém não questionando a fragilidade desse modelo de docente, licenciado por área para a educação fundamental sobretudo. Nem questionaram a validade de um currículo recortado e disciplinar para a construção do conhecimento de crianças, adolescentes e jovens.

No clima da época discutia-se muito como formar o professor licenciado, onde, com que conteúdos e parcerias entre os departamentos de área e as faculdades de pedagogia. Discutia-se o perfil crítico de sua formação, porém não se questionava se esse era o profissional mais adequado à educação fundamental, sobretudo e até a formação média. Nem questionava-se se a divisão parcelar dos saberes escolares, que estava na base das licenciaturas, era o mais apropriado à formação de crianças e adolescentes de 10 a 14 anos e de jovens. Aí estava a raiz dos limites da renovação das áreas. Não tiveram a radicalidade necessária para repensar esse perfil de docente, licenciado para a educação fundamental e média. Não se repensavam enquanto estrutura escolar e curricular.

Poderíamos indagar por que não se chegou a esse nível de questionamento no clima tão questionador existente nas diversas áreas do conhecimento. Lembremos que o foco de renovação vinha de cada ciência, de um voltar-se legítimo sobre si mesma, sua história e trajetória de um estudo do pensamento e da produção de cada área, do campo, das teorias, dos métodos que lhe são próprios na pesquisa e na produção acadêmica, no corpo disciplinar da academia. Sua trajetória enquanto ramo específico de pesquisa e de produção do conhecimento.

Um olhar posto nos recortes do conhecimento da academia, na fonte onde os licenciados receberam seu conhecimento. Na instituição que os licencia, nos seus mestres e pesquisadores e sua produção acadêmica. Um caminho de volta às fontes para encher ou renovar os conteúdos da docência com águas novas, produção nova, teorias ou métodos novos. Porém em velhas estruturas, grades, disciplinas, tempos e espaços. Na velha organização do trabalho parcelar e da visão parcelar do conhecimento.

Partir do foco da área é legítimo, sem dúvida, para pesquisadores, para a produção e renovação teórica e metodológica. Partindo desse foco, estendia-se o olhar para o ensino desses saberes na escola: como converter esse saber em saber escolar, em conteúdos a serem dominados pelos docentes de escola para serem transmitidos e aprendidos pelos alunos. O percurso assumido e não questionado era partir da produção científica, teórica e metodológica, a nível superior para chegar ao currículo escolar, ao saber do docente e ao conteúdo do livro didático, para, com bons métodos e bem transmitido, garantir a aprendizagem dos alunos. O ponto de partida não eram os saberes próprios da Educação Básica.

Houve grandes avanços na renovação de conteúdos, mas o olhar caudatário dos saberes escolares, das competências dos docentes e do material didático não foi renovado, antes foi reforçado. Veremos como os PCNs não saem desse mesmo foco, reproduzem o mesmo percurso: vão da caracterização de cada área do conhecimento na pesquisa e produção teórica para seu ensino na escola. A escola mercado ou feira onde bons e treinados transmissores repassam os bons e últimos produtos produzidos, pesquisados e testados nos departamentos da academia. Uma visão caudatária da Educação Básica. Até quando?

Há por trás desse percurso uma visão caudatária da Educação Básica em relação à Educação Superior. Visão que vem de longe em nossa história e que tantos limites têm imposto à concepção e à prática de Educação Básica e ao ofício de mestre. Os níveis inferiores à Educação Superior não passaram em nossa história de preparatórios para o nível superior. A entrada na universidade de uma minoria mínima passou a ser o ideal docente. Descaracterizou o direito da juventude à Educação Média, e esta por sua vez descaracterizou o direito da adolescência e da infância à Educação Fundamental.

Essa visão propedêutica, quase caudatária dos conhecimentos e competências da Educação Básica em relação às teorias e metodologias dos conhecimentos de nível superior, foi passada aos docentes da escola como normal. É curioso como os professores estão imersos numa cultura profissional que se alimenta dessa visão. Tão imersos que nem sequer a questionam. Lembro de uma reunião com um grupo de professores de 5ª a 8ª. Em certo momento se criou um clima de lembranças dos tempos de faculdade. Os conteúdos que aprenderam, as disciplinas e todo o clima de debates e estudos, não giravam em torno da Educação Básica, nem da adolescência e juventude com que iriam trabalhar. Giravam em torno das teorias e métodos da área. A cultura dominante os levou a se pensarem como profissionais da área. O magistério aparecia como um acréscimo, um apêndice, umas horas apenas aprendendo metodologias do ensino da área. Os curtos tempos da Faculdade de Educação não conseguiram mudar a cultura centrada na área por uma cultura profissional de educadores da adolescência ou da juventude. Muitos não conseguem nunca articular essas culturas, ao menos. Uma tarefa nada fácil.

Lamentavelmente a formação de professores(as) não tem como horizonte a especificidade da Educação Fundamental. A culpa não é deles. Ao longo de sua formação como profissionais da Educação Básica, fundamental e média pouco aprenderam sobre como foi se configurando historicamente o direito da infância, adolescência e juventude à educação, ao conhecimento e à cultura. Pouco aprenderam desses tempos-ciclos da formação humana. A sensibilidade que têm a aprenderam por conta própria. Poderiam saber que ao longo da história, a Educação Básica universal se afirma em um movimento civilizatório, cultural e político independente da história das universidades e do avanço das ciências, da departamentalização do conhecimento. Inclusive a formação dos profissionais de Educação Básica teve espaços, professores, currículos e saberes próprios, inseridos ou não na estrutura universitária.

A Educação Básica se afirma e se expande no movimento da afirmação dos direitos humanos, da cultura pública, da proteção e cuidado da infância. No movimento de inserção, inclusão e socialização das novas gerações, de manutenção da memória coletiva etc. Não são esses os movimentos sociais, políticos e culturais em que se afirmam as universidades, os centros de pesquisa e de produção teórica. Quando se confundem e misturam esses movimentos quem têm sido descaracterizados são o direito à Educação Básica e a especificidade do saber de seus mestres.

Na nossa tradição se dá essa mistura e as consequências são lamentáveis. Os conteúdos da Educação Básica passam a ser uma reprodução sempre imperfeita dos saberes de cada ramo das ciências superiores e os mestres passam a ser uma reprodução igualmente imperfeita dos professores de nível superior. E porque reprodução imperfeita, pior pagos e com pior reconhecimento social. Um médico pediatra não tem menor reconhecimento do que um médico geriatra ou de um professor da faculdade de medicina.

Não estou sugerindo que os debates em torno do objeto e método de cada ciência e área do conhecimento, presentes no meio acadêmico, sejam ignorados quando pensamos nos saberes escolares, mas penso que se trata de lógicas diferentes. Um repensar a Educação Básica com sua especificidade nos faria bem para aproximar-nos do perfil de mestres profissionais desse campo educativo específico. Enquanto não partirmos do foco específico do ofício de mestres do direito da infância, adolescência e juventude à cultura, ao conhecimento e à formação plena como humanos, continuará fora de foco a renovação de conteúdos e métodos, a qualificação e requalificação dos seus mestres ainda que cada ano nos voltemos para a produção de cada área.

A renovação vinda do repensar teórico e metodológico de cada área do conhecimento e da ciência vistas como ramos específicos de pesquisa e conhecimento científico no campo acadêmico poderão contribuir significativamente para o repensar do perfil de profissional da Educação Básica desde que sejam repensados na especificidade social e cultural do direito da infância, adolescência e juventude à Educação Básica universal. Um repensar que demora em fazer parte de nossa tradição. Que esperamos que chegue, ainda que tarde. Estão em jogo não apenas conteúdos renovados, mas a consolidação de um perfil de profissional que dê conta da especificidade desse direito.

Em todos os países onde se universalizou esse direito se deu pela consolidação de um corpo de profissionais com uma cultura, uma imagem social e um preparo específicos. Formados em centros específicos, com saberes e competências específicas. É por aí que avançamos? A timidez com que é repensada a licenciatura, a defesa dos diversos departamentos do modelo recortado do conhecimento e a transferência inquestionada desse modelo para a Educação Básica são entraves aos legítimos esforços para avançar.

A indefinição das Faculdades de educação em assumir a formação de professores-educadores da infância, adolescência e juventude como sua tarefa, abandonando a tarefa de trinta anos de formar gestores de escola e técnicos dos órgãos centrais de controle dos mestres, são mais alguns dos entraves. A cultura conteudista aliada a todos esses interesses complexos que pressionam pela manutenção da descaracterização da

Educação Básica e seus mestres têm bloqueado esse movimento tão dinâmico das últimas décadas vindo das próprias áreas do conhecimento.

Tenho participado de muitos congressos promovidos pelas associações das diversas áreas da docência. Considero que tem sido um dos espaços de dinamização dos conteúdos e da produção de um perfil de docente mais profissionalizado. Neste momento é oportuno tirar todas as lições desse movimento renovador. Aprender que não é suficiente plantar novas sementes em cada quintal, mas é necessário, e com urgência, repensar o reparto em quintais e a formação de proprietários de quintais. Somente assim, toda criança, todo adolescente ou jovem será igual perante a cultura e não apenas perante os diversos recortes do conhecimento.

Para que a Escola Básica não se converta em uma incubadora de pequenos monstros avidamente instruídos, teremos que nos colocar com radicalidade em como reorganizar a escola e seus conteúdos, que cultura docente construir, que concepções de propriedade e de conhecimento superar. Que docente dará conta dessa tarefa? Será necessário renunciar aos títulos de propriedade ou apenas modernizar nossa plantação?

É urgente rever e abandonar uma teoria de conhecimento que a pedagogia e os saberes escolares tomaram apressadamente de empréstimo da ciência moderna e que continuamos cultivando inadvertidamente em nossas áreas do "conhecimento escolar".

Precisamos, com urgência, de outra concepção do conhecimento devido a infância, adolescência e juventude para sua formação como sujeitos humanos. Gramsci já apontava o caminho: que todos os jovens sejam iguais perante a cultura. A cultura acumulada e aprendida não cabe em quintais. É uma herança que incorpora uma concepção mais aberta do direito à Educação Básica do que a moderna teoria do conhecimento e da ciência.

É urgente ainda definir nossa identidade: quem somos nós? Educadores de tempos-ciclos da vida? docentes de saberes e da cultura? ou continuamos apegados à velha identidade de docentes proprietários de lotes ainda que modernizados? Na história das últimas décadas os próprios professores vêm se fazendo estas perguntas. Sinal de que as tranquilidades não são tranquilas nos quintais da docência.

7

Parâmetros e ausências

"O modelo de aplicação técnica da ciência não tem hoje a credibilidade que tinha... O fato desse modelo continuar hoje subjacente ao sistema educativo só é compreensível por inércia ou por má-fé, ou por ambas..."

Boaventura de Souza

Quando vamos às escolas encontramos as conversas de sempre e alguma ou outra novidade que perturba o cotidiano. Encontrei a diretora de uma escola abrindo o pacote chegado do MEC, os PCNs – Parâmetros Curriculares Nacionais. Sugeri que seria interessante que todos os professores os lessem. *"Vou deixá-los na biblioteca, mas não sei se terão muito tempo para ler tantas páginas"*, comentou.

Tenho participado em reuniões da Anped, de faculdades e também de escolas onde os PCNs têm sido lidos e debatidos.

Eles têm chegado às mãos dos professores. Vários encontros tentam incentivar sua leitura e ajudar em sua compreensão e aproveitamento. Eles representam uma confluência de inquietações das diversas áreas do conhecimento, inquietações pedagógicas também.

As equipes que os elaboraram têm suas visões de ciência, de conhecimento, de sua construção e apreensão. Trazem, sobretudo, ainda que não tão explicitadas, concepções de Educação Básica e do papel e perfil de seus profissionais. Os PCNs chegam nos confrontos das últimas décadas, que partido eles tomam? Trazem as marcas dos debates teóricos e políticos, optam por umas visões de educação e docência e secundarizam ou ignoram outras. Concretizam estratégias e políticas de um governo e dos interesses sociais e políticos que representam. Trazem também as marcas das equipes que os elaboraram, profissionais, pesquisadores, teóricos das áreas do conhecimento filiados a determinadas concepções. Trazem avanços na concepção do conhecimento e da pesquisa de cada área e de sua produção. Veem a escola, a Educação Básica a partir de seus mirantes. Exatamente por partirem desses mirantes veem o que veem, nem sempre os avanços históricos na construção do direito da infância, adolescência e juventude à Educação Básica universal.

Os PCNs são mais do que parâmetros curriculares, eles traduzem concepções sobre a função social e cultural da escola, reinterpretam na sua ótica o direito universal à Educação Básica e, sobretudo, não conseguem fugir a concepções e perfis de educador(a), de infância, adolescência e juventude. Podemos ver mais do que conteúdos renovados e tentar ver o rosto de docente que eles refletem. Nos vemos nesse espelho? Seria interessante encarar os Parâmetros Curriculares Nacionais nesta perspectiva: que traços da cultura docente eles poderão reafirmar ou questionar? Poderão incentivar novos traços? Com que protótipo de docente trabalham, incentivam e afirmam? São questões não respondidas diretamente. Mas podemos encará-las.

Para procurar o rosto dos mestres nos PCNs temos de assumir que eles não mexem apenas com os conteúdos da docência, mas com os docentes, seu saber-fazer, seu ofício e sua autoimagem. Podem reforçar a velha imagem de proprietários modernizados no plantio de sementes selecionadas, mais atualizadas, porém dos mesmos produtos e nos mesmos quintais, as áreas e disciplinas. Podem deixar a cultura de propriedade pedagógica intocada e até reforçada, uma vez que foi modernizada. Adaptada, como proclama a sociedade do conhecimento, da informática, das novas tecnologias e dos avanços pedagógicos. Mas podem os PCNs ir mais fundo e derrubar cercas, abrir horizontes na medida em que os novos conteúdos da docência e das licenciaturas sejam mais abertos, incorporem dimensões e culturas que não cabem mais em quintais fechados, gradeados e disciplinados. Na medida em que são redefinidos os conteúdos da docência, esta também é redefinida.

No horizonte da docência, a formação dos educandos

Uma primeira constatação pode ser que a estreiteza dos currículos com que convivemos desde a Lei 5692 de 71 é alargada. Os parâmetros não são uma listagem de conteúdos a serem transmitidos e aprendidos. Cada área é conectada com a formação cognitiva e cívica dos educandos. A figura de docente poderá se alargar na medida em que for assumida a riqueza de dimensões que cada área incorpora. Se os professores e as professoras de educação fundamental assumirem como seu saber-fazer as interconexões entre os conteúdos propostos e a formação dos educandos, sem dúvida que irão se perfilando traços mais totalizantes no perfil de professor(a).

Cabe fazer uma leitura dos PCNs como uma tentativa de legitimar o movimento das últimas décadas para repensar os saberes fechados e incorporar saberes mais abertos. Ao menos encontrar alguns vínculos entre as tradicionais competências fechadas e as competências abertas. De um lado, eles reafirmam os vínculos dos conteúdos escolares com as demandas ou exigências novas postas para os adolescentes e jovens que ingressarão no mundo do trabalho marcado pela competição e pela excelência, por processos científicos e tecnológicos avançados. Mas também afirmam com nova e especial ênfase o papel fundamental da educação no desenvolvimento das pessoas e das sociedades, na formação dos cidadãos. São legitimados conteúdos abertos ou abrem a docência a conteúdos mais abertos. Este é um ponto promissor.

A listagem dos objetivos do Ensino Fundamental repetida em cada volume dos PCNs dá centralidade à formação de capacidades abertas como cidadania, participação social e política; exercício de direitos e deveres, valores, atitudes, condutas, identidade nacional e pessoal; respeito às diversidades, autoconfiança; desenvolvimento das capacidades do educando, afetiva, física, cognitiva, ética, estética, de inter-relação pessoal e de inserção social; capacidade de utilizar as diversas linguagens verbal, musical, matemática, gráfica, plástica, corporal, para expressar e comunicar suas ideias, interpretar e usufruir das produções culturais; capacidade de intervir pelo uso do pensamento lógico, a criatividade, a intuição, a capacidade de análise crítica, etc.

Estamos diante de novos conteúdos da docência, de novas capacidades que não foram privilegiadas nos conteúdos das grades curriculares vigentes nas últimas décadas. Sabemos que esses objetivos não faziam parte dos conteúdos oficiais da docência, os professores não os assumiam como sua função. Temos de reconhecer que nas grades curriculares da Lei 5692/71 foram secundarizadas essas capacidades abertas no loteamento dos tempos, e, sobretudo, foram marginalizadas na lógica e cultura escolar voltadas para selecionar, aprovar ou reprovar em função do domínio de competências fechadas. As altas taxas de reprovação constantes nas últimas décadas eram justificadas (e ainda são) pelo fracasso dos alunos no domínio dos saberes fechados.

Desconheço que os docentes tenham como hábito reprovar o aluno por não ter-se desenvolvido em suas capacidades afetivas, físicas, cognitivas, éticas ou estéticas, nem sequer pelo fracasso no domínio das linguagens verbal, musical, plástica ou corporal, mas apenas pelo suposto fracasso no domínio da linguagem matemática e escrita. Na cultura docente fechada nas áreas e disciplinas os alunos são avaliados nos produtos fechados, apenas plantados, ensinados, em cada quintal. Cada regente ou docente avalia sua colheita, os produtos que plantou em sua propriedade. Com esta cultura profissional não daremos conta dos objetivos abertos, eles apontam outra cultura e outra docência.

A enfática afirmação de que os objetivos do Ensino Fundamental são formar nos educandos essas capacidades abertas, até agora marginalizadas, nos coloca diante de uma redefinição radical dos conteúdos da humana docência, ao menos em termos de afirmação de objetivos.

Um profissional único de Educação Fundamental?

Pensemos, a partir dessa constatação, no perfil de profissional de Educação Fundamental que os PCNs podem incentivar para dar conta dos objetivos propostos, tanto para 1ª a 4ª séries como para 5ª a 8ª. Poderíamos continuar nossa reflexão por outra constatação: os PCNs indicam os mesmos objetivos para todo o Ensino Fundamental, para todos os docentes. Os professores e as professoras de qualquer série ou ciclo deverão dar conta como ofício específico desses objetivos abertos. Estaríamos nos aproximando de uma figura única de mestre-educador da infância-adolescência? Indistintamente para quem trabalha na 1ª a 4ª ou na 5ª a 8ª séries?

Sabemos como em nossa tradição, lamentável tradição, os profissionais do ensino fundamental continuam separados em duas categorias bastante distintas em seus perfis. De um lado, os professores (em sua grande maioria professoras) de 1ª a 4ª, antigo primário, com culturas, perfis, saberes, *status*, salários, carreiras, níveis de titulação e autoimagens próprias. De outro lado, os professores e as professoras licenciados(as) de 5ª a 8ª, antigo ginásio, distantes em tudo das professoras de 1ª a 4ª e mais próximos dos mestres do ensino médio. Frequentemente os mesmos professores de 5ª a 8ª lecionam no Ensino Médio. Não temos um profissional único de Educação Fundamental. O fato dos PCNs proporem que todos os docentes terão de dar conta dos mesmos objetivos ajudará a aproximar esses docentes tão desencontrados?

Vai depender muito da centralidade que seja dada a esses objetivos abertos. Se eles ficarem apenas como um discurso progressista e os conteúdos, as provas e as avaliações oficiais da Saebe, as grades e os tempos continuarem fechados nos tradicionais objetivos conteudistas de 5ª a 8ª e instrumentalistas de 1ª a 4ª, os perfis de profissionais em pouco se aproximarão. Resta-nos torcer para que se legitimem as novas ênfases e funções sociais e culturais colocadas para a Educação Fundamental como um todo e para todos os seus mestres, como um coletivo único, independente das séries em que trabalhem. Se essa aproximação acontecer estaríamos diante de um avanço histórico na configuração do direito a um projeto único de Educação Fundamental.

Educar para a cidadania, para a participação social e política, desenvolver atitudes de solidariedade, cooperação, diálogo e respeito ao outro, como estimular hábitos saudáveis com o meio ambiente e o corpo, são horizontes propostos para todos os professores e as professoras de Educação Fundamental. É possível que muitos docentes ao lerem esses objetivos dos Parâmetros pensem para si mesmos que "não têm muita novidade" que "já sabíamos que temos de dar conta da formação dos educandos". Nos discursos de formatura nos falaram que em nossas mãos está a formação do futuro do Brasil e juramos ser mais do que transmissores de conteúdos, juramos sermos educadores. De fato no discurso não há novidade, nem na autoimagem difusa que todo docente carrega.

Há um consenso fluido de que tudo isso faz parte de nosso cotidiano convívio com os alunos e devem ser tarefas incorporadas e assumidas como traços de nosso ofício. Entretanto, no cotidiano de nossa prática e em nossas preocupações, os objetivos abertos propostos não têm tido a centralidade que têm alfabetizar e ensinar a matéria. Esses objetivos abertos agora destacados acontecem quase espontaneamente, porém não são planejados pedagogicamente, nem tratados de maneira mais profissional. Serão, agora, assumidos explicitamente? Como horizontes de nossa docência, de toda docência?

Outros objetivos propostos como o trato das diversidades e diferenças culturais, de classe social, de crenças, de sexo, etnia e outras características sociais e individuais, ou objetivos como o desenvolvimento das capacidades afetiva, física, cognitiva, ética, estética, ou das diferentes linguagens – verbal, musical, matemática, plástica e corporal ... temos de reconhecer que em sua maioria são dimensões do desenvolvimento e da formação dos educandos não incorporadas na autoimagem de professor formado na lógica da Lei 5692 dos anos de 1970.

Os Parâmetros nos propõem incorporá-los como nosso ofício de profissionais da Educação Fundamental. Como? Deixando que esses objetivos aconteçam de maneira um tanto fluida? Não será suficiente. Formar essas dimensões do ser humano exigirá um saber e um trato profissional. Exigirá um perfil de docente mais alargado do que o típico alfabetizador, regente de turma ou de matéria.

Essas dimensões da formação humana da infância e adolescência não virão como acréscimo do domínio da lectoescrita, das contas ou dos conteúdos de cada disciplina. Se continuarmos com uma imagem de professor(a) competente apenas nos conteúdos tradicionais, pensando que o resto virá por acréscimo, esses objetivos tão proclamados não acontecerão. Trata-se de outro foco, o desenvolvimento pleno do ser humano em suas múltiplas capacidades e linguagens, a construção de identidades e diversidades. Um campo novo ainda que velho, para o qual não se consideram preparados os docentes, porque de fato não foram. Dimensões que não entravam no perfil de professor(a) configurado em nossa tradição conteudista, propedêutica e credencialista. Se este perfil de profissional não for questionado e aberto, esses objetivos mais alargados e abertos ficaram mais uma vez decorativos, deixados ao bom-senso, nos interstícios do quotidiano escolar. É pouco. Como articular o direito universal ao conhecimento com o direito também universal ao pleno desenvolvimento? Que profissional dará conta?

Os PCNs, se são para valer, desestruturam o perfil tradicional do ofício de mestre tão legitimado em nossa tradição. Incorporam a exigência de outros saberes de ofício que são inerentes à humana docência, que exigem preparo, domínio de novos saberes e novas artes. Exigem um planejamento pedagógico, tão delicado ou mais do que o ensino-aprendizagem dos conteúdos fechados e úteis das grades. Trabalhar o desenvolvimento de sujeitos afetivos, éticos, estéticos, cognitivos, trabalhar pedagogicamente identidades, diversidades exige competência e trato, profissionalismo muito especial. O ofício de mestre nessas dimensões não pode ser fluido, moralizante, solto, mas cuidadoso e profissionalmente competente. Os PCNs, ao incorporarem com tanta ênfase esses objetivos, nos dizem: deem conta, docentes, redefinam sua autoimagem, incorporem saberes e tarefas novas, ou melhor, tarefas permanentes da humana docência. Este poderá ser um dos papéis históricos dos Parâmetros, incentivarem a conformação e legitimação desses traços no perfil de todo profissional da Educação Fundamental.

Afinal, quem sou eu, um super-herói?

Entretanto, essa função histórica poderá ficar ambígua, desfocada pela estrutura em que ainda se mantêm os conteúdos da docência e os próprios docentes. Pensemos nas consequências da opção feita pela estrutura dos PCNs para o Ensino Fundamental. É a ossatura que termina por dar forma, por materializar os objetivos propostos.

Sabemos do peso estruturante das estruturas, do peso cultural e educativo ou deseducativo de ter de olhar-se e adaptar-se às estruturas onde nosso trabalho docente se realiza. As grades curriculares e as disciplinas escolares, as estruturas espaciais e temporais em que somos professores moldam nossa docência, nossos valores, nossas práticas e autoimagens tanto ou mais do que o que ensinamos. A coluna vertebral dos PCNs continua sendo as áreas do conhecimento. Dessa coluna se ramifica todo o fazer docente desde o 1º Ciclo (1ª e 2ª séries) até o 4º ciclo (7ª e 8ª séries). Todos os professores continuarão se identificando como docentes de uma área. Esta opção pode ser radical na configuração da docência e poderá impor limites à incorporação de novos traços e conteúdos. Condicionará, ainda, os objetos abertos tão proclamados nas primeiras páginas de cada proposta.

Em outros termos, a opção dos Parâmetros por objetivos mais abertos e por um perfil de docente mais plural se dá em uma estrutura que tem uma tradição fechada, gradeada e disciplinada, da qual eles não fogem. Conteúdos abertos enclausurados nas mesmas grades, que ficará? Em outros termos propõem traços de outro perfil de profissional da Educação Fundamental, entretanto esses traços ora são destacados, ora diluídos e até apagados no conjunto da proposta dos Parâmetros.

Vejamos alguns pontos que deixam confusa a imagem de profissional da Educação Fundamental. Comecemos pelos vínculos que ainda se propõem entre Educação Básica e mercado. Como os professores darão conta de articular as competências abertas propostas como objetivos com os vínculos que ainda se afirmam entre a Educação Fundamental e as exigências do mercado? Na primeira página de cada volume se diz ao *professor* que seu trabalho deve ser orientado pelo papel fundamental da educação no desenvolvimento das pessoas e das sociedades, na formação de cidadãos, e ao mesmo tempo se enfatiza que o trabalho cotidianamente realizado pelos professores deverá ser orientado pelas exigências novas para os jovens que ingressarão no mundo do trabalho, exigências definidas pelo progresso científico e pelos avanços tecnológicos numa era marcada pela competição e pela excelência.

Nas últimas décadas os docentes vêm se debatendo e tentando equilibrar-se diante dessa dupla função: desenvolver as pessoas, formar cidadãos, desenvolver a sociedade e dar conta das novas exigências que são postas aos jovens que ingressarão no trabalho, numa ordem marcada pela competição e a excelência. Competição e excelência cada vez mais sofisticadas, exigentes, seletivas e excludentes. Que perfil de profissional da Educação Fundamental dará conta dessas funções tão desencontradas? Como ser capazes de transmitir os saberes e competências que preparem os jovens para o mercado competitivo, de excelência e seletivo e formar as competências abertas propostas como objetivos? As políticas públicas colocam os docentes em fronteiras de guerra, expostos ao tiroteio de todos os lados e esperam que eles se virem no cumprimento de papéis sociais incompatíveis. Serão obrigados a optar por um lado, frequentemente, pelo hegemônico, as exigências do mercado, do concurso, do vestibular. Terão de optar por determinados conteúdos e secundarizar outros. Possivelmente os abertos.

O mercado de trabalho não é aberto, neutro, inocente, tem preferência por determinados conhecimentos e competências, fechados e úteis, ignora competências e conhecimentos mais abertos. Tem peneiras e crivos, seleciona a partir do perfil de trabalhador que lhe convém, e espera que a escola feche as peneiras. Selecione mais e mais porque o mercado cada dia é mais competitivo. A cultura da reprovação, seleção e retenção tão pesada na escola e no imaginário do professor sempre é justificada na necessidade de preparar desde a 1ª série, desde a pré-escola, para o mercado competitivo, o vestibular, o concurso... Relembrar aos professores logo na apresentação dos Parâmetros que sua função é preparar os jovens para o mercado competitivo é lembrar-lhes que não abandonem essa cultura e esse perfil de docente seletivo, que deem prioridade à avaliação de saberes úteis ao mercado. É lembrar-lhes que a cultura da seletividade tem que ser mantida, apesar dos objetivos traçarem um discurso tão aberto e falarem em cidadania, identidade, diversidade, dimensões éticas, estéticas, corpóreas, múltiplas linguagens. Tudo bonito desde que não se esqueçam as provas oficiais, os concursos, os vestibulares da vida e sua lógica seletiva e competitivas, afinada com critérios de excelência de uma produção cada vez mais excelente e excludente.

Fica cada vez mais complicado acertar com o ofício de mestre. A Lei 5692, dos tempos autoritários, foi mais definida por um perfil de docente: prepare para o trabalho, dê prioridades aos conteúdos e competências que o mercado valoriza, selecione com peneira fina desde as primeiras séries, desde a infância, apregoavam os defensores da teoria do capital humano. Era fácil reproduzir esse profissional.

Agora fica mais complicado. Esse papel continua, é reafirmado nas políticas oficiais, e ainda se espera que os professores deem conta da formação para a cidadania, a autonomia, a identidade, a diversidade, a ética e estética, o corpo, a afetividade, o desenvolvimento pleno... Formar na infância e adolescência esse perfil tão complicado de adulto deixa os docentes confusos. Afinal, qual é a minha?, se pergunta cada professora e cada professor da Educação Básica. *"Quem sou eu, um super-herói?"*, se perguntava um professor. Aí se dá o embate em torno dos conteúdos da docência e do perfil de docente. Os PCNs não fogem a esse momento confuso sobre o papel social e cultural da Educação Básica e terminam deixando os docentes no meio de perfis desencontrados, no meio de um tiroteio. Haverá mortos e feridos.

Poderíamos encontrar uma saída honrosa para tanta ambiguidade e dizer aos professores que a escola, a educação e seu ofício sofrerão sempre as contradições da lógica capitalista, dos interesses hegemônicos e por aí, que as relações entre escola, a sociedade, a vida produtiva e as relações de produção não podem ser esquecidas. Sempre serão tensas. Condicionam a função da escola e nosso papel. Entretanto, temos de lembrar também que em outras formações capitalistas, o tempo da infância e da adolescência, seu direito à educação, à cultura, à dignidade, ao conhecimento não têm sido tão atrelados às competências que o mercado lhes imporá quando adultos. Esta era a opção que esperávamos, mas foi adiada.

A Educação Básica, sobretudo a fundamental, foi se configurando e legitimando no avanço dos direitos humanos da infância, da adolescência e da juventude enquanto tempos humanos, de vivências, experiências e formação humanas. Desde a década de 80 vínhamos insistindo em vincular educação com direitos e não com sobrevivência, com igualdade e dignidade, emancipação, inclusão e cidadania e não com o mercado. O Estatuto da Criança e do Adolescente representou um avanço no reconhecimento desses tempos como idades de direito e não de mero preparo para o mercado competitivo. A denúncia do trabalho da infância e da adolescência tem esse sentido, respeitar esses tempos-ciclos da vida como tempos de direitos. "Toda criança na escola", pensamos ser para garantir seus direitos de criança, de ser humano, não para torná-la mais excelente para o mercado.

Nessas fronteiras vínhamos colocando nosso papel social e o papel da Educação Básica. Na mesma direção em que colocamos a infância como sujeito de direitos, vínhamos encontrando nosso papel. Nessa mesma direção avançamos na colocação do direito à escola. Estávamos aproximando-nos da tradição humanista em que foi se justificando o direito universal à Educação Básica. Uma visão mais desinteressada. Nesse movimento se configurava outro perfil de mestre, como profissional de direitos.

Os avanços não acontecem linearmente, sabemos. Estamos diante de um profissional do qual é exigido ver a infância, adolescência e juventude, seus alunos como sujeitos de direitos, vendo-se ele mesmo como profissional de direitos, o direito à vivência digna e formadora dos tempos de escola, como tempos humanos. Mas ao mesmo tempo ainda é exigido desse profissional que não esqueça que um dia, às vezes mais cedo do que deveria, essa criancinha da 1ª série terá de enfrentar, ou já enfrenta, um trabalho competitivo, seletivo. Cada dia mais competitivo numa sociedade onde nem sequer haverá trabalho ou apenas haverá trabalho para os bem-formados e bem-comportados, os excelentes. Os poucos. Que perfil de profissional dará conta de experiências tão desencontradas?

Saídas? Credencialismo democrático – cidadania competente

Cada docente terá de fazer escolhas em seu cotidiano, o que valorizar? É incompatível harmonizar o direito da criança, adolescente ou jovem a seu pleno desenvolvimento e ao mundo do trabalho? Sabemos como durante quase três décadas as leis e as normas, as grades curriculares e os tempos dados a cada conhecimento e competência resolveram essa dúvida de maneira muito fácil: a escola tem de preparar primeiro para o trabalho, para enfrentar a vida, os concursos e o vestibular, logo não há lugar nem tempo nas grades para saberes, atitudes, valores, cultura que não sejam priorizados pelo mercado. Todos vimos esse filme, milhares de docentes tiveram um papel de destaque, e centenas de tecnocratas dos órgãos administrativos representaram o papel de guardiães dessa crença.

Na atualidade o filme é outro e os atores tiveram de aprender outros papéis. São mantidas as mesmas crenças no destino de toda criança e jovem ao mercado cada vez mais competitivo, são mantidos os conteúdos exigidos pelo mercado e a cultura da seletividade. Mas como essa mesmice será agora justificada? Como justificá-la em valores novos como democracia, cidadania, igualdade? Este é o confuso perfil de docente que está sendo perfilado nos discursos. Progressistas, até. Avançam, incorporam novos ou permanentes traços do ofício de mestres, ser educadores(as), reconhecer e dar conta dos direitos à formação, à cidadania, mas sem perder velhos traços de nossa tradição: ver na infância um adulto a enfrentar a seletividade do emprego. Melhor a enfrentar a sorte, terrível sorte de ter ou não ter emprego na nova era da tecnologia, da ciência e da excelência. Triste realismo, talvez, para nossa infância e nossa docência.

Poderíamos perguntar-nos como os profissionais da Educação Básica vão se sair nesse fogo cruzado. Algumas atitudes e opções já vão se configurando. Muitos e muitas optarão por ser fiéis ao perfil de ensinante dos saberes úteis ao mercado competitivo e salve-se quem puder ou quiser. Outros mestres tentarão encaixar a formação para a cidadania, os direitos, a igualdade nas exigências do mercado competitivo, que teria mudado os critérios de seleção, valorizando agora, na era da globalização e da tecnologia, o saber, o conhecimento, os valores de solidariedade, de cooperação, as subjetividades equilibradas, até as diversidades culturais, o convívio na diversidade. O próprio mercado de excelência estaria a exigir as competências abertas propostas como objetivos para cada área.

Uma proposta sedutora para a escola e para muitos tecnoeducadores. Acabou a polarização entre mercado e formação plena, esta fará parte dos critérios de seleção para o trabalho! Não era esse encontro feliz que sonhávamos? Chegou. Acabaram as ambiguidades entre técnica e cultura, capitalismo e humanismo, entre ensinar e formar. A melhor contribuição da escola e dos mestres à garantia de todos à cidadania, até das classes populares a esse novo mercado tão humanizado, é credenciá-las para concorrerem com as mesmas competências técnicas e humanas, valorizadas e exigidas pelo novo mercado, nos mesmos concursos e provas.

Uma solução ideal e tranquilizadora: encarar a preparação para o trabalho como a expressão máxima da cidadania de todos. A palavra cidadania ficou tão gasta que perdeu seu sentido político-progressista. Cidadania é saber ler para sobreviver, saber ler para pegar o ônibus ou para reclamar no Procon pela geladeira vendida com defeito. Cidadania é saber informática para navegar na internet. Cidadania é dominar saberes úteis, aqueles mesmos das grades curriculares, das disciplinas, das provas escolares e dos concursos. Ouvi surpreso uma entrevista de um proprietário de um colégio especializado em preparar por décadas para o vestibular. Falava que a função da escola agora é preparar para a cidadania, mas não esqueceu de acrescentar, *competente*. Cidadania competente, a nova síntese entre duas visões que se confrontavam em décadas recentes. A terceira via na pedagogia. Ficamos no mesmo lugar, mais pragmáticos com novo discurso e com a autoimagem progressista. O pragmatismo político tão na moda nos governos dos países emergentes. Salvamos nossa autoestima. Conseguimos continuar com o mesmo perfil de professor, mas com um visual novo, com cores democráticas. O democratismo credencialista, tão anestesiante. Viva a escola e o mestre da 3ª via!

Poderá ser essa a saída para os impasses de autoimagem que o discurso pedagógico, assumido oficialmente, cria para os professores? Sucumbimos à ideia de que a escola e seus docentes não podem ser diferentes em um mundo cada vez mais competitivo e onde a personalidade equilibrada, o conhecimento, a informação cada vez entram de maneira mais pesada nessa competência pela excelência? Se atrelamos a Educação Básica a essa visão de sociedade, onde o saber e a informação cada vez mais são assumidos como os critérios de excelência, a escola, os conteúdos e os mestres serão cada vez mais as peneiras para selecionar e credenciar os poucos excelentes. Não há como sair desse círculo fechado, porém as peneiras agora serão mais humanas ou selecionarão com critérios mais humanos. Até a solidariedade, a personalidade serão calculadas pelo peso que o mercado pagará

A escola como tempo da formação humana, plena, desinteressada não passará de uma utopia, apesar de proclamada na nova LDB, e apesar de ter milhares de professores que tentam colocar sua docência nessa direção mais humana. Essa é a fronteira tensa onde imagens de docente se debatem, onde traços de nosso ofício se afirmam e traços permanentes caem e são soterrados. A opção por pedagogias híbridas produzirá soluções híbridas e imagens de mestres híbridos.

O credencialismo democrático parece acreditar em uma saída. A nova era da globalização, dos avanços científicos e tecnológicos, da sociedade do conhecimento e da informação valorizam competências abertas. Valorizarão o trabalhador polivalente, suas capacidades cognitivas, éticas, estéticas, o domínio das múltiplas linguagens, em harmonia com as habilidades úteis, fechadas. Estas competências serão redefinidas não mais referidas a processos de produção superados.

Mas a lógica do mercado não se alterou, continua marcada pela competição e pela excelência, continua ainda mais seletiva e excludente e marcará as lógicas escolares. As relações sociais de produção serão o espelho das relações sociais na escola? No conjunto dos PCNs fica claro que não é isso que se pretende nem se espera. Aí radica a tensão para os professores. As equipes que elaboraram os Parâmetros assumem essas tensões. Um ganho se pensamos na vinculação mecânica entre currículo, grades e mercado que tivemos desde a Lei 5692. Mas é uma opção complicada de administrar e, reconheçamos, é uma visão demasiado otimista da lógica do mercado.

Uma visão otimista dos novos tempos está invadindo o pensamento educacional. Podemos continuar tendo como horizonte de nossa docência a inserção no mundo do trabalho, os níveis de excelência do mercado competitivo, uma vez que o mundo da produção mudou, se humanizou, se intelectualizou. Consequentemente valoriza saberes abertos, personalidades polivalentes etc. etc. *"A vida é bela!"*, repetia o pai ao filho no campo de concentração onde milhares de crianças eram convertidas em sabonetes e botões.

A crença na humanização da moderna produção, na valorização de personalidades desenvolvidas, de cidadãos conscientes e críticos passou a ser espalhada e assumida por formuladores de políticas educacionais sempre progressistas. Quando os docentes das escolas públicas, sobretudo, lerem essas ponderações devem ficar perplexos entre acreditar nelas ou acreditar no rosto de seus alunos, a maioria filhos(as) de desempregados, subempregados. Lendo o rosto de crianças e adolescentes, seus alunos que repartem o tempo de estudo com o tempo de rua, de sobrevivência, não deve ser fácil aos professores(as) acreditar na sociedade do conhecimento, na nova lógica mais humana da produção. Com quem ficarão os mestres do ofício de conduzir a infância? Com a infância e adolescência real, com quem convivem cada dia ou com as análises futuristas dos discursos das políticas educativas? Nesses confrontos e opções nos construímos ou destruímos.

A questão que está em jogo é quais são as referências que nos definem ou dão identidade, é o mercado, suas demandas, suas lógicas tradicionais ou hipermodernas? Ou é a infância real, histórica, os alunos e alunas de cada dia, seus direitos, seus tempos-ciclos, seu presente e seu futuro sem horizontes? O que estão em jogo são imagens abstratas, de sociedade, de infância, de mestre ou imagens reais, chocantes.

Os impasses do perfil de nosso ofício situam-se aí. Nos encontros de professores e professoras os impasses que afloram se situam aí. Os PCNs têm o mérito de refletir esses impasses. Apontam um horizonte novo para os docentes, mas misturado com os velhos horizontes. São as muitas caras do Brasil. *Brasil, mostra a tua cara!* As muitas caras de nossa docência. Partimos da infância nossa de cada dia, de suas condições concretas de vida, suas condições de humanização, desumanização? Optamos pela promessa de uma nova era e esperamos que a escola e seus mestres conduzam essas crianças reais, essa juventude sem horizontes a essa terra prometida? Ou será a função dos seus mestres dizer-lhes que essa terra é para poucos excelentes? Logo, que estudem nossa matéria, repitam quantas vezes for necessário, para se tornarem excelentes e quem sabe cheguem lá!

A crença na sociedade tecnocrática, moderna, invadiu o discurso educativo. Escrevo estas reflexões entre o Natal e o início do ano letivo. A propaganda das escolas está nas ruas, na TV, no rádio, todas com as mesmas promessas futuristas: *"garanta o futuro para seus filhos"*, *"escola, uma porta certa para o futuro"*. São propagandas das escolas privadas, mas têm muito professor de escola privada e pública que ainda acredita que quem estuda garante um futuro melhor. Que professor(a) não se descobriu repetindo esse mesmo discurso para seus alunos indisciplinados e desatentos? *"Não querem estudar, não estudem e vão ver o que vão fazer na vida sem estudo"*. Lembro de um professor que repetia a seus alunos a importância do estudo e do conhecimento para ter emprego e ganhar bem. Um dia ouviu de um aluno: *"O senhor estudou muito, não? e como ganha tão pouco?"*

Não é necessário ler o rosto dos alunos(as), crianças e adolescentes ou jovens para desmontar vinculações sem fundamento entre escola, estudo, conhecimento, emprego, futuro, terra prometida. A própria história de milhares de docentes desmente essas vinculações ingênuas. A Educação Básica e nosso ofício encontram justificativas sociais em outros vínculos mais sólidos e permanentes: no direito da infância à sua condição humana, ao pleno desenvolvimento como ser humano. No presente.

Progresso e emancipação pelas ciências?

Voltemos à questão que levantamos antes: que peso terá a estrutura centrada nas áreas clássicas do conhecimento acadêmico na incorporação dos objetivos formadores que os Parâmetros se propõem? Que peso terá essa opção estruturante na manutenção de traços da docência? As equipes que elaboraram cada área dos conteúdos curriculares tiveram o cuidado de lembrar aos docentes de cada área os objetivos gerais do Ensino Fundamental, como advertindo a cada licenciado, ou docente que, em sua função de especialista da área, não esqueça dos objetivos gerais do Ensino Fundamental. "Não esqueças que és professor de um tempo de formação". Mais ainda, as páginas iniciais onde se caracteriza cada área, sua história, suas temáticas, teorias e metodologias terminam lembrando e afirmando os vínculos entre cada área do conhecimento e a cidadania, a formação, os vínculos com os temas transversais. Há uma preocupação em deixar explícita a intenção de que não se esqueçam os objetivos gerais na especificidade de cada área.

Temos de reconhecer que os Parâmetros incorporam essa função da docência com centralidade. Todas as áreas equacionam sua relação com a formação da cidadania, as capacidades intelectuais, éticas, afetivas... humanas. *"Para que ocorram as inserções dos cidadãos no mundo do trabalho, no mundo das relações sociais e no mundo da cultura, e para que desenvolvam a crítica diante das questões sociais, é importante que a Matemática desempenhe, no currículo, equilibrada e indissociavelmente, seu papel na formação de capacidades intelectuais, na estruturação do pensamento, na agilização do raciocínio, na sua aplicação a problemas, situações de vida cotidiana e atividades do mundo do trabalho e no apoio à construção de conhecimento em outras áreas curriculares"* (PCN, 5ª a 8ª, Matemática, p. 28)[9].

A mesma lógica se repete em cada área. *"O estudante não é só cidadão do futuro, mas já é cidadão hoje e, neste sentido, conhecer Ciências é ampliar a sua possibilidade presente de participação social e desenvolvimento mental, para assim viabilizar sua capacidade plena de exercício da cidadania"* (PCN, 5ª a 8ª, Ciências naturais, p. 23). *"Desde as primeiras etapas da escolaridade, o ensino de Geografia pode e deve ter como objetivo mostrar ao aluno que cidadania é também o sentimento de pertencer a uma realidade em que as relações entre a sociedade e a natureza formam um todo integrado (constantemente em transformação) do qual ele faz parte e que, portanto, precisa conhecer e do qual se sinta membro participante, efetivamente ligado responsável e comprometido historicamente com os valores humanistas"* (PCN, 5ª a 8ª, Geografia, p. 27). *"... espera-se que o aluno amplie o domínio ativo do discurso nas diversas situações comunicativas, sobretudo nas instâncias públicas de uso da linguagem, de modo a possibilitar sua inserção efetiva no mundo da escrita, ampliando suas possibilidades de participação social no exercício da cidadania"* (PCN, 5ª a 8ª, Língua portuguesa, p. 32).

A pergunta que todo docente deve se fazer quando lê essas sugestões em sua área é como dar conta de ser professor de matemática, ciências, língua portuguesa, geografia, arte, história, educação física e ao mesmo tempo formar os alunos como cidadãos, desenvolver suas capacidades, sua participação social, seu desenvolvimento mental, seu compromisso histórico...

---

9. MEC-SEF. *Parâmetros curriculares nacionais*. Brasília, 1998.

Para dar conta da formação dos educandos e não apenas de sua instrumentalização será necessário um outro perfil de mestre que assuma que seu papel vai além de passar a matéria e avaliar se foi aprendida. Que incorpore outros saberes e competências. Como destacávamos antes, este poderá ser um ganho: superar a visão fechada de docente, transmissor de conteúdos neutros, úteis, necessários à passagem de série, de concurso ou vestibular. Os Parâmetros podem estar legitimando a dimensão de educador, formador, pedagogo como papel de todo docente e assumindo essa dimensão como componente profissional não difuso. Poderão estimular o domínio de saberes outros, além dos conteúdos das áreas. Saber mais sobre a infância, a adolescência, a juventude, sua cultura, sua história, suas possibilidades e limites de realização e formação como cidadão, sujeitos sociais, culturais, éticos, suas identidades e diversidades etc. (Volume I dos PCNs de 5ª a 8ª séries – Introdução, p. 103-133).

Este pode ser um ponto de partida bem mais fecundo para os docentes: as exigências que nos são postas pela infância, adolescência e juventude real que temos de formar, os limites e possibilidades postos inclusive pelos avanços científicos e tecnológicos, pela globalização, a ordem competitiva e de excelência, para sua realização como humanos, para se tornarem sujeitos de direitos plenos. Estaríamos assumindo outro foco, nosso foco histórico como educadores-pedagogos? A pedagogia e seu ofício nascem colados a um projeto de infância. Quando este foco se perde tudo fica fora de foco, até os conteúdos, as áreas e nossa docência. Os Parâmetros, temos de reconhecer, nos aproximam desse foco, o assumem. Sabemos pouco sobre os sujeitos de nosso ofício, de nossa docência, sabemos mais sobre os objetos, os conteúdos. Seria essa uma das dimensões que os PCN de 5ª a 8ª série destacam: a urgência de sabermos mais sobre os sujeitos humanos com que trabalhamos?

Não apenas nessas trinta páginas introdutórias somos convidados a não perder de vista os educandos em cada área. Como vimos, tenta-se não perder esse foco. Entretanto, na opção pelas áreas como eixo estruturante, de alguma forma se inverte o foco. Parte-se da especificidade da área, de sua história como campo específico do saber, de teorização e pesquisa. Como os saberes de cada área foram traduzidos em saberes escolares, de ensino sem esquecer o papel que cada conhecimento poderá ter na formação da cidadania, dos valores, da participação, da identidade etc. Como vimos, a procura desses vínculos já vinha acontecendo nas associações, nos encontros e na produção de cada área.

Os PCNs assumem esse legado. Entretanto expressam esse momento com seus avanços e limites. Abrem a docência sem perder a área como referência. E mais, supõe-se que é a partir da área que se chega à cidadania, ao sujeito inserido e participativo. A lógica que é proposta a cada professor(a) parece ser esta: não esqueça que sua função é formar o cidadão, mas como? Sendo um bom, excelente professor(a) de sua matéria. Não esquecendo que a matemática, as ciências, a escrita, a geografia, a história, a arte, a educação física, todo conhecimento que ensinares, toda competência que cultivares ampliará as possibilidades de inserção e de participação social, formará as capacidades intelectuais, éticas, estéticas, identitárias, o desenvolvimento mental, o compromisso com o passado, com o presente e o futuro. Ensinemos os conteúdos de cada área e estaremos viabilizando a capacidade dos alunos de exercerem plenamente sua cidadania. Uma concepção de cidadania ilustrada? Uma concepção humanizadora do conhecimento, da ciência, da técnica e de sua racionalidade?

Em realidade, as professoras e os professores não precisarão incorporar novos saberes e competências a seu ofício, apenas ser bons docentes, competentes transmissores de seus conteúdos que estes produzirão cidadãos por acréscimo. O domínio de conhecimentos, da diversidade de conhecimentos dos diversos quintais alimentará a formação de todas as dimensões do desenvolvimento pleno da infância, adolescência, juventude e teremos cidadãos-adultos sadios com pensamento estruturado, raciocínio lógico, capazes de equacionar e resolver problemas. Na visão mais clássica, ousando pensar por si mesmos, sendo modernos, pensantes, conscientes. Como consequência teremos uma razão condutora de condutas, teremos sujeitos éticos, autônomos, como todos sonhamos e até o mercado de excelência e a sociedade do conhecimento demandam.

Faz parte de nossa cultura que as letras, as ciências humanizam, nos tornam cidadãos racionais, de princípios, éticos, aptos ao convívio ordeiro, cívico e civilizado e que o analfabetismo, a ignorância dos saberes escolares embrutece, desumaniza. Aí estão as classes violentas, desescolarizadas, para comprovar essa dualidade de nossa sociedade entre cidadãos ordeiros, porque esclarecidos e povo violento, porque ignorante. A sociedade é bela quando letrada.

Os Parâmetros não chegam a tanto, nem pretendem chegar a tanto, mas podem reforçar essa cultura tão perversa que é um componente de nossa formação e em cuja construção e manutenção a pedagogia teve seu papel e a cultura profissional docente também.

O conhecimento acumulado, a memória coletiva, a cultura, os valores, as artes, os símbolos, as técnicas fazem parte de uma herança coletiva humana a que todos os membros da sociedade têm direito. É papel da escola e de outras instituições sociais, e é papel dos mestres de todas as artes educativas garantir o direito à cultura devida, mas sem cairmos em relações mecânicas enganosas, politicamente perversas: domine as letras, as ciências, as técnicas, os saberes escolares e serás cidadão, saberás raciocinar, resolver problemas, estarás apto a participação social, a te comportar com alto padrão moral, cívico, a ingressar no seleto clube dos ordeiros e éticos, porque ilustrados. A quem pode interessar essa autoimagem e essa cultura docente?

Penso que todo perfil de mestre de Educação Básica construído desde a centralidade da ciência, do conhecimento, das técnicas, das letras cultivadas, pesquisadas na academia, terá dificuldade de equacionar bem o perfil do ofício de mestre da educação, formação e desenvolvimento humano específicos da infância, adolescência e juventude, no campo da Educação Básica. Sobretudo da infância real com que convive.

O que se pretende que os professores de Educação Básica incorporem é um papel progressista, que acreditem no progresso pelas letras e as ciências e teremos a superação das carências e a cidadania participativa. Nada mais a propor como parâmetro da docência do que a legitimação política de tantos sonhos de emancipação pela instrução? A legitimação da crença de que o conhecimento nos tornaria felizes? O modelo de aplicação técnica da ciência para o progresso e a emancipação?

Silêncios e ausências

Os docentes de Educação Básica têm direito de saber o momento que vivemos, inclusive o momento teórico e como esses sonhos e crenças que estão na raiz da moderna pedagogia estão em crise. Que de todos os lados vêm as perguntas: é a ausência de progresso científico, tecnológico, artístico, letrado que criam a pobreza, as diferenças de renda, de moradia, as possibilidades ou não de viver a infância com dignidade, o sucateamento da cultura, dos valores, da escola, da saúde, da segurança, a precariedade da vida humana? Muitos docentes já estão mais do que convencidos de que não é assim. Como vão aderir às tentativas de recuperar velhas crenças se a realidade mostra-lhes o contrário? Não temos professores tão crédulos assim.

Os Parâmetros poderão ser engavetados, não porque não trazem elementos renovadores, mas pelas crenças ultrapassadas em que tentam legitimá-los para os docentes. Estes sabem que as carências com que convivem têm outras causas do que a falta do domínio das letras e das ciências. E mais, sabem que entre as causas das carências, de desumanização dos "carentes" estão as próprias ciências e as letras, o próprio progresso, a própria racionalidade instrumental. Aliás uma crítica que vem sendo feita desde os anos de 1930. Que se espera dos docentes? Que silenciem, que esqueçam esses vínculos perversos com que convivem na escola pública? Que alimentem a adolescência e juventude "carente" do sonho de emancipação pelas letras e pelas ciências? Poderá haver emancipação com esses silêncios e esquecimentos?

Uma renovação de conteúdos não pode ser avaliada apenas pelas novas temáticas que inclui, mas pelos silêncios e esquecimentos que não inclui. Um deles pode ser silenciar aos docentes as críticas que vêm da academia, e sobretudo dos movimentos sociais aos ideais e crenças na emancipação pelas letras, pelas ciências e pelas técnicas, pela própria escola.

É curioso como cada área do conhecimento dos PCNs destaca o progresso e dinamismo do saber da área, os avanços de conteúdos e métodos. Os progressos de cada ciência nas últimas décadas. Uma visão progressista das áreas. Não aparecem os impasses, as dúvidas de paradigmas, as críticas ao cientificismo progressista tão destacados na atualidade. Em cada área do conhecimento há mais dúvidas do que certezas. Por que são omitidas? Os docentes da Escola Básica não têm direito a participar dessas incertezas? Sabemos que as áreas estão denunciando silêncios e omissões históricos. Por que não revelá-los aos mestres da escola? Os paradigmas cientificistas estão sendo dessacralizados. Somente nos reencontraremos com a humana docência se desconsagrarmos a crença cega na ciência e no progresso, na relação linear entre os domínios dos conteúdos escolares e a felicidade da nação e de cada cidadão. Se construirmos e trazermos para os educandos uma ciência consciente dos fins.

Um dos traços centrais, perenes do ofício de mestres, é manter a memória coletiva acesa, não compactuar com os silêncios, ou não silenciar a história às novas gerações. Estamos entre os homens e mulheres da memória. Que belo ofício, tão silenciado.

Volto à questão colocada antes. Tentar alargar a concepção e prática da Educação Básica a partir das áreas do conhecimento é o melhor caminho? É ainda sustentável prometer a emancipação pelas letras, as ciências e as tecnologias e pelo seu aprendizado escolar? Seria a opção pelas áreas do conhecimento o eixo estruturante do alargamento dos conteúdos da docência?

As ciências não subordinaram suas descobertas e avanços à emancipação humana nem sequer às necessidades humanas, à felicidade, à erradicação da miséria, à garantia dos direitos, ao que a grande maioria pensa ser seu direito como seres humanos. A lógica do saber tecnológico e científico não se inspira na lógica da universalização nem sequer do próprio saber, nem na universalização de seus benefícios, que estaria na base da educação universal como direito. Não apenas a humanidade como um todo não se beneficia desses avanços, milhões de pessoas estão fora desses benefícios, mas o próprio saber escolar fica de fora, não pelo despreparo dos docentes, pela desatualização dos currículos, mas porque a lógica da produção científica e tecnológica segue uma dinâmica independente destes objetivos. Sonhar com que os docentes de Escola Básica se preparados e os currículos se adaptados façam essa difícil acoplagem é utopia. É ampliar o complexo de incompetência dos mestres. A função da Educação Básica situa-se em outras lógicas em voos mais baixos e nem menos relevantes.

Boaventura de Souza Santos[10] nos adverte: *"Professores e alunos terão de se tornar exímios nas pedagogias das ausências, ou seja, na imaginação da experiência passada e presente se outras opções tivessem sido tomadas. Só a imaginação das consequências do que nunca existiu poderá desenvolver o espanto e a indignação perante as consequências do que existe"* (p. 23).

---

10. SILVA, Luiz H. da (org.). *Novos mapas culturais, novas perspectivas educacionais*. Porto Alegre: Sulina, 1996.

8

O subsolo comum de nossa docência

> *"O importante não é o que se aprende, mas a forma de aprendê-lo".*
>
> Fernando Savater

Quando acompanho as mobilizações dos professores(as) por seus direitos sempre me chama a atenção a importância que dão às condições de trabalho, aos contextos e contingências dos meios com que desenvolvem suas práticas. Por que tanta importância dada aos modos de viver sua docência? As ações cotidianas dos mestres são respostas e estratégias perante os imperativos cotidianos, com frequência esmagadores, em que têm de desenvolver seu trabalho. Percebo a grande sensibilidade para com os modos como desenvolvem sua docência.

Saímos das faculdades atualizados no domínio dos conhecimentos de cada área. Tentamos ser bons docentes. Aos poucos vamos descobrindo que nossa docência está condicionada pelas estruturas e processos em que ela acontece. O como somos docentes condiciona nossa docência tanto ou mais do que os conteúdos que ensinamos. As lutas da categoria nas últimas décadas têm sido mais tensas para mudar o como ensinar, as condições materiais em que ensinamos do que para mudar o que ensinamos. Por que tanta sensibilidade para com as condições em que exercemos nossa docência e nosso trabalho e reproduzimos nosso ofício e nossa existência? Porque intuímos que os modos de viver e trabalhar, de ensinar e aprender determinam o que somos e aprendemos. É uma matriz fundante da teoria pedagógica, no como produzimos, nos formamos.

A percepção política da centralidade do como trabalhamos termina por levar-nos a entender a centralidade pedagógica do como ensinamos e como os educandos aprendem. Somos profissionais dos saberes e também dos processos que formam a mente humana. Os mestres têm suas percepções sobre as formas de cultivar o pensamento, criar hábitos, formar e educar. As tarefas de cada dia, o como ensinamos e em que condições conformam os problemas que privilegiamos, os conteúdos que julgamos centrais, o como pensamos e como formulamos as soluções. O como condiciona o que somos.

Sabemos, ou vamos aprendendo, que o que fica para a vida, para o desenvolvimento humano são os conhecimentos que ensinamos, mas também, e sobretudo, as posturas, processos e significados que são postos em ação, as formas de aprender, de se interessar, de ter curiosidade e de sentir, de raciocinar e de interrogar.

F. Savater[11] (1997) nos lembra de maneira concisa:

"O importante não é o que se aprende, mas a forma de aprendê-lo. De nada serve provar que em abstrato, tal ou qual ciência é formadora se não se prova que a forma de ensiná-la assegura bem esse desenvolvimento intelectual, o qual depende tanto da maneira de ensinar como da matéria ensinada. Aqui está o segredo: a força ou a virtude humanista e formadora das disciplinas que se ensinam não está em seu conteúdo intrínseco, fora do tempo e do espaço, mas na concreta forma de ensiná-las e aprendê-las aqui e agora. A questão não é o que, mas o como..." (p. 118-119).

Recuperar a pedagogia do como

Centralidade do como, dos processos mentais que provocamos, das ferramentas da cultura que se aprendem a manipular. Se colocarmos neste plano nossa docência, se tornariam relevantes as questões que traduzem o como ensinamos. Por exemplo a distribuição da carga horária, a organização gradeada ou não, equalizada ou não dos conteúdos podem ser tão determinantes das formas de aprender e de conformação da mente dos educandos e dos educadores quanto os conteúdos das matérias.

Aceitando ou reconhecendo que como ensinamos e organizamos os conteúdos, assegura-se o desenvolvimento intelectual dos educandos, as questões relativas ao como deveriam merecer mais cuidado profissional e maior atenção nos cursos de formação. É verdade que os aprendizes de professor têm muitas horas para aprenderem metodologias de ensino de cada matéria, mas em muitos casos a ênfase é no método enquanto instrumento mais eficaz para bem transmitir e aprender os conteúdos do programa. Quando sugiro que devemos dar maior centralidade ao como, estou pensando em algo mais do que dominar instrumentos eficazes de ensino. Penso que deveríamos saber mais sobre os processos mentais e intelectuais, os hábitos e valores provocados e ativados pelo como ensinamos e pelo como os educandos aprendem e se socializam.

É interessante constatar que nas pautas das reuniões dos coletivos de escola não entram questões sobre os conteúdos ensinados. Isso fica por conta de cada professor(a) ou do coletivo de cada área. As questões postas e debatidas em comum se referem ao como, a organização da escola, dos processos escolares, dos tempos e espaços, das provas e das cargas horárias, dos rituais comuns, das normas e dos para-casa... Todas questões sobre o como se convive na escola, sobre as concretas formas de organizar o cotidiano de nossa docência. Entretanto, pouco se discutem as dimensões formadoras ou deformadoras desse como e a importância da ação como o principal desafio para o saber.

---

11. SAVATER, Fernando. *El valor de educar.* Barcelona: Ariel, 1997.

Como profissionais da formação da infância, da adolescência e da juventude, quando planejamos uma aula ou um projeto, quando organizamos atividades, tempos ou espaços, quando escolhemos as metodologias, deveríamos centrar nossa atenção nas dimensões que poderão formar nos educandos. Poderíamos pensar o que ficará para as crianças, adolescentes ou jovens da participação por tantas horas de sua vida nessas formas de organizar o tempo, de conviver nesses espaços, de ter de padecer ou participar nos modos como ensinamos e como aprendem. A pergunta das mais sérias que um docente-educador pode se fazer é o que fica, o que levam os educandos na caixa de ferramentas culturais acumuladas na escola para viver humanamente a vida.

A escola é importante, influencia, e muito, nossas vidas. O que levamos de tantas horas vividas no tempo de escola? Levamos hábitos sobretudo. Hábitos de pensamento, formas de raciocínio, gestos, sensibilidades, formas de fazer, de compartilhar, de intervir. Levamos mentalidades, valores e autoimagens. Levamos pensamentos materializados em formas de pensar. Não apenas conhecimentos abstratos, mas conhecimentos materializados em formas de conhecer. Levamos sentimentos do mundo, da sociedade e do ser humano materializados em formas de sentir.

O que ficará e nos acompanhará serão os conhecimentos aprendidos. Mas quais? Apenas os internalizados, registrados ou feitos hábitos. Os conhecimentos transformados em hábitos, recursos, produtos e externalizações. O que levamos e nos será útil nas situações mais variadas da vida será uma mistura indefinida dos conteúdos aprendidos, dos procedimentos postos em ação e dos hábitos internalizados. As habilidades simbólicas. A forma que damos à mente, à emoção, à memória e às atividades humanas com que construímos nossa história e a história. Com que nos construímos.

Formamo-nos como sujeitos sociais e culturais situados, colados a um lugar, a um espaço e um tempo, a práticas concretas. Toda formação e aprendizagem é culturalmente situada. É atividade, é contexto, são recursos, formas e procedimentos, que dão à mente sua forma, que nos dão a forma. Nos formamos situados. Em um lugar e um tempo. Estamos demasiado preocupados com o que aprenderão os alunos, em definir conteúdos mínimos que sirvam de referência para passar ou não de ano ou de ciclo. A questão central deveria ser como se desenvolve e se vive a vida mental.

> *"A atividade mental não se dá em solitário nem sem assistência, inclusive quando acontece 'dentro da cabeça'. Somos a única espécie que ensina de uma forma significativa. A vida mental se vive com outros, toma forma para ser comunicada e se desenvolve com ajuda de códigos culturais"* (BRUNER, 1997, p. 13)[12].

Nossa docência pode ser um exercício de tomada de consciência sobre as possibilidades da atividade mental... A escola pode ser um espaço facilitador... ou um espaço que trava o desenvolvimento intelectual dos educandos. O que dependerá mais do

---

12. BRUNER, J. *La educación, puerta de la cultura*. Madri: Visor, 1997.

como ensinamos do que o que ensinamos. De ambos. Um olhar mais profissional e um pouco de sensibilidade educativa nos revelariam que a aridez e frieza das aulas, a monótona repetência, as aulas expositivas, as aulas de 50 minutos – iguais para uma criança da 5ª série ou um adulto da pós-graduação – não são processos estimulantes da atividade mental de qualquer ser humano.

Possivelmente o desenvolvimento mental, social, cultural da infância, adolescência ou juventude teria outros rumos se essas formas tão pouco estimulantes de ensinar e aprender fossem abolidas. Se inventássemos outras formas de ensinar-aprender, de organizar o trabalho e a ação educativa. Falta-nos um trato mais pedagógico e profissional dessas questões tão nucleares nos processos de formação humana. Participo de muitas reuniões de professores(as) onde estas questões passam a ser assumidas não como meros aspectos administrativos, mas como o núcleo fundante da ação pedagógica de nosso ofício.

É bom que essas questões relativas ao como, às virtualidades formadoras ou deformadoras do como, sejam assumidas pelo coletivo de profissionais de cada escola e da rede como um todo. Que sejam assumidas pelas equipes pedagógicas dos órgãos centrais.

Estas questões não são de cada área, nem de cada disciplina. São questões comuns a nossa docência: como se desenvolve a atividade intelectual, como se forma e conduz a mente, como se vive a vida mental e toma forma para ser comunicada. Como se desenvolve, com a ajuda de que códigos culturais, tradições e recursos. O coletivo de educadores-docentes tem de dominar com profissionalismo um saber-fazer sobre como *"a educação, porta da cultura, dá forma à mente e como nos proporciona a caixa de ferramentas através da qual construímos não apenas nossos mundos, mas nossas próprias concepções de nós mesmos e nossos poderes"* (BRUNER, 1997, p. 12).

Nesse saber-fazer profissional nos igualamos, ou todas as áreas se encontram e podem desenvolver as mesmas virtualidades formadoras. A interdisciplinaridade tem sentido aí e não em intercâmbios tangenciais entre temáticas das disciplinas. O subsolo comum de toda docência são estes processos comuns que formam competências, saberes e hábitos comuns independentes de serem aprendidos com o professor de ciências ou de matemática, de letras ou de artes. Dando centralidade ao como ou em que "contextos culturais situados" a infância ou adolescência convive, sente e se socializa, aprende e raciocina, cria hábitos e competências, estaríamos equalizando um subsolo comum sem hierarquias de áreas nobres e menos nobres, úteis ou inúteis. Todos sentiríamos igualmente úteis, formadores de dimensões humanas que serão postas em ação pelos educandos em múltiplas situações do fazer e conviver, do intervir e do sentir...

Nos encontros de escola em vez de debater que área merece maior carga horária, quem forma mais e melhor, este ou aquele aspecto, poderíamos empenhar-nos em questões que são comuns às ciências, letras ou artes: que ferramentas culturais, que recursos são mais eficazes, que condições e situações no cotidiano escolar tornam o desenvolvimento dos educandos mais pleno. Poderíamos continuar discutindo os conteúdos da docência, mas *todos* os conteúdos. Os conhecimentos acumulados por cada ciência, mas também os processos de aprender, de conhecer, de intervir que historicamente foram acumulados também. Os contextos culturais em que foram produzidos e acumulados.

Como humanos acumulamos formas, processos e hábitos, recursos e ferramentas de como conhecer, aprender e guardar na memória os conhecimentos. Esta herança é mais importante para ser guardada na caixa de ferramentas de cada criança ou jovem para seu percurso humano, do que detalhes dos conhecimentos acumulados que serão esquecidos após a prova, o concurso ou o vestibular. Coletivos docentes cada vez mais privilegiam as questões comuns ao como ensinamos e aprendemos. Ao como se forma a mente humana, os sujeitos éticos, estéticos, a emoção e a memória... Como nos formamos, em que contextos culturais e quais os processos mediadores.

Teríamos que saber mais e nos preocuparmos mais com os problemas da gestão cognitiva, emocional... dos processos de formação dos educandos. Ocupamos nossos tempos e nossas energias em gerir os conteúdos a ensinar, deveríamos planejar com maior profissionalismo a gestão pedagógica do uso dos processos mediadores, dos instrumentos culturais e dos recursos disponíveis na escola. Gestão pedagógica que explore ao máximo as pontencialidades dos recursos culturais por vezes escassos. Nossa criatividade pode encontrar mecanismos de modificação, invenção e introdução de novos recursos e instrumentos. Os professores e as professoras têm se mostrado criativos nesta procura de recursos. Esta é a preocupação das propostas inovadoras que acompanho, quando dão tanta centralidade à reorganização dos tempos e espaços, das estruturas e da organização do trabalho.

As matrizes pedagógicas da docência

Assumir que o importante não é o que se aprende, mas a forma de aprendê-lo, não é uma postura anti-intelectual ou uma preferência pelo praticismo, pelo como fazer o bolo, qual a receita e os ingredientes a misturar. Não significa defender um perfil de docente sem domínio de conteúdos, apenas um bom didata sabido nas técnicas de bem ensinar-aprender. Refutar a centralidade do como e dos processos de formação apoiando-se nesses argumentos seria ingenuidade. Seria um grave desconhecimento das teorias pedagógicas, e de matrizes pedagógicas constituintes do pensamento educativo mais clássico e mais moderno.

Os professores e as professoras de Educação Básica, além de dominarem os conteúdos de sua matéria ou área, têm de dominar como educadores os conteúdos de seu ofício, as teorias pedagógicas que os fundamentam. A preocupação com o como reproduzimos nossas vidas, nossa docência, como as crianças ou jovens vivem e aprendem na escola, têm por base princípios pedagógicos clássicos e modernos. Que princípios ou matrizes são esses?

A ação, a práxis, o trabalho como princípios educativos faz parte da tradição pedagógica mais permanente. A educação como processo de produção e não de mera inculcação. A formação dos seres humanos acontecendo nos mesmos processos em que produzimos a cidade, o campo, a escola, os tempos e espaços humanos. Nós produzimos como sujeitos sociais e culturais produzindo a sociedade, a cultura, o conhecimento. Os vínculos entre existência e consciência, entre trabalho e cultura, entre cultivo e cultura, entre vivência e saber...

Recuperamos esta matriz pedagógica quando recolocamos a centralidade do como. O trabalho nos molda. As formas como produzimos nos produzem. Durante anos aprendemos que o trabalho é princípio educativo. Nos formamos ou deformamos no tipo de trabalho e nas condições de trabalho. Os professores vêm denunciando como as condições de trabalho de todo trabalhador e dos trabalhadores em educação deformam. Estas condições marcam o que pensamos, como nos pensamos, a consciência que temos. O como trabalhamos nos forma ou deforma, como profissionais e como pessoas. As lutas políticas da categoria têm se inspirado nessa percepção ou matriz pedagógica da primazia do trabalho e da prática na formação-deformação de quem trabalha.

Ultimamente venho pensando que essas sensibilidades dos profissionais da escola para com suas práticas e as condições em que as desenvolvem revelam outra matriz pedagógica: que todo conhecimento é ação. O aprender é inseparável do como aprendemos. A própria docência é uma extensão do como somos docentes. Uma extensão dos materiais que usamos, das tarefas que executamos, do como podemos executá-las.

Nas últimas décadas demos a merecida importância aos conteúdos ensinados, a seu caráter alienante ou crítico. Nos últimos anos nos tornamos mais sensíveis às dimensões formadoras do como, da materialidade da escola, das relações sociais, das estruturas espaciais e temporais.

Tenho participado de reuniões e seminários onde têm prioridade questões em torno desses processos múltiplos de formação, por exemplo: o clima e as relações sociais na escola e na aula, a organização dos tempos e espaços, os ritmos e rituais, o sistema de símbolos, a produção coletiva, a pesquisa, o registro e as linguagens, a manipulação de objetos, de artifícios, artes e tecnologias, a experimentação de processos diversificados de conhecer e intervir no real, a simulação e solução de problemas, as saídas pedagógicas, a observação das relações sociais na cidade ou processos de produção no campo, a produção coletiva na sala de aula, entre pares do mesmo ciclo ou entre educandos de diversos ciclos... Enfim recursos formadores múltiplos e formas possíveis de fazer da escola uma comunidade de produtores mútuos. Um contexto cultural propício à vida mental, à socialização e às aprendizagens múltiplas.

São matrizes pedagógicas diversas que devemos conhecer. Matrizes que nem sempre estão presentes na diversidade de projetos, de políticas educativas e curriculares e nem sempre são acentuadas nos currículos de formação de professores, de licenciados. São matrizes e princípios educativos que aprendemos na prática e incorporamos em nosso pensar pedagógico, em nossa cultura profissional e escolar. Temos o direito e o dever de conhecer essas matrizes.

Essa diversidade de matrizes condiciona nossas análises e nossas práticas. Por exemplo, se acreditamos que o ser humano se forma exclusivamente através das lições e conteúdos que lhe são inculcados, poderemos condicionar a função formadora da escola aos conteúdos das matérias que privilegia. Poderemos pensar que foi a excessiva carga horária das ciências e matemáticas o que empobreceu culturalmente nossos currículos, e que a inclusão nos PCNs de temáticas tão humanas como as transversais humanizará o cotidiano escolar. Se acreditamos em outra matriz pensaremos que a formação humana dos educandos ou passa pela totalidade do convívio, das trocas, dos saberes, dos rituais, das relações sociais da escola, da interação entre gerações ou não acontecerá, ainda que sejam introduzidas algumas temáticas isoladas por mais crítica que seja sua análise.

Estamos muito marcados ainda pela tendência pedagógica que põe o papel humanizador no pensar crítico e que este se dá pelas ciências humanas, pela reflexão sobre temáticas humanas. Teríamos de rever nossa concepção demasiado "humanista" do desenvolvimento humano. Toda ciência é humana, todo processo, recurso, ferramenta, ou método acumulados ao longo do fazer-nos humanos podem nos aproximar da cultura e dos seus significados. Podem nos ajudar a aprender-nos, a induzir-nos a repensar e transformar a sociedade, incentivar-nos a sermos humanos. Uma matriz pedagógica mais totalizante, menos idealista, que poderá reeducar nossa visão dos conteúdos de nossa docência.

O que estou sugerindo não é que através de qualquer matéria poderemos desenvolver o raciocínio lógico, a sensibilidade ou a criatividade, a equacionar ou a resolver problemas. O que tento sugerir é que a mente humana é uma extensão das tarefas que desenvolvemos, das ferramentas que usamos, das competências manuais que colocamos em ação, das coisas que se fazem na escola independente da área do conhecimento em que sejam feitas. Nos inserimos em uma cultura fazendo, não tanto ouvindo. Fazendo artefatos, instrumentos o ser humano foi produzindo cultura e conformando sua mente.

Pode ser oportuno lembrar alguns estudiosos do desenvolvimento humano que com tanta ênfase nos chama a atenção para a importância da ação e dos processos na nossa formação: *"A inteligência, tendo em conta o que parece ser seu rasgo original, é a faculdade de fabricar objetos artificiais, especialmente ferramentas para fazer ferramentas, e de variar indefinidamente seu processo de fabricação"* (BERGSON, 1983, p. 139)[13].

"Vivemos desde o nascimento até a morte em um mundo de pessoas e coisas, que é o que é, em grande parte, graças a tudo o que tem deixado feito a herança transmitida pelas atividades humanas" (DEWEY, 1963, p. 39)[14].

"O homem se diferencia dos animais pelo fato do que pode fazer e usar ferramentas. Estas ferramentas não apenas mudam radicalmente suas condições de existência, mas reatuam sobre ele na medida em que operam mudanças no seu ser humano e em sua condição psíquica..." (LURIA, 1928, p. 493)[15].

---

13. BERGSON, H. *Creative evolution*. Nova York: Henry Holt, 1911-1983.

14. DEWEY, J. *Experience and education*. Nova York: Macmillan, 1935-1963.

15. LURIA, A. *The problem of the cultural development of the child*. [s.l.]: JGP, 1928.

O tempo de escola insere na cultura as crianças ou os adolescentes na medida em que estes estão fazendo coisas, pensando, produzindo, refletindo e comunicando. O chamado currículo por atividades que predomina até a 5ª série ocupa muito mais as crianças fazendo do que a partir da 5ª, quando o adolescente passa horas só ouvindo discursos. A riqueza educativa do tempo de escola, seu sentido cultural e mental ou de inserção nos significados da cultura será mais rico quanto mais os educandos façam ou tentem dar respostas com ações às necessidades e perguntas que lhes são apresentadas.

Domina uma visão na pedagogia de que a ação vem depois que nossa mente souber o que fazer e por que fazer. Em realidade, na vida nossa de cada dia, e das crianças e adolescentes e até adultos aprendemos antes ou concomitantemente a fazer, a intervir do que a entender conceitual e mentalmente o que e por que estamos fazendo e intervindo. Matrizes pedagógicas diversas que temos o direito e o dever de conhecer como docentes-educadores e que poderão trazer outras sensibilidades à nossa docência.

Construindo referenciais para a docência

Nos encontros de que participo são frequentes reações como estas: *"muito bem, de acordo com tudo isso, mas como fica o conteúdo específico dentro do ciclo e em cada ano do ciclo?" "E a carga horária a cumprir?" "Quais conteúdos ensinar?" "Deixamos tudo no espontaneísmo apenas preocupadas com o como?" "Que referenciais curriculares?" "Que competências desenvolver e que padrões básicos de desempenho para cada ciclo e ano do ciclo?"*

Questões sérias, sem dúvida, a serem enfrentadas que revelam o peso da cultura da escola, do pensar gradeado e recortado. Que nos acompanha. O argumento que sempre se coloca para defender a necessidade de padrões de competências e desempenho bem definidos é que tudo ficará solto sem eles, que cairemos no espontaneísmo, que os alunos não aprenderão os conteúdos específicos de cada matéria, cada bimestre e ano letivo. Que os professores precisam de segurança e que esta virá da definição por parte das secretarias de padrões e referenciais. Se nos apegarmos a essa cultura será difícil avançar. Seria como reconhecer que passarinho nascido na gaiola, ainda que aberta, a ela voltará, terá dela saudades porque sentia-se mais seguro.

Penso que essas preocupações revelam frequentemente mais os medos dos técnicos e gestores do que dos coletivos de educadores de ciclo. Tenho acompanhado como com seguro profissionalismo eles vão equacionando essas questões. Cada professora e professor aprendeu a equacionar sua prática sem ter de apelar em cada escolha a padrões básicos, a referenciais ou a parâmetros curriculares. Os PCNs estão aí, com diretrizes interessantíssimas. Quantos os leram e fizeram o referencial e o padrão de sua cotidiana docência?

Quando recuperamos as formas de ensinar e de aprender, o como, os processos de formação não estamos abandonando as dimensões a formar, os saberes a aprender, a cultura e os significados a internalizar, os hábitos a incorporar... o que estamos propondo é que se equacione a pluralidade dessas dimensões como conteúdos de nossa humana docência. Quando se cria o hábito de dar a devida centralidade ao como aprender e ensinar, como propiciar o desenvolvimento pleno dos educandos em cada ciclo-tempo de vida, os conteúdos a trabalhar recuperam sua centralidade. Os docentes vão se colocando como questão coletiva que dimensões formar, que potencialidades desenvolver, que sujeitos sociais e culturais, cognitivos, éticos e estéticos, que linguagens dominar, que hábitos e competências, de que ferramentas culturais se apropriar. Por que não reconhecer que tudo isso são os conteúdos de nossa humana docência?

Tenho participado de seminários e oficinas, onde se discute coletivamente em que o conhecimento acumulado e os processos de conhecer, organizar e comunicar esses conhecimentos contribuem para o desenvolvimento dos educandos... Não estariam esses coletivos de educadores-docentes construindo referenciais "curriculares" e padrões de Educação Básica? Por que se adiantar e predefini-los de cima para baixo? Por que não darmos aos professores(as) tempo e condições para ir construindo coletivamente esses referenciais?

A função dos órgãos centrais deveria ser captar, escutar esses processos coletivos de construção de referenciais de sua docência. Dar aos docentes condições materiais de estudo, de tempos e espaços. Criar redes de coletivos, de registros e de socialização. Propiciar encontros para trocas até ir construindo um estilo, uma cultura curricular nova. Uma direção coletiva. Possivelmente seja isso que essas questões levantadas demandam e que muitos coletivos já estão fazendo. É mais lento e inseguro, porém mais educativo para o coletivo dos professores(as).

Deixar-se levar por inseguranças que são normais em todo processo de inovação e buscar atalhos normativos mais seguros pode matar o processo, recuar e voltar às velhas grades, aos velhos ordenamentos. Pretende-se voltar a definir o conteúdo específico de cada ciclo e ano de ciclo como no sistema seriado definimos o conteúdo específico de cada área e disciplina? O que é mais cômodo e menos formador nas propostas pedagógicas é encomendar a uma equipe de especialistas a construção de referenciais curriculares, de padrões de competências com que medir e avaliar o desempenho em cada área, ciclo e ano de ciclo. Por que buscamos as soluções mais fáceis? Nos dão segurança, sem dúvida, mas podem truncar o processo formador dos profissionais do magistério. Podem acomodá-los, matar sua criatividade individual e sobretudo coletiva. Podem deixar tudo no mesmo lugar, manter a lógica seriada nos ciclos.

Por que para esses profissionais da Escola Básica logo se pensa em decidir tudo certinho e estabelecer referenciais? Por que não sabem caminhar ainda? Estão sem rumos, sem referências? Não são capazes de ir construindo coletivamente padrões para sua prática? Uma autoimagem negativa ou uma imagem social negativa introjetada pode levá-los a exigir essas definições dos órgãos centrais. O papel des- tes órgãos é trabalhar pedagogicamente essas imagens negativas e não reforçá-las decretando padrões, referenciais certinhos para "crianças" inseguras. Quando uma proposta inovadora secundariza as dimensões pedagógicas que provoca, se desfigura. Deixa de ser inovadora.

Qual a postura mais educativa de quem pesquisa, acompanha e intervém nessas propostas inovadoras? Estar atentos às inseguranças, às dúvidas, aos medos que a inovação traz e sobretudo saber auscultar os avanços, as novas seguranças, os estilos e sensibilidades dos coletivos de docentes que vão se afirmando em torno de que dimensões formar, que hábitos, que valores, que identidades e que posturas formar em cada ciclo-tempo da vida.

É difícil encaixar esses avanços em grades e referenciais, em padrões básicos para cada área, ciclo ou ano de ciclo. Duvido que as Secretarias de saúde definam para os pediatras que trabalham nas maternidades e hospitais uma lista de padrões de desempenho para cada ano de vida. Duvido que esses profissionais da infância exijam dos órgãos centrais ou deleguem a uma comissão de fora que defina para eles esses padrões e referenciais. Eles irão construindo-os com seu saber, com sua pesquisa, com o diálogo entre os pares, com estudos de caso, com a apresentação e estudo de prontuários. Outra ética, outra cultura profissional. Outras formas de trabalho em equipe. Uma autoconfiança profissional construída que tanta falta nos faz, tanto aos gestores quanto aos docentes de escola.

Quanto mais convivo com professoras e professores empenhados em propostas inovadoras, mais me convenço que essa autoconfiança profissional vem crescendo. A função dos órgãos centrais deveria ser acreditar nesses avanços, respeitá-los, estimulá-los e sobretudo escutar a diversidade de processos coletivos de construção de novos referenciais para sua docência. A função principal dos órgãos centrais não é baixar normas, reduzir a ansiedade inovadora, mas dar condições e tempos para a criatividade dos professores(as). É preferível aproveitar a riqueza dos PCNs e repensá-los na perspectiva do desenvolvimento humano pleno da infância e da adolescência do que encomendar novos referenciais a novas equipes de especialistas. A readequação dos PCNs a uma concepção e uma prática mais radical de ciclo de formação pode ser uma tarefa formadora para cada coletivo de profissionais de cada ciclo.

Que dimensões humanas formar?

Voltamos à questão que tanto vem preocupando aos professores e aos técnicos dos órgãos centrais: que dimensões formar nos educandos? Que aprendizados priorizar? Que currículo dará conta do pleno desenvolvimento dos educandos em cada ciclo-tempo de suas vidas? Falamos dos conteúdos de nossa docência. Vimos como não dá para separar conteúdos e processos quando temos como norte o desenvolvimento humano, a formação de sujeitos. Vimos que o como ensinamos, organizamos os tempos e espaços, ordenamos os conhecimentos, convivemos e produzimos como coletivo podem ser os conteúdos de nova docência. Esse conjunto de conteúdos e processos são os conteúdos curriculares. Em cada ciclo, ou tempo de vida dos educandos, essa totalidade formadora terá de ser equacionada pedagogicamente. O conteúdo de nossa docência será dar conta dessa totalidade.

É o nosso referencial e parâmetro. Construí-lo coletivamente, com profissionalismo, é nosso ofício cotidiano. Nas propostas que acompanho a organização do trabalho dos docentes busca formas cada vez mais coletivas. Agregam-se para planejar e para trabalhar como coletivos dos ciclos da infância, da pré-adolescência ou da adolescência. Esses coletivos lutam por tempos e espaços coletivos de decisão, de estudo e de intervenção educativa. Assumem a formação da totalidade dos educandos de seu ciclo como responsabilidade coletiva e passam a agir como coletivo.

O profissionalismo do coletivo de professores e professoras do ciclo de formação planejará que dimensões destacar, através de que atividades, em que tempos e espaços, em que organização mais adequada, e que membros docentes do coletivo assumirão responsabilidades específicas para que grupos de educandos. O coletivo de professores planejará as formas mais adequadas de trabalhar, os conhecimentos e saberes escolares mais adequados à formação das dimensões programadas para a aprendizagem em cada tempo do percurso de formação. Sem tempos e espaços de pesquisa e estudo de planejamento e avaliação nada disso será possível. É uma precondição.

Uma das preocupações que mais tempo ocupa os professores(as) nesses coletivos de trabalho é que dimensões formar em cada idade-ciclo de formação. A preocupação com que vivências propiciar e que dimensões formar em uma criança, pré-adolescente, adolescente ou jovem não secundariza os conteúdos. Essas dimensões a formar passam a ser os conteúdos da docência. Se não percebemos essa mudança de foco poderemos pensar que as propostas secundarizam os conteúdos. Prefiro ver nesses processos uma recuperação dos conteúdos próprios de todo projeto de Educação Fundamental uma recuperação dos conteúdos do direito à educação universal. O núcleo dos embates atuais nas escolas não são manter ou secundarizar os conteúdos da docência, mas que conteúdos da docência nos coloca como básicos e universais o avanço do direito à educação, ao conhecimento, à cultura, à formação como humanos.

Os coletivos de profissionais de ciclo alargam a abrangência dos conteúdos escolares incorporando os saberes, os significados, os recursos e as ferramentas culturais, os valores e as posturas que os acompanharão na diversidade de outras aprendizagens e intervenções que farão na vida. Sabendo que a escola tem um papel importante na socialização da cultura e do conhecimento, especial atenção é dada nesses coletivos profissionais às posturas perante o conhecimento das leis da vida, da natureza e da sociedade, à produção científica, mas também artística, à memória e à emoção aos valores e identidades dos educandos. Os conteúdos se ampliam.

Sabendo que na escola convivem sujeitos totais e não apenas mentes sem história, sem corpo, sem identidades, também são equacionadas como conteúdos da docência formar a curiosidade, a paixão de aprender, a emoção e vontade de conhecer, de indagar a realidade que vivem, sua condição de classe, raça, gênero, sua idade, corporeidade, memória coletiva, sua diversidade cultural e social...

Vejo com grande otimismo essa nova consciência profissional que não secundariza conteúdos, que não empobrece a experiência escolar dos educandos nem dos educadores, antes a enriquece, porque de tal maneira prioriza a função social e cultural da escola que amplia sua função educativa. Amplia os horizontes culturais da docência.

O fato da nova LDB ter reposto a educação escolar no campo dos múltiplos processos de formação vai criando novas sensibilidades nos docentes. Para muitos aquela velha expressão: "tudo que é humano me pertence", vai se tornando dever de ofício. Os educandos são vistos com outro olhar. Eles e elas com sua concretude humana são os conteúdos do planejamento, da ação, da docência.

A prática de trabalhar como coletivo de um ciclo da vida e a preocupação em dar conta da pluralidade de dimensões da sua formação vão trazendo como conteúdos uma diversidade de aspectos que irão construindo referenciais curriculares, de avaliação, da ação pedagógica que enriquecerão a docência e reeducarão os próprios docentes. Nas reuniões e encontros de que participo são relatadas experiências diversas. Anoto as dimensões que são trabalhadas. Listá-las não dá uma visão exata da riqueza de tantas experiências variadas, mas pode ser um indicativo de quanto estão se abrindo os horizontes da escola. E dos conteúdos curriculares, que dimensões humanas são destacadas?

A alegria de fazer descobertas desde a infância, de descobrir-se criança, adolescente ou jovem. O aprendizado de métodos de estudo, pesquisa e trabalho, de dúvida e interrogação do real e de si mesmo, de sua classe e grupo. A necessidade e capacidade de comunicar o aprendido, de saber os caminhos, os métodos, os processos, por que se chegou ao conhecimento, às formas de entender a natureza, de produzir, de sobreviver, de conviver... Aprender métodos, recursos, processos, lógicas, ferramentas acumuladas socialmente. Aprender como usá-las para ir além na construção da sociedade. Aprender como esses recursos e ferramentas, esses conhecimentos, artes e ciências foram produzidos, selecionados, os interesses em jogo, a tradição intelectual, cultural, a memória coletiva... Trabalhar a memória como componente da mente humana, da compreensão e apreensão do real, de nós mesmos, nossa história e trajetória. Trabalhar o sentimento, a paixão de ser e conhecer, o desfrute de aprender e sobretudo de aprender-se, de aprender suas origens, sua identidade de classe, raça, etnia, gênero, idade.

Ferramentas e posturas, recursos e significados que ficarão ainda que os conteúdos transmitidos cada dia de escola fiquem distantes. Sabemos por experiência própria o peso que esses saberes, atitudes e hábitos continuam tendo no cotidiano de nossas existências. Não podemos negar esses saberes e fazeres múltiplos aos educandos.

Alguém dirá que essas dimensões trabalhadas em muitas experiências não esgotam os conteúdos da docência. Sem dúvida. Não podemos negar aos educandos uma visão sistematizada da pluralidade de conhecimentos acumulados, das respostas dadas pelos diversos ramos do saber, das ciências, das letras e das artes às questões existenciais do ser humano. É um direito de todo cidadão. Entretanto, não podemos esquecer a especificidade dos tempos da infância, adolescência e juventude como sujeitos sociais e culturais, nem a especificidade com que devem ser tratados os conhecimentos enquanto componentes do direito universal à Educação Básica.

Não confundamos o trato do conhecimento, das ciências, das letras e das artes na Educação Superior e na Educação Básica, na infância e adolescência e na vida adulta.

Nem confundamos conhecimentos e sua relação com a formação humana e sua específica relação com a capacitação profissional, a pesquisa e o avanço das ciências e a tecnologia. A mistura desses campos tão diversos tem desfigurado o direito aos saberes e a cultura universal própria da Educação Básica. Em nome de que aprendam saberes próprios do nível superior, da vida adulta e profissional, negamos à infância, adolescência e juventude respostas a perguntas que são próprias de seus tempos de formação. Que respostas elas merecem? Em que os saberes acumulados respondem ou não às vivências e interrogações de seu ciclo humano?

É lógico que como docentes nos perguntamos pelos conteúdos. Podemos chegar a entender que devem ser considerados conteúdos de um projeto de Escola Básica que revelemos à infância, à adolescência ou à juventude que as perguntas que eles já se fazem e as respostas que esperam, já foram feitas ao longo da história da nossa espécie humana. Que revelemos como foram feitas, quais foram privilegiadas, o papel que teve e tem nessa história cada área do conhecimento...

Podemos chegar à conclusão que é conteúdo de nossa docência também revelar-mos às novas gerações que nos procuram como pedagogos a história de tantas perguntas marginalizadas, não respondidas pelas nossas áreas do conhecimento. As respostas não chegaram ainda para grandes setores sociais, para determinados grupos sociais. Questões, respostas não dadas, perguntas que se fazem com especial destaque as crianças e jovens de determinadas raças, classes, gêneros e etnias, que esperam respostas nunca dadas, sempre adiadas.

São conteúdos de nossa docência mostrar não apenas os avanços, os saberes, as tecnologias e as ciências acumuladas, mas também trabalhar como conteúdos básicos do currículo as perguntas acumuladas e não respondidas e sempre adiadas. São os conteúdos básicos, os conhecimentos, saberes e nortes básicos para seu tortuoso percurso humano. Na capacidade de equacionar e dar essas respostas e recuperar perguntas adiadas nos igualamos, como docentes-educadores independente de nosso conteúdo específico. Melhor, aí nesse campo comum encontra sentido nosso saber específico. Aí recuperamos o sentido formador de nossa docência.

Conhecemos coletivos de profissionais de ciclos de formação que vêm aprendendo essas formas de trabalho. Criatividade e competência não faltam. Faltam em muitas escolas condições materiais, tempos e espaços, bibliotecas, remuneração e estímulo. Falta uma organização do trabalho mais coletiva, menos solitária. Falta segurança, estabilidade, remuneração capaz de comprar livros para ler e participar da cultura para serem agentes de cultura. Faltam condições de viver e se desenvolverem como humanos e acompanharem e serem mediadores do desenvolvimento humano da infância. De ser pedagogos. Seu ofício de mestre.

Volto ao início deste capítulo: quando acompanho as mobilizações dos professores(as) por seus direitos sempre me chama a atenção a importância que dão às condições de trabalho, ao como vivem e como ensinam, à organização dos tempos, aos imperativos cotidianos com frequência esmagadores em que têm de desenvolver suas práticas. Esta concretude é a matriz fundante de toda formação ou deformação humanas. É a matriz fundante do mestre em construção, dos avanços e limites impostos à categoria para se formar, para superar imagens sociais e construir novas autoimagens. Aí se constrói outro profissional da Educação Básica ou aí se destroem ou adiam as esperanças de construção.

Os docentes vêm fazendo sua parte. São até reprimidos por fazerem sua parte, por lutarem por seus direitos. Aos governos, aos que decidem e aos que pesquisam e pensam cabe a sua parte. A maior parte: criar condições materiais para que a escola seja uma mediação cultural, uma cultura em si, não apenas uma "preparação" para ela ou um aquecimento. Dar condições aos docentes para que sejam mediadores da cultura.

9

O aprendizado do ofício

"Quando volto cada dia para a escola, carrego livros e cadernos, a aula preparada, as provas corrigidas... Carrego também os filhos que ficam e os problemas da casa que deixo para trás".

Professora de escola pública

É o sentimento de tantos professores, das professoras, sobretudo. Carregamos a função que exercemos, que somos e a imagem de professor(a) que internalizamos. Carregamos a lenta aprendizagem de nosso ofício de educadores, aprendido em múltiplos espaços e tempos, em múltiplas vivências.

Falávamos como incorporamos o ser professora, professor, como uma outra personalidade, como o outro de nós mesmos. Sabemos pouco sobre como acontecem esses processos de internalização, de aprendizagem, de socialização do ofício que exercemos. Somos e continuamos sendo aprendizes de mestres, de professoras e professores. Onde se dá esse aprendizado? Na escola normal? No curso de pedagogia e licenciatura? No exercício do magistério? Na imagem social que nos impregna na mídia, nas formaturas, na literatura, no cinema, na TV?

Prefiro pensar que o aprendizado vem dos primeiros contatos e vivências dos mestres que por longos anos tivemos, desde o maternal. As lembranças dos mestres que tivemos podem ter sido nosso primeiro aprendizado como professores. Suas imagens nos acompanham como as primeiras aprendizagens. Outros ofícios como engenheiro, pedreiro, advogado, enfermeiro, médico... ficaram bem mais distantes de nossas vivências e serão aprendidos por poucos, basicamente nos cursos de graduação. A figura da professora, do professor é das mais próximas e permanentes em nossa socialização. Quantas horas diárias, quantos anos vivendo com tipos tão diferentes de professores(as). Que marcas deixaram essas vivências nas representações do professor(a) que somos e que carregamos cada dia para nosso trabalho? Repetimos traços de nossos mestres que, por sua vez, já repetiam traços de outros mestres. Esta especificidade do processo de nossa socialização profissional nos leva a pensar em algumas das marcas que carregamos. São marcas permanentes e novas, ou marcas permanentes que se renovam, que se repetem, se atualizam ou superam.

Aprendemos o mestre que somos na escola, mas onde? Nos livros, nos manuais? Através de lições, discursos e conselhos? Aprendemos convivendo, experimentando, sentindo e padecendo a com-vivência desse ofício. Como se cada professora, professor que tivemos nos tivesse repetido em cada gesto: *"se um dia você for professora, professor é assim que se é"*. Elas e eles também eram, não representavam um papel. Convivemos por anos com nosso ofício personalizado, vivido. Fomos aprendendo essa específica forma de ser, de dever, vendo os outros sendo: *"se um dia você for professor(a) é assim que deverá ser"*. Aprendemos essa forma específica de dever moral no convívio. Quantas vezes nós mesmos repetimos para os educandos: "aprende com teu colega, veja como ele é estudioso".

Os traços de personalidade, de ser humano se aprendem vendo, convivendo. Pelo estágio-contágio entre humanos. Os valores, o dever moral de ser professor(a) se aprendem no lento convívio, exemplar dos "bons" ou "maus" professores e com nossa cumplicidade de aprendizes. Assim falávamos quando alunos, e assim falam de nós: *"ela é uma ótima professora", "ele não é um professor legal"*. Esse "ele é" ou "ela é" presente nessas frases não se refere a apenas se o mestre ensina bem, bons conteúdos, com bons métodos, mas o que ele é como pessoa, como gente, se ele escuta, se ele se dedica, é amigo(a), paciente, legal... É professor(a). Aprendeu a ser. Não nascemos com esses atributos, temos de aprender a ser professores, incorporar esses atributos, essas formas de dever-ser, como? Nas formas como os professores e as professoras dos primeiros anos de nossa experiência escolar vivenciam essa forma de ser e de dever. Com eles e elas teremos de nos parecer. O aprendizado por imitação e contágio. Se todos os ex-alunos lembram de maneira especial de alguns dos seus mestres, os que optamos por esse ofício guardamos mais do que lembranças. Sua imagem nos acompanha e contamina nossa forma de ser no presente.

Em outras instâncias e experiências de nossas vidas outras imagens se acrescentam e com todos esses aprendizados, por vezes resistindo a eles, fomos construindo nossa identidade pessoal e profissional. A imagem da professora, do professor que tivemos não explica com exclusividade a imagem que cada um de nós carregamos.

Escolha guardada no baú das boas lembranças?

Vimos como as lembranças dos professores(as) que tivemos pesam no professor(a) que somos. Qual o peso de outras lembranças? Da família e da origem de classe?

Falamos como o magistério é um modo de ser, uma produção histórica que traz as marcas de nossa formação social e cultural. O magistério primário, básico foi se configurando na medida exata da configuração dos setores populares. Esta é uma das marcas. Em nossa história de pouco mais de um século de consolidação da Instrução pública a maioria das professoras e professores têm como origem os setores populares e as camadas médias baixas. Essa tendência vem dos primórdios da instrução primária e se afirma nas últimas décadas. Salário de professor(a) nunca foi para filho(a) de quem tem posses e dinheiro. Como essa realidade marcou a imagem de mestre que carregamos? A pergunta mais concreta: será que a escolha ou opção pelo magistério tem a ver com a condição social? O que nos levou a ser mestres?

A imagem que possuímos e nos possui como categoria, as características sociais que nos definem têm a ver com os limites materiais e culturais da origem social a que a maioria pertencemos. Poderíamos pensar se nossa herança social e cultural tem influência nas aspirações profissionais, na socialização que nos levou ao magistério e nele nos mantém. Ser mestre-escola não foi nem é algo com que se identificam camadas sociais que têm outras condições materiais e outro universo cultural. Ser professora, professor, projeta uma determinada função social, e, mais do que isso, projeta ou concretiza uma determinada cosmovisão que está incorporada a esse ofício. A condição de vida está presente em nossas escolhas ou condiciona nossas escolhas. Não escolhemos a profissão que queremos, mas a possível. Essa condição está presente na socialização de toda nossa vida, sobretudo de nossa infância e juventude, na socialização das imagens profissionais e das posições que projetamos como possíveis.

Pensando especificamente no magistério básico, as crianças e jovens das camadas populares, das classes trabalhadoras e médias baixas, irão internalizando, socializando a imagem de professora, professor como possível, a seu alcance, como saída alternativa. Essa identidade de origem tornaria antecipadamente essas crianças e jovens mais abertos a ir incorporando os traços de professor(a) como próximos e como parte de seu universo cultural.

O que estou sugerindo é que há uma certa adequação entre a origem de classe e a propensão à socialização e incorporação dos traços seculares do ofício de mestre. Não me refiro apenas a que ser professor(a) é a opção possível para as camadas populares, para seus filhos e sobretudo para as filhas de trabalhadores ou das camadas médias baixas. Este é o fato social. Há profissões, trabalhos que estão ao alcance dessas camadas. O magistério básico é um deles. O que tento destacar é que essa realidade social antecipa um modo de socialização, de incorporação e aceitação dos valores, do estilo de ser professor(a) que vão sendo aceitos, internalizados desde cedo e que irão conformando essa identificação, de vida, de universo cultural com a representação social e cultural do magistério.

A posição familiar marcada pela posição de classe ou expressão concreta da condição de classe tem uma projeção decisiva não apenas na socialização que acontece nas relações familiares, mas na socialização posterior, em outras instâncias como a rua e a escola. A autoimagem familiar e de classe está presente na escolha da escola, pública ou privada, de boa ou má qualidade, mas sobretudo essa autoimagem social estará presente nas identidades que a criança irá estabelecendo com determinadas profissões e trabalhos, com os valores e traços que os definem. O que nos levou ao magistério? Por que nos identificamos com a educação?

Pensemos em um traço: ser professor(a) de escola visto mais como ação, intervenção, do que como embasamento científico. Cada um pode lembrar como sua condição familiar, de classe, condicionou o acesso a leituras, a bibliotecas, condicionou a liberação para os estudos, abrigou a harmonização difícil entre tempo de trabalho e de escola. Esses limites não apenas condicionaram as escolhas para o vestibular, escolhas onde daria para passar, mas condicionou as identidades profissionais, a socialização para atividades mais possíveis nos limites de classe. Podem condicionar escolhas para profissões que exigem menor embasamento teórico e científico e privilegiam traços mais ativos, criativos. O magistério básico é visto assim.

Em outros termos, cada um de nós sabe que o que somos tem muito a ver com nossa origem familiar e de classe social. Com as possibilidades culturais. Por exemplo, as possibilidades ou não de estudo sem trabalho vivenciadas desde a educação fundamental têm uma força socializadora sobre as possibilidades e limites de escolhas profissionais. Que posso ser, a que posso aspirar com esta trajetória de estudo-trabalho?

Pensemos em um fato tão conhecido, alunas e alunos das escolas normais e dos cursos de licenciatura e pedagogia estudam e trabalham. Por vezes, essa trajetória vem desde a Educação Fundamental. Muitos dos atuais professores e muitas professoras tiveram essa mesma trajetória, trabalhar para estudar. Sabemos como essa condição afeta as possibilidades de dedicação ao estudo, de tempos livres, de contato com a cultura acadêmica e extra-acadêmica... Tem sido destacado como essa realidade afeta o nível dos cursos, o preparo dos mestres, sem dúvida, porém o que pretendo destacar é que essa condição social, essa vivência de trabalho e estudo condiciona a própria autoimagem de professor(a) e do magistério. Este aparecerá como uma possibilidade de promoção pessoal e distinção social entre as camadas populares.

Ninguém pode optar por um determinado trabalho apenas por ser o possível para sua condição social, se dará um processo de tentativa de identificação com esse papel que vai desempenhar. Esse processo de identificação vai se dando desde cedo e é o que terminará por tornar mais suportável os longos anos de magistério. Este passará a ser um peso leve ou pesado, ou até uma realização pessoal. Cada um de nós sabe o que nos identifica com o magistério e como se foi dando esse processo de identificação, a ponto de sermos professores(as). Podemos até pensar que é uma identificação necessária, condicionada pela sobrevivência, que não morremos de paixão pelo magistério, entretanto sem um mínimo de identificação seria insuportável. Exatamente seria insuportável por ser uma das profissões mais envolventes, pelo fato de ser uma permanente relação com pessoas e não com coisas, além de ter um baixo *status* social e péssima remuneração. Suportamos esses traços de magistério porque de alguma forma é tão parecido com os papéis sociais reservados aos setores populares no reparto de classe social.

Os adolescentes e jovens das camadas populares, filhos de famílias trabalhadoras, vão construindo suas identidades no espelho do outro, na imagem de trabalhador(a), de servidor público, que a mídia e a escola, a ideologia hegemônica e as relações sociais vão lhes conformando como mais próxima de sua condição social, de seu preparo e de suas capacidades. Ser professora, professor de escola se encaixa como uma das suas possibilidades e saídas. Não é aspirar alto demais.

A imagem que a sociedade nos passa do magistério como uma ocupação fácil, feita mais de amor, de dedicação do que de competências, essa imagem desastrosa, mas tão divulgada, vem colar com a autoimagem de despreparo que foram acumulando os adolescentes e jovens dos setores populares. A sociedade, reforçada por um sistema escolar seletivo, credencialista e meritocrático vai convencendo os adolescentes e jovens das camadas populares que seu preparo e sua herança cultural não dão para grandes voos profissionais, ao mesmo tempo essa sociedade passa a imagem deturpada de que para professor(a) de escola qualquer preparo serve. Esse encontro de imagens sociais e autoimagens opera perversamente nas escolhas e termina internalizando o magistério como possível e suportável.

O empobrecimento brutal dos setores populares, da família trabalhadora ainda acelera esses processos de identificação com o magistério. Cada filho(a) terá de sobreviver e contribuir para a renda familiar o mais cedo possível. O magistério aparece à família como essa possibilidade, sobretudo para as adolescentes, excluídas pela condição de classe, gênero e raça. Quando tudo se junta, que saída mais ao alcance de que um curso normal e à noite, se possível, para poder trabalhar durante o dia e começar logo a ganhar uns trocados? A escola pública, o magistério básico se confunde em sua história e seus traços com a história do povo, da adolescente popular sobretudo.

Esse encontro forçado entre condição de classe, gênero, raça, adolescência e magistério tem uma crueldade especial para as adolescentes e as jovens. Sua condição de mulheres em uma sociedade machista, de emprego, trabalho e sobrevivência machista parece empurrá-las para saídas rápidas. O magistério será aconselhado pela mãe, pela mídia, pela própria imagem social criada sobre o magistério primário, como coisa de professoras, de mulheres. De algumas mulheres. A imagem feminina do magistério apenas vem reforçar uma imagem social da própria adolescente, jovem de família trabalhadora: ter de encontrar meios de sobrevivência rápidos, adequados à condição de adolescente, mulher trabalhadora. A imagem feminina do magistério corresponde à realidade da adolescente, da jovem, da mulher das camadas populares. Não é uma imagem feminina neutra, mas colada a determinados modos sociais de viver a condição de mulher. Para as adolescentes e as jovens das classes médias e altas não aparece o magistério básico como horizonte. Para as filhas de trabalhadores, subempregados o magistério é um dos poucos horizontes possíveis.

Fazer magistério, prestar concurso e ter emprego fixo ainda que mal pago é um horizonte para logo. Que mãe que administra o escasso orçamento da família trabalhadora não aconselha e impõe o magistério a suas filhas? Os milhares e, sobretudo, as milhares de candidatas jovens a concursos mostram as peculiaridades sociais que o magistério foi assumindo e mostra a condição de adolescente-jovem trabalhadora. Mostra as históricas proximidades entre magistério, mulher, trabalhadora.

Esses brutais mecanismos de sobrevivência a que sempre, mas especialmente agora, é submetida a família trabalhadora têm um peso determinante no aprendizado do ofício de mestre, dos valores, das condições, do seu perfil humano. Um aprendizado compulsório pelo qual milhares de professoras e professores vêm passando. O magistério se situa no duro aprendizado dos limites da própria existência pessoal, familiar e social, de gênero e de raça. Nos encontros nas escolas e mais ainda nas assembleias da categoria, transparece uma espécie de mágoa, de ressentimento com a condição de mestres, não tanto de desencontro com o seu saber-fazer. Gostam, mas a opção pelo magistério mexe com essa história pessoal, familiar, social, mexe com os limites impostos, estreitos da condição de membros dos setores populares e mais ainda da condição de mulheres.

Essa "escolha" não está guardada na gaveta das boas lembranças, das poucas boas lembranças que a vida lhes permitiu. Terá sido possível se identificar e até realizar no magistério, mas as marcas de origem, as feridas de origem terminaram internalizando imagens confusas, misturadas com a própria história de vida. Um aprendizado confuso que não ficou longe nas lembranças das escolhas possíveis da adolescência e juventude. Lembranças que voltam a cada mês, com o salário minguado, o desemprego familiar, o confronto renovado entre ser professor(a) e a sobrevivência familiar e pessoal.

Como se a escolha forçada da adolescência tivesse de ser renovada na mesma lógica, nos mesmos limites sociais, de classe, de gênero e de raça, a cada dia, a cada mês diante do contracheque. Renovada a cada greve. As greves de professores são mais do que greves. São momentos de grande densidade humana, de confronto com os limites não apenas do magistério, mas da própria história de vida, de classe, de mulher, da raça.

Nesses mecanismos complexos de escolha-rejeição vão se criando imagens muito confusas do magistério. Essas imagens confusas terminaram contaminando a autoimagem de pessoa, de homem, de mulher, de negro(a), de categoria. Não deve ser fácil conviver com essas tensões por tão longos anos, até recentemente por 25, ou 30 anos, agora até a velhice. Poderíamos pensar, para consolo de todos, que esses processos são muito parecidos em todos os trabalhos. Entretanto, como vimos, ser professora, professor é um modo de ser. Sabemos que somos professores(as), que não dá para fechar o expediente e esquecer até o dia seguinte. Carregamos tudo da escola para casa e de casa para a escola.

A vida toda se mistura com a condição de professor(a). É um modo de vida, de dever-ser que tenciona todas as dimensões, tempos e vivências. E todas as lembranças. Suportar essa tensão tão vital, somente com muito tesão pelo magistério. Quantos(as) não resistem e se esgotam, se destroem como humanos(as). A saúde física e mental do magistério básico mereceria maior atenção.

"Eu somos muitas"

Continuaremos nos perguntando como se deu o aprendizado de nosso ofício. Poderíamos pensar, ainda, como se deu nos cursos de formação e capacitação. Nesses tempos não aprendemos apenas a dominar conteúdos, metodologias, didáticas, aprendemos a ser um determinado modo de ser professor(a). Aprendemos valores, pensamentos, rituais, símbolos, aprendemos uma determinada cultura escolar e profissional. Interpretamos os significados do ser e dever-ser. O currículo dos cursos de magistério, licenciatura ou pedagogia é mais do que um conjunto ordenado de conhecimentos, teorias e competências para o eficiente exercício de uma profissão. O currículo na sua totalidade, as relações sociais vividas, o convívio com professores(as) desses cursos são um aprendizado de um determinado perfil de educador(a). Como se aprende a ser professor(a) nesses tempos e espaços de formação?

Pensemos logo nos próprios aprendizes, nos alunos e nas alunas. Veremos que foi um tempo de aprendizados mútuos entre os aprendizes do ofício. Não por coincidência são de origens sociais muito próximas. São em grande parte mulheres. Muitas trabalham e estudam. Esses dados reforçam os aprendizados de família, de classe, de gênero e de raça e as marcas que deixaram na imagem social do magistério básico. Chegando na escola normal, no curso de pedagogia, sobretudo noturno, a jovem descobrirá que sua escolha não é sua, é a mesma de tantas jovens, filhas de trabalhadores(as). Logo se sentirá entre pares sociais de gênero e raça. Confirmará a imagem que a sociedade lhe mostrou de trabalhadora e de magistério. Esses cursos funcionam como um espelho que reflete o mesmo rosto, os mesmos traços identitários que a levaram a escolher o magistério, e, por refração, refletem e reforçam a imagem que já vinha se fazendo de ser professora. *"Eu somos muitas, tantas e tão iguais!"* Comentava uma aluna.

A "clientela" desses cursos reforça e reproduz um determinado perfil social. São esses alunos(as) os mais preparados para essas funções sociais, culturais, de gênero, classe e raça. Encontrando-se nos espaços de formação estabelecem interações sociais e culturais, profissionais e afetivas que tendem a fechar o grupo, a reproduzir expectativas, perfis, traços e imaginários. Exatamente porque nesses centros se encontram os mais iguais em classe, gênero e raça. Em uma sociedade tão desigual, e um sistema escolar tão desigual, teremos mestres tão iguais, tão próximos ao menos na origem, no gênero e na raça. Tão iguais com a infância e adolescência com que trabalharão na escola pública.

Uma das características desse encontro de iguais ou de próximos é que a maioria dos aprendizes de magistério, de licenciatura e de pedagogia trabalha e estuda, tem pouco domínio de seu tempo de estudo, passa o mínimo de tempo nos centros. O que reduz o tempo e o peso desses tempos socializadores e de convívio social e cultural. Os alunos são frequentadores de disciplina, em tempos espremidos, corridos, e os professores quase convivem com os futuros mestres apenas nos tempos formais de aula. O que formaliza o convívio, a socialização e o aprendizado. O que enfraquece esses tempos e suas possibilidades formadoras. Tudo é pobre na trajetória dos pobres, porque tudo é breve, provisório. Não tem direito ao tempo.

Sabemos por experiência de trabalho em escolas normais e em cursos de pedagogia como é difícil reunir os e as aprendizes de mestre em atividades extraescolares, em atividades culturais, em debates, em pesquisas e até em mobilizações políticas. Não há tempo. A escola é um lugar de passagem, o trabalho, a família são prioritários. A própria pobreza cultural, política, humana da organização disciplinar, do cumprimento de cargas horárias, dos espaços, das bibliotecas, das dependências, o aulismo dos professores e dos alunos não é um clima propício para que esse tempo seja de formação. Um tempo de passagem para a titulação nas áreas que frequentemente já exercem.

Os próprios centros de magistério, pedagogia e licenciatura reproduzem o modelo de Escola Básica onde a maior parte do espaço é reservada a salas de aula, consequentemente os tempos são reduzidos a tempos de ensino, em um modelo gradeado, disciplinar. Um ordenamento que mata as possibilidades dos centros de formação serem um tempo socializador, cultural, de convívio e trocas de vivências, de interações, lentas e densas.

Há em todo esse reducionismo um aprendizado de um modo de fazer educação, de ser educador(a) que será transplantado para a escola. Quantas reformas ou apenas remexidas nos currículos de formação esquecem o ordenamento dos tempos e espaços, as possibilidades materiais de convívio, interação, trocas humanas e culturais entre os aprendizes de professor e os professores. É nessas lacunas socializadoras onde se aprende e desaprende o ofício de mestre. O fetiche do conteúdo, se possível crítico, da didática, se possível progressista não nos deixa ver e dar a centralidade devida aos tempos e espaços possíveis de socialização de aprendizado de um modo de ser. Do aprendizado do ofício de mestre.

A ocupação quase exclusiva dos futuros mestres nos espaços dos professores, na sala de aula, a passagem corrida pelos centros, apenas para assistir às aulas, a necessidade de trabalhar para sobreviver, a falta de tempo livre de lazer e convívio, leva a que o tempo de formação perca em densidade cultural, não apenas teórica. Não há tempo para ler, nem recursos para participar de espaços culturais na cidade, para praticar outras atividades culturais fora dos centros. Fora não tem condições de convívio e enriquecimento cultural e nos centros de formação não se cultiva um clima cultural. Essa lacuna é gravíssima na socialização dos futuros professores(as). Como ser agente de cultura, garantia da socialização da cultura acumulada e devida a todos os educandos, se os mestres não têm tempo, recursos para seu cultivo cultural? Se os centros de sua formação não propiciam esse cultivo?

O modelo de escola e de mestre que os centros reproduzem na ocupação dos tempos e espaços é para o aulismo, para ser meros aulistas. Essas lacunas no aprendizado são irreparáveis. Como esses mestres vão valorizar a escola como espaço cultural, de socialização, de convívio, de trocas humanas se a escola em que estudaram e se formaram não equaciona tempos, espaços, atividades de cultura, convívio e socialização? A quase totalidade dos espaços dos cursos normais e de licenciatura e das faculdades de educação são ocupados pelos professores ou como docentes em salas de aula, ou como pesquisadores isolados e estudiosos individuais nas suas salas, ou como gestores coletivos nas reuniões do departamento e da congregação.

Não se equacionam espaços e tempos culturais para os aprendizes de mestre. São e sentem-se estranhos, fora do ninho, de passagem. Será nessa materialidade espacial e temporal onde aprendem a ocupar os tempos e espaços escolares e fazer dos seus futuros alunos meros ouvintes. Estranhos, como eles sempre aprenderam a ser, nos tempos e espaços educativos. É assim que os centros de formação, nas relações sociais que reproduzem, os deformam para reproduzir as mesmas relações sociais deformadoras nas escolas. Um perfeito e eficiente aprendizado do ofício que os textos críticos tanto criticam.

Os centros de formação afirmaram conteúdos críticos, progressistas nas últimas décadas. Os futuros docentes saem com uma visão crítica da sociedade e do conhecimento, porém saem com uma socialização aprendida em estruturas, tempos, espaços, relações sociais que internalizam imagens culturais de escola e de magistério desencontradas dos conteúdos críticos. Os centros de formação tornaram-se ricos em análises críticas e continuam pobríssimos em vivências culturais, socializadoras de convívio, de trocas, de abertura à realidade social e à dinâmica cultural.

Sabemos que os centros com seu excessivo conteudismo, com todos os tempos ocupados para assistir a aulas não têm clima para incentivar a leitura, além de alguns livros e apostilas e as notas de classe, pouco ou nada além das demandas da disciplina. Ler por exigência das disciplinas é muito pouco para ser educador. É nesse reducionismo cultural, de horizontes em que se formam os futuros incentivadores da leitura, de hábitos lectores na infância e adolescência, os futuros agentes culturais. Se a metade dos tempos de formação fosse ocupada em atividades programadas de leitura, de aprendizado de outras linguagens, arte, literatura, cinema, movimento, de convívio, de cultura, de trocas de experiências, de saídas pedagógicas e experiências da cidade, da dinâmica social... os processos de socialização seriam outros e aprenderiam traços, linguagens tão básicas no fazer educativo.

A procura de outros aprendizados

Contudo, não tem faltado sensibilidade nos quadros de professores dos centros, na Anped, na Anfop, no Endipe em relação a reforma de currículos para a formação de docentes, pedagogos e licenciados. O foco das preocupações tem sido as mudanças curriculares, de conteúdos. Sabemos que essas mudanças têm sido tensas e frequentemente tímidas. Nas últimas décadas foram introduzidas análises mais críticas. O movimento de renovação pedagógica deve muito à produção teórica vinda dos centros de formação, que foi absorvida nos conteúdos das diversas disciplinas dos cursos de magistério, licenciatura e pedagogia.

Diríamos que, apesar de mantidas as estruturas curriculares sem grandes alterações, os conteúdos, as análises sobre a educação e a escola foram renovados numa perspectiva bastante progressista. Formaram-se docentes mais conscientes das múltiplas determinações sociais e políticas do seu fazer educativo. Entretanto, os moldes continuaram quase os mesmos da década de 60-70 quando da reforma universitária e da Lei 5692/71. Os cursos de pedagogia continuaram centrados em formar habilidades para a gestão, supervisão, orientação, inspeção com algumas outras habilitações, e na complementação pedagógica dos licenciados. A formação de professoras e professores de educação infantil e fundamental esteve à margem.

Os docentes e especialistas sabem o molde que os conformou. Quando dialogamos com os quadros de profissionais que ocupam as salas de aula e os gabinetes de especialistas das escolas e das delegacias, das superintendências e das secretarias municipais e estaduais dá para perceber que o molde que os conformou não mudou nos últimos 30 anos. Trazem visões mais progressistas, porém o molde que conformou sua cultura profissional, sua autoimagem, suas escolhas e condutas, suas relações com os educandos, com os conteúdos, com os colegas é o mesmo. O que é estruturante do perfil de profissional formado não mudou: a organização dos tempos, dos espaços, das relações sociais internas, do caráter gradeado e disciplinar, do modelo aulista e conteudista, dos velhos rituais. A divisão entre os que pensam, decidem, normatizam e os que fazem, educam, não mudou.

É curioso constatar que os modelos de encontros, congressos e conferências de professores(as) estão se afastando desse modelo aulista, conteudista ainda dominante nos centros de formação. Há tempo para temáticas teoricamente densas, palestras, minicursos, e também para oficinas, troca de experiências sem esquecer tempos culturais, de criatividade, onde se cultivam rituais, símbolos, trocas, convívio... Há uma procura por dar conta de um perfil mais plural de educador(a), possivelmente para suprir as lacunas dos tempos pesados, frios, de formação. Perfis de mestres desencontrados.

Tenho participado dos rituais de formatura. São tempos mais humanos, mais alegres, mais plenos do que os anos que ficam para trás. Há falas, discursos, lições dos mestres, dos paraninfos e patronos, mas há gestos, rituais, símbolos. Há sentimentos, lembranças. Há vídeos com rostos, imagens de infância, lembranças de vida. Há um diálogo com as origens, as famílias. Há emoção, amizades, namorados(as), companheiros(as). Há crianças. As formaturas quebram a monotonia dos quatro anos de formação. São rituais plenos, tempos e lugares múltiplos. É chocante que na hora de serem reconhecidos formados, licenciados para a docência, para o ofício de mestre, os próprios formandos inventam rituais tão distantes, tão pouco parecidos com os longos quatro anos vividos nos centros de formação que os reconhecem oficialmente prontos, preparados. Sempre me pergunto por que esses longos tempos não poderiam incorporar alguns desses traços e vivências tão próprios do ser professor, professora. Sempre peço que não esqueçam dessa última lição da formatura e tentem uma escola onde haja tempos para o sentimento, para os rituais, para a cultura. Para que crianças e adultos mostrem seus rostos, sejam gente.

Por que esses aprendizados mais plurais não têm lugar nos tempos de formação? Seria uma explicação fácil apelar para a falta de recursos dos centros. Com os mesmos escassos recursos podemos formar outro profissional. A questão é que perfil de profissional de escola continuamos reproduzindo, tanto nos centros de formação como nas escolas que reproduzem as mesmas prioridades temporais, espaciais, os mesmos papéis e relações sociais. As reformas de currículos não tocam nessas estruturas temporais e espaciais, não mexem nas relações sociais, se limitam a rearranjos de conteúdos, de cargas horárias, a separar licenciatura de bacharelado, tudo menos ir fundo no ordenamento escolar, no perfil de Educação Básica e de mestre.

Na diversidade de propostas educativas que estão sendo implementadas e que tentam mexer nessas dimensões estruturantes do educativo surge sempre a mesma pergunta: o que vão fazer os centros de formação para formar esse perfil de profissional que emerge dessas experiências escolares? Uma pergunta a ser assumida pelos centros de formação. Vários tentam, faz tempo, equacioná-la. Outros estão mais preocupados com as ameaças oficiais que pairam sobre as instituições, com a sobrevivência. Há motivos mais do que suficientes para tal preocupação, o governo e seus técnicos mandam e desmandam, passando como tratores sobre experiências sérias que vêm sendo construídas. Reagir é preciso, mas não suficiente.

O que os governantes e técnicos pensam da formação e de nosso trabalho de formadores me preocupa e muito. Preocupa-me tanto ou mais com que memórias saem os formandos que por longos tempos convivem em nossos centros. Retornam com lembranças, memórias bastante diferentes. Retornam com imagens e autoimagens fixas em suas mentes, em seu imaginário de mestres. Imagens apreendidas menos nos conteúdos do que na redundância dos rituais, vindos dos símbolos repetidos. Redundância que os centros precisam para existir. Seria oportuno lembrar Ítalo Calvino: *"A cidade é redundante: repete-se para fixar alguma imagem na mente... A memória é redundante: repete os símbolos para que a cidade comece a existir".*

Os mestres formados em nossos centros podem ter decifrado todos esses símbolos tão redundantes, porém a relação entre eles e seu ofício no cotidiano escolar restará incerta. Um emblema que carregarão cada dia, em sua mochila de professor(a), a cada viagem de ida e de volta a seu lugar de trabalho, a escola.

10
Aprendendo nas transgressões

"Não há um instante que não esteja carregado como uma arma".

J.L. Borges

Como não lembrar aquela música do Chico Buarque, *Pedro Pedreiro*? Construindo, se constrói. Esperando constrói esperanças. Esperando, o trem que nunca vem constrói desesperanças. Uma longa construção, às vezes demolição de esperanças, de nós mesmos. Como se o Chico nos lembrasse dessa relação entre o fazer e o fazer-nos, entre o construir e o construir-nos, entre o aprender a fazer e aprender-nos fazendo-nos.

Há muito trem que não chega, muitos salários não recebidos, muita dignidade nas condições de trabalho adiada. As circunstâncias sociais nos fazem e desfazem. Mas também nós mesmos nos fazemos e nos desfazemos. Somos sujeitos de nossa história. E quanta história temos para contar e comemorar. Para celebrar. Quantas esperas frustradas e quantas lutas para torná-las realidade. Nossa história enredada na história social. Também nossa.

Lembro-me de E.P. Thompson[16], historiador da classe operária. Nos diz que ela não nasceu pronta, inteira, como o sol nasce pleno cada dia no horizonte. Ela se fez, foi se construindo a si mesma. Esteve presente na sua própria formação. Há um fazer-nos. Temos nossa história. Somos sujeitos. Fazemos parte de uma história, de um processo social ao longo do tempo. Aí nos descobrimos como professores, como categoria, não estática, mas histórica, em construção. As leis, as políticas de formação, os planos de carreira, a estrutura dos sistemas escolares foram construindo um perfil de professor, mas também a categoria vem se construindo a si mesma, seu perfil. É sujeito de sua própria história. Como?

Há momentos em que o protagonismo da categoria aparece com maior destaque. Momentos de inconformismo, gestos de autonomia, experiências criativas, inovadoras e até transgressoras. Afirmações de vários tipos, políticas e pedagógicas. E em vários espaços, nas escolas, nas praças e avenidas. Em confrontos até com tropas de choque, com política salarial e planos de carreira. E também em confrontos com as grades curriculares, a organização dos tempos e do trabalho escolar...

---

16. THOMPSON, E.P.. *La formación histórica de la clase obrera.* Barcelona: Laia, 1977.

A categoria é sujeito de seu fazer-se em múltiplas frentes. Em cada uma afirma-se uns traços ou outros. Acrescenta-se tonalidades novas a um ofício tão perene e sempre reposto, porque vivido e aprendido em tensões sociais tão diversas.

Desde 1993 estou empenhado em acompanhar e estimular propostas político-pedagógicas em que milhares de professores e professoras estão comprometidos(as). Meu aprendizado foi iniciado na Proposta Escola Plural da rede municipal de Belo Horizonte. Nestes anos, venho acompanhando várias outras, com tonalidades e nomes diferentes. Escola Cidadã, Sem Fronteiras, Democrática, Agora, Cabana, Candanga, Desafio, Movimento, Sagarana, etc.

Nomes que tentam expressar identidades locais, mas também identidades e sonhos acalentados nas últimas décadas pela categoria de profissionais da Educação Básica. Será que essa proposta, suas idas e voltas, sua construção e implementação coletiva estão sendo escolas onde alguns traços do ofício de mestre são aprendidos e outros desaprendidos? Que docente-educador estaria se formando nessas tentativas de mexer na escola, seus tempos e espaços, suas estruturas e lógicas?

Preocupa-me que autoimagem os mestres vão construindo. Como colocava na apresentação deste trabalho, volto de inúmeras reuniões e encontros, perguntando-me o que significa para o fazer-se dos profissionais da categoria toda essa mobilização. Gostaria de antecipar que não penso apenas nem principalmente no efeito qualificador dos cursos de preparação para a implementação das propostas. Esta é uma pergunta que me é feita: quanto tempo demoraram no preparo dos professores até estarem prontos para implementarem a proposta? Estou mais interessado nas marcas que poderão deixar nos mestres o conjunto de ações e intervenções em que vêm participando ou passam a participar.

Temos que ampliar o olhar sobre os processos formadores dos educadores-docentes. Os que deixam maiores marcas não são os pontuais nas horas dos cursos dados por centros de formação. A formação acontece na totalidade de práticas, e sobretudo no movimento educativo que as propostas legitimam e incentivam. Os tempos pontuais de requalificação, de estudo e as ações dos centros encontram sentido se fizerem parte dessa dinâmica total, se estiverem sintonizados com ela, se extraírem dela mais significados. Provocar, incentivar uma dinâmica inovadora no coletivo de uma escola ou de uma rede é a melhor estratégia de requalificação dos docentes.

Tento explicitar alguns dos significados que aprendi e continuo aprendendo nessas propostas, no movimento social e educativo de que fazem parte. Destaco, na minha leitura pessoal, o mestre que neles vai se configurando e afirmando. Já lembrei depoimentos de professores que se engajaram nas propostas. Eles têm uma certeza: "depois delas não seremos mais os mesmos". Que significado tem não ser mais os mesmos? O que muda na autoimagem que se constrói?

Os professores inovam e transgridem

Todas as propostas dirigem seu foco para os sujeitos da ação educativa, educadores e educandos enquanto sujeitos sociais, culturais, sujeitos de práticas, de pensamentos e de valores, de culturas e de identidades diversas. Vemos a escola como um encontro cultural de gerações, do adulto e da infância. É o olhar primeiro desde que a pedagogia e o pedagogo aparecem na história.

Tentando ser fiéis a esse foco, ou tentando recuperar esse foco pedagógico tão esquecido, partimos do suposto de que esses encontros cotidianos de gerações estão acontecendo, no tempo de escola, e exigem dos docentes-educadores pensares, posturas, ações e escolhas cotidianas inovadoras. Transgressoras até. Há uma escola emergente nas rotinas, nos problemas, nas péssimas condições de trabalho em que se dá esse encontro. Acreditamos que a escola está viva, porque nela interagem pessoas, com ânimo e desânimo, mas vivas porque humanas. Por maior que seja a desumanização a que as estruturas sociais e políticas submetem a infância, a adolescência, a juventude e a vida adulta que frequenta a escola pública e, por mais que descaracterizem os docentes, podemos encontrar sinais de procura da sua humanidade e dignidade, na luta por seus direitos. Como essas tensões se expressam nas escolas, nas práticas educativas? Que virtualidades formadoras têm?

Levantar e mapear essas práticas foi a primeira tarefa quando iniciamos a elaboração das propostas. Em todas as escolas encontramos surpresas: há muita positividade, mais do que o discurso negativista sobre o público imagina ou deveria reconhecer. Mais do que por vezes o discurso progressista e crítico vê. Não partimos, na construção das propostas, da contraposição entre a escola que temos e não queremos e a escola que queremos e sonhamos em nosso ideário político, progressista ou conservador. Partimos de uma visão social, histórica da instituição escolar. Uma longa história que coincide com a história de seus mestres. A mesma lógica e os mesmos interesses sociais que vêm conformando e deformando os sistemas escolares, vêm conformando e deformando seus mestres. Mas não esquecemos que estes são também sujeitos nessa história da escola e da sua própria configuração como mestres, como categoria. Suas lutas e sua presença na sociedade nas últimas décadas mostra que vêm sendo sujeitos coletivos, ativos e combativos na construção de um projeto social, na redefinição de políticas públicas e educativas e na direção de sua própria história. Há um fazer-se da categoria como sujeito social, político, cultural e também pedagógico. Os professores vêm se fazendo, formando na história de que participam e que eles também fazem acontecer. As propostas por mais progressistas que sejam não são o começo, o marco zero dessa longa história. Não podem ignorá-la, mas poderão contribuir para fazer avançar esses processos de autoconstrução. Poderão legitimar politicamente essa dinâmica que está em curso.

Este ponto de partida, que reconhece esse dinamismo em que os próprios professores e professoras vêm sendo sujeitos de sua formação, muda o foco tradicional que os considera apenas como recursos humanos, acionados e equacionados na mesma lógica gestora dos recursos físicos e outros. São gente, pessoas, coletivo social e cultural que age e reage, e nesse agir-reagir se formam como sujeitos, com identidades, com determinados traços. Quando os professores(as) são vistos e tratados como retrógrados teríamos de pensar se esse olhar não é retrógrado, preconceituoso. Há muitas transgressões ocultas nas escolas.

As propostas optaram por construir-se a partir desses sujeitos e de suas práticas, sobretudo daquelas que eles e elas consideraram mais próprias, menos impostas, pela tradição ou pelas normas. As práticas consideradas pelos docentes como inovadoras e transgressoras carregam virtualidades formadoras.

Partir daí já propicia ao educador encontrar-se com outra imagem daquela que o discurso e as mudanças projetam sobre ele. Lembro de uma professora que participava nesse processo de constatar e explicitar suas práticas, que em certo momento desabou: *"sempre vinham da secretaria, da Smed, a dizer-nos o que deveríamos fazer. Pela primeira vez vocês chegam querendo saber o que já estamos fazendo"*. Exatamente essa foi a tentativa de mudar de postura, o que implicava não optar por escolher uma equipe de experts, nem sequer com a participação de alguns professores, para elaborar uma proposta de governo nova, e depois impô-la ou democraticamente submetê-la à apreciação. Preferimos partir da proposta emergente já na dinâmica das redes, nas práticas dos docentes e alunos, por vezes das comunidades. Partir de práticas, reconhecê-las, assumi-las e organizá-las em propostas de direção coletiva, é tão democrático quanto partir de assembleias e construir propostas a partir de opiniões, sonhos e de votações. São formas diversas de um mesmo projeto de construir democraticamente a sociedade e a escola.

Aprendo que o confronto com a prática pessoal ou coletiva é como olhar-se no próprio espelho. Refletem a autoimagem linda ou desfigurada, de nosso saber-fazer, de nosso ofício. As práticas refletem os condicionantes sociais, políticos e estruturais. Terminam sendo momentos fortes de nossa autoafirmação que merecem ser acompanhados e explorados pedagogicamente como formadores. A preocupação é com o debate coletivo dessas práticas, com a análise crítica à procura de significados. Interrogar as próprias práticas pessoais e coletivas, certos de que estaremos interrogando a sociedade, modelos sociais e políticos, e também nos interrogando como sujeitos históricos.

As reações a esse voltar-se sobre as práticas e ressignificá-las são variadas. Predomina o sentimento de orgulho diante de tanta vida lá dentro, nas salas de aula, nas diversas áreas do conhecimento, nos coletivos de educação de infância, de alfabetização, de aceleração... Nós professores precisamos surpreender-nos com nós mesmos, sair da crítica pesada e agoniante tão repetida nas últimas décadas que só vê negatividade na escola e, por extensão, no professor público. Ninguém constrói uma autoimagem positiva, realista nesse repetido negativismo. Não soubemos separar bem as críticas legítimas às estruturas, ao poder, aos patrões e ao sistema, e a defesa, o destaque positivo da escola que construímos, com o empenho e profissionalismo de tantos e tantas. Há qualidade na escola pública, há falta de qualidade política no trato do público por parte das elites no poder. É bom reparar as análises e não colocar a escola, os professores, os gestores e governos no mesmo saco e bater, criticar tudo como negativo.

O exercício da crítica tem um papel formador de professores com uma visão mais alargada, conscientes das múltiplas determinações do social, das políticas e da escola enquanto instituição social, do peso do poder hegemônico. Conscientes do peso das relações sociais de produção nas relações sociais na escola, nos conteúdos, no desprestígio profissional etc. Traços profissionais enriquecedores que passaram a incomodar o Estado, os governantes, até as famílias e os órgãos de financiamento e gestão. Traços que a CNTE e os sindicatos e associações tentam manter em tempos adversos de neoliberalismo, e que as propostas de inovação pedagógica têm de incorporar, como parte do movimento de renovação social, cultural e educativa. As opções que são feitas pela Escola Plural, Candanga, Cidadã etc. vêm de longe, vêm desse movimento de construção de um professor-trabalhador, crítico da ordem social, política e econômica, e consciente de seus direitos e que vai se tornando mais consciente dos direitos à educação, à cultura, ao conhecimento dos setores populares.

Houve e há muitas transgressões políticas e pedagógicas nas últimas décadas, podemos perguntar-nos qual a força educativa dessas transgressões para os sujeitos transgressores, os trabalhadores em educação.

Repondo a prática no plano da ética

"Podemos contar tudo?", me perguntou uma professora em uma das reuniões em que tentávamos levantar as práticas inovadoras das escolas. *"E por que não?"* perguntei: *"Porque secretário e diretor não podem saber de tudo"*, foi sua resposta. Fui aprendendo que há muita transgressão acontecendo nas salas de aula. Transgredir foi a saída encontrada pelos professores diante do legalismo autoritário, do controle e do trato infantilizado sofrido nas últimas décadas. Poderíamos iniciar lembrando as transgressões políticas da categoria sem esquecer as transgressões pedagógicas coletivas e isoladas. Houve um aprendizado da transgressão pedagógica tão determinante do perfil de profissional quanto o aprendizado da transgressão política.

Nesse aprendizado da transgressão política e pedagógica se afirmaram dimensões fundamentais para o ofício de mestre. Para a mídia, para os gestores e até para algumas famílias essas transgressões podem ser interpretadas como imprudências, irresponsabilidades profissionais. Prefiro ver nelas valores éticos, difíceis de praticar em tempos de centralismo e normatização autoritária. Uma virtude de nosso ofício é ir além da prudência oficial e da responsabilidade formal das normas. Como se manter na norma, na prudência formal diante de trinta, quarenta crianças, adolescentes ou jovens cheios de vida? A quem responder – ser responsáveis –, a essa vida que chega viva cada dia em nossas salas de aula ou às normas frias, mortas que tratam os alunos como números, como corpos sem vida, silenciosos, inertes, sem pensamento e sentimento? A prudência, virtude do médio, às vezes da mediocridade, tem abafado a criatividade dos mestres.

As transgressões refletem essa criatividade que tiveram de aprender no cotidiano de um ofício que exige fazer escolhas quando menos se espera, sem tempo para consultar o manual de normas, os regimentos da escola, feitos para reger, controlar, manter nos eixos, não transgredir. Não poderíamos inventar um nome mais pedagógico, menos rígido do que regimentos escolares? Como poderíamos inventar nomes mais pedagógicos do que grades curriculares, disciplinas, delegacias, supervisão, inspeção... Os nomes não são escolhidos por acaso, refletem culturas, valores, controles, tão arraigados na tradição pedagógica. Refletem a "prudência" pedagógica esperada dos mestres e dos educandos. Refletem um perfil de profissional de Educação Básica. Esses nomes não são usuais no Ensino Superior, por que será? A cultura da autonomia universitária, da liberdade de cátedra, de pesquisa, de produção dos mestres do Ensino Superior vem de longe. Sua imagem social é de gente adulta que sabe o que faz tem sua responsabilidade reconhecida socialmente. Mas professora e professor primário, de Escola Básica, é outro trato, porque deles se tem outro perfil mais próximo da infância a ser tutelada, fiéis às normas e disciplinas, sem liberdade de pensar e ensinar, de pesquisar e criar. Tudo nos estreitos limites das grades, das normas e regimentos.

As transgressões nas salas de aula revelam que essa imagem infantilizada de professor "irresponsável" vai ficando distante. Alguém poderá acusar-me de corruptor de mestres, dos seus bons hábitos disciplinados de seguir e cumprir as normas. Ingenuidade de gestores que ainda pensam assim. Os professores e as professoras cresceram e nem sequer ficaram sabendo os guardiães das normas e dos regimentos, das grades e disciplinas. Aprenderam a transgredir faz tempo. São outros e outras.

De minha parte, tenho incentivado a transgressão, e se possível coletiva, que aumente, que os professores assumam esses gestos e experiências inovadoras e teremos outras escolas e outros profissionais. Toda norma escolar, na medida em que esconde uma relação de poder, deve ser confrontada com a garantia dos direitos, o direito à educação, ao conhecimento, à cultura, ao desenvolvimento pleno dos educandos e dos educadores. Esta é a medida da inovação. Esse confronto coletivo dos educadores e educandos, da coletividade, sempre será a melhor garantia de uma escola viva. O preço para transgredir foi alto ao longo do domínio da Lei 5692/71, tão autoritária quanto os tempos e valores em que foi promulgada e implementada durante 25 anos. Essa Lei e todo o conjunto de órgãos diretivos e de normas emanadas de secretarias, conselhos, não impediram fecundas inovações onde os profissionais foram se formando, exatamente porque inconformados.

Diria que todo o legalismo que por décadas encobriu a instrução pública, a Escola Básica e a prática dos seus profissionais teve de ser compensado com altas doses de inconformismo e de inovação, do contrário a escola estaria morta e seus mestres continuariam crianças. Que lições podemos tirar dessas inconfidências dos mestres?

Destaco alguns pontos. A infração nos remete ao plano moral. Seria nesse plano que os mestres repõem sua prática? Será que eles e elas nos mostram que não dá para reduzir a ação educativa a uma técnica, a um método? Que ela envolve mais, muito mais, que envolve pessoas, valores, comportamentos que exigem opções, escolhas mais do que técnicas, que exigem ousadia moral? As transgressões repõem a ação educativa no plano da ética.

Não temo estar extrapolando quando sugiro que as transgressões tanto políticas quanto pedagógicas das últimas décadas podem ser indicadores de que um dos embates tem sido entre uma concepção de Educação Básica tecnicista, fria, pretensamente regida pela lógica "neutra" do mercado, regulável, normatizável, que se diz ignorar valores, e uma visão humana, guiada por valores. Por outros valores. Como é possível termos que tratar crianças e jovens como números? Como simples candidatos ao mercado, às competições, ao concurso, ao vestibular? Que valores estão em jogo nessa visão da infância e da juventude? Que valores regem a visão petrificada do conhecimento em grades e disciplinas? Essa visão técnica permite e aconselha regulamentar a escola como se fosse um mundo de objetos e não de pessoas. Horários, composição e distribuição de turmas, notas, conhecimentos, são regulamentados como objetos, até os educandos e educadores administrados como objetos e não como gente que carrega para a escola sentimentos, cultura, pulsações.

As transgressões pedagógicas podem ser interpretadas como tentativas individuais ou coletivas de driblar, nos interstícios dos regulados tempos escolares, a hegemonia dos objetos, a redução das relações pedagógicas a relações de objetos. A questão que se coloca, quando vejo tantas normas decretadas no início do ano letivo, regulamentando cargas horárias, composição de turmas, dias de prova, de recuperação, se pode ou não reprovar, passar ou reter. Até são regulamentados os dias de reunião de professores, quantas horas de reunião por semana, com quem reunir-se... Me pergunto que profissional, que pessoa, que subjetividade e identidade vai se constituindo nessa ditadura de objetos regulados, de pessoas tratadas como objetos reguláveis. O perigo é que essas formas de ver o tempo escolar, os educadores e os educandos os leve a internalizar uma imagem em que se confundem com meros objetos reguláveis, que se apaguem as virtualidades de criação, petrificando sua autoimagem, sua subjetividade.

As pautas de muitas reuniões revelam esse mundo profissional, povoado de monstros, de pesadelos: aprovação-reprovação, calendário, reposição, promoção contínua ou automática, sucesso, fracasso, notas, avaliação, se a hora-aula é de 50 ou 48 minutos... Até questões tão humanas como os próprios direitos como trabalhadores em educação são coisificados para serem regulamentáveis: a carreira, por exemplo, quantos degraus e quanto de ganho na passagem de cada degrau? Os mesmos degraus para normalistas do que para pedagogos? Quantos pontos vale cada titulação e cada quinquênio, e quanto de ganho salarial...? Os direitos à educação e à cultura coisificados para serem possíveis de regulamentação em portarias. A mesma visão do percurso educativo, coisificado: com quantos pontos passa ou repete o aluno, 60? E se tirar 55, quem decide? Cada professor(a)? O conselho de classe? E se o professor teima em reprovar? Retemos ao final do ciclo? Com que domínios mínimos passará? São os fantasmas, os pesadelos que perturbam nosso universo pedagógico. Afastar, exorcizar esses pesadelos é fundamental para sonhar inovações educativas, até para termos tempo para pensar sobre questões mais sérias que esperam nossa criatividade.

Normatizar o cotidiano da escola é a solução mais tranquila para os gestores e técnicos e para a direção também e até para os professores. O que está em jogo é uma determinada visão da educação e do educador. Lembro de um debate sobre a regulamentação da composição de turmas, critérios da enturmação, número de alunos por turma, reorganização de turmas... São problemas cotidianos da escola. O grupo de profissionais que pensava pedagogicamente defendia que não fosse normalizado um fazer e decidir que era eminentemente educativo. Que o coletivo de profissionais do ciclo decidissem em função dos educandos e da natureza da atividade pedagógica. Dependendo das atividades pedagógicas programadas pelo coletivo de profissionais, o número de alunos possível e conveniente poderá ser maior ou menor, poderá exigir um ou mais profissionais, no espaço da sala de aula ou em outros espaços.

Esse tratamento pedagógico de uma questão tão determinante da vida escolar e da ação dos professores exige profissionais tratados como profissionais, exigidos como profissionais de um ofício que dominam, de um saber-fazer que lhes é próprio. Exige mais do que cumpridores de normas. Desconheço que os médicos recebam portarias da Secretaria de saúde definindo o número de doentes a serem tratados em cada intervenção ou que toda intervenção durará 50 minutos. Simplesmente não aceitariam. Como os gestores da saúde sabem que os médicos não aceitarão que sua ação profissional seja normatizada, passam a tratá-los como profissionais. Aos professores falta não aceitar essas normas para serem respeitados como profissionais. Faltam-nos a cultura da transgressão, que é um componente básico da cultura profissional.

Vejo na transgressão a afirmação de outro profissional da Educação Básica. Enquanto seja aceito como normal seguir as normas que regulam a ação profissional de fora, não serão reconhecidos(as) como profissionais. A inovação profissionalmente ponderada obrigará os gestores da Educação Básica, acostumados a normatizar tudo, a abandonar essa prática antipedagógica. Quando os professores não tiverem que olhar para a norma terão de se olhar como coletivo profissional para encarar as questões e escolhas vindas de sua prática a partir de critérios pedagógicos, de critérios éticos. Construirão outra identidade regida pela ética.

Cultura ética, pública e profissional

Voltemos à questão da enturmação: por que as Secretarias fazem questão de definir os critérios e sobretudo o número de alunos por turma? Por que estão em jogo questões pedagógicas ou questões financeiras? Basicamente questões financeiras. Um número baixo de alunos por turma encarece o ensino. Sem dúvida que teremos de equacionar essa questão, mexemos com dinheiro público, mas essa questão poderá ser equacionada junto com critérios pedagógicos e éticos e ninguém melhor do que o coletivo de profissionais para estar atentos a essa diversidade de critérios. Se o coletivo sabe que tem de decidir, terá que debater, ponderar, equacionar o número de educandos de- pendendo da natureza da ação pedagógica e dos recursos públicos. Por aí os coletivos afirmam sua imagem, vão se construindo e afirmando com uma nova cultura, ética, pública e profissional. Se a cada início do ano os professores receberem uma portaria definindo como enturmar, guiados basicamente nos critérios de redução de gastos tão na moda (tudo nas políticas até o n. de alunos na sala se justifica em constrangimentos orçamentários), os profissionais percebem que estão sendo mercantilizados, que sua ação está sendo mercantilizada, que essa ética política não é suficiente. Essa autoimagem de mercadoria até em questões como número de alunos por turma é tão forte que em muitas das pautas de negociação entra essa questão.

Normatizar é desfigurar o caráter educativo da escola e da própria imagem de educador(a). Inovar, transgredir não é uma postura anárquica inconsequente, é tentar afirmar um trato educativo da prática e dos próprios profissionais. É optar por valores mais pedagógicos de administrar pessoas e relações pessoais. É ter sensibilidade educativa e ética. Não perdê-la quando se entra nos quadros dos ministérios, das secretarias, dos conselhos, das delegacias regionais ou diretorias e inspetorias, das superintendências ou dos conselhos. Quantos educadores perdem sua sensibilidade humana e pedagógica quando entram nos quadros técnicos e normatizadores. Muitos a mantêm.

Volto a ver na transgressão política e pedagógica uma tentativa de redefinir culturas legalistas, coisificantes para ir construindo uma moralidade ética, pedagógica e administrativa do público, arquitetada por princípios, por valores inerentes à ação educativa. Podemos pensar que nas normas há uma moralidade, mas nem sempre pedagógica. Frequentemente predomina a moralidade do poder, dos constrangimentos orçamentários nem sempre coincidente com a moralidade do público, da garantia dos direitos. Precisamos de outra moralidade pública pautada por outros princípios e valores. O que está em jogo nos embates políticos e pedagógicos entre o poder e a gestão apoiados em normas e os professores(as) reivindicando, inovando, transgredindo, são concepções diversas do público, da aplicação dos recursos públicos, da ação pedagógica, da cultura pública.

Por vezes os embates políticos e pedagógicos dão a impressão de confronto de forças. De um lado paralisações, inovações, de outro apelo à lei, às normas, "não negociamos em greve, só no cumprimento da lei", ou "não aprovamos grades curriculares que não estiverem de acordo com as normas estabelecidas". As situações são muito próximas. O apelo é sempre à normalidade contra a transgressão. É a moral da lei, da norma, dos fortes contra os fracos, os transgressores. Há valores em confronto e tanto as formas de transgressão política como pedagógica têm o mérito de trazê-los à tona, de colocá-los em evidência e por isso incomodam tanto a uns e educam tanto a todos, aos próprios mestres.

Há um cruzamento entre a docência, a prática pedagógica e política e a moral, os valores e os princípios. Podemos ver o valor do ser humano, do convívio, da infância e adolescência, dos fracos, do conhecimento, da cultura que se praticam e aprendem no cotidiano da escola pública em confronto com o valor do poder, dos objetos, da instrumentalização, do dinheiro, tão priorizados nas esferas da gestão. A recuperação da dimensão humana da gestão, do público podem vir desse cruzamento entre docência e moral pública, a moral dos direitos. Cruzamento que tem sua expressão mais tensa nos momentos de transgressão política e pedagógica. A inovação educativa não legitimada na lei – a lei demora demais em legitimar práticas inovadoras nas escolas – tem por base uma teoria nova sobre a educação, a alfabetização, a didática... A inovação pedagógica reflete um pensar sobre a própria prática de ensinar, de socializar, de educar. Reflete a procura da afirmação individual ou coletiva, a vontade de acertar, de criar, com liberdade responsável, diante de crianças, adolescentes ou jovens concretos, diversos. Diante de uma concretude humana que a lei não é capaz de captar, mas que a sensibilidade dos educadores(as) capta. Diante de uma realidade que não pode esperar que a norma a perceba e legitime.

As normas pedagógicas e seus fiéis guardiães não são feitas para dar conta da concretude da ação pedagógica na sua cotidianeidade, daí que a inovação, transgressão seja a expressão do outro lado, de seu oposto: a sensibilidade para com a concretude e riqueza da ação educativa enquanto ação humana, do que sempre haverá de surpreendente, de não normatizável na ação humana. A sensibilidade dos profissionais, quando não foi capturada pelo legalismo, capta essas dimensões surpreendentes que são inerentes à ação educativa. A transgressão inovadora é a expressão de que os professores e as professoras não foram capturados(as) por uma visão legalista de seu ofício e de sua prática. Estão vivos, sentem, dialogam como humanos e percebem nos educandos gente surpreendente. Formam-se sujeitos éticos.

Insisto em que a transgressão inovadora é uma interpretação alternativa da ação educativa, uma outra interpretação a partir de outros valores, mais humanos. Julgo da maior importância esse confronto de valores e de estilos. Os estilos de pensar, agir ou conduzir o público são mais importantes do que o resultado bruto das propostas inovadoras. Os avaliadores de resultados possivelmente buscarão com lupa ou por amostragens se diminuiu a reprovação, se adolescentes chegam melhor alfabetizados às séries superiores. É a primazia dos resultados. Penso que é um grande resultado inovar valores e estilos. É um espetacular e histórico resultado que os profissionais da Escola Básica tentem superar as engrenagens perversas de formas quantitativas, legalistas e moralistas de administrar os espaços e os cofres públicos, e, sobretudo, de gerir o direito popular à Educação Básica.

Diante das transgressões políticas – dias e dias de paralisação – e das transgressões pedagógicas, a impressão que tenho é que os mestres da Educação Básica optam pelos caminhos mais difíceis, como se gostassem de remar na contramão. Pergunto-me onde aprenderam esse estilo. Possivelmente é próprio de seu ofício escolher o caminho possível e impossível nas cotidianas encruzilhadas de uma escola pobre, precária, de condições de trabalho indignas e ainda em contato e convívio diário com uma infância desumanizada e uma juventude sem horizontes. Aprenderam o valor e o direito à indignação. Aprenderam a escolher o caminho em encruzilhadas sem horizontes educativos e aprenderam a pôr esperança onde a maioria não vê horizontes. Essa teimosia em transgredir, em manter paralisações, em inovar, reflete um estilo de ofício: acreditar na moralidade do público, dos recursos públicos, dos gestores do público. Moralidade que demora tanto em chegar e que enquanto não chegar não teremos afirmada a Educação Básica como direito nem garantidos os direitos de seus profissionais. Essas transgressões têm sido os pedagogos da moralidade pública?

Penso que as transgressões e inovações do professorado não podem ser avaliadas apenas pelos resultados das greves, nem pelo crescimento dos índices de aprovação trazidos pelas suas inovações pedagógicas, é muito e é pouco. Merecem ser ponderadas pelos valores que afirmam, pela experiência pessoal e coletiva, pelo que nos fazem repensar sobre o sentido da vida pública, da gestão pública, pelo quanto os mestres crescem, se afirmam como sujeitos políticos e profissionais.

Quando transgredimos nos situamos na fronteira, nos arriscamos. Colocamos em jogo o sentido da profissão e da própria vida. A normalidade é mais tranquila e também mais monótona e chata. É uma perversão. Petrifica o sujeito. A transgressão é um movimento constituinte de sujeitos éticos. Põe em xeque o sentido da própria transgressão.

Voltar às aulas depois de uma longa paralisação, ou voltar para trás, para o mesmo lugar, os mesmos estilos e normas depois de ter tido coragem de inovar são momentos pesados, densos na vida profissional. Momentos que avaliam o próprio sentido dos valores públicos que estão em jogo no embate de toda transgressão. Se avaliam e redefinem crenças, sentidos do trabalho e da própria existência. Arriscar no trabalho é arriscar a própria existência e seu sentido. A norma é como uma muleta, mais segura no incerto caminhar. Que sentido teria transgredir, inovar, quebrar as próprias muletas? Os guardiães da normalidade sempre apelam para esse sem-sentido da inovação e quando aceitam a inovação sempre tentam normatizá-la "para dar maior segurança às professoras e aos professores".

Aprendendo a liberdade para ensinar a liberdade

Outra interpretação que podemos fazer das transgressões dos professores e das professoras: elas são um gesto de liberdade, de libertação de toda relação de poder expressa ou oculta no trato normatizado com que são tratados. Revela algo de inconformismo, de autonomia pedagógica, de inconfidência política. Na última década se falou muito de autonomia da escola, que a comunidade escolar decida sobre como gerir a caixa escolar, os trocados que as secretarias doam. Fala-se até em projeto pedagógico da escola, mas os órgãos centrais se reservam o direito de definir políticas, parâmetros curriculares, taxas de fundos, salários, carreiras, redefinir critérios de aposentadoria, cortar direitos conquistados, reprimir greves, desmontar as organizações profissionais, definir tempos de estudo, coordenação, aula, definir número de alunos por turma, calendário... E sobretudo reservam-se o direito a avaliações centralizadas.

Assistimos a um centralismo regulador e normatizador no atacado, das dimensões básicas determinantes da prática pedagógica, e a uma descentralização administrativa do varejo. Esse estilo de gerir a Educação Básica condiciona o ser professor(a), condiciona seu ofício, limita a liberdade pedagógica numa aparente autonomia administrativa. A comunidade escolar pode definir um Projeto político-pedagógico desde que não saia dos trilhos, das grades, das disciplinas, das cargas horárias, do número de alunos-turma, das aulas de 50 minutos, da condição de aulista etc. Que liberdade pedagógica cabe nesses cercados, gradeados, normatizados? Passarinho pode voar, mas sem sair da gaiola!

Vejo nas transgressões outra concepção de autonomia da escola e do profissional. Vejo uma intuição pedagógica dos vínculos entre ação educativa e liberdade. Paulo

Freire não inventou à toa o termo "Pedagogia da libertação". A união entre educação e liberdade vem de longe, ao menos na pedagogia humanista que tem como foco os educandos e educadores como pessoas, como seres humanos. Os vínculos entre educação, liberdade, autonomia, emancipação são mais antigos do que os vínculos entre educação e mercado. Para os mestres de ofício, a transgressão de formas de gestão tão centralizadas e normatizadas tem o sentido do aprendizado da liberdade. O aprendizado da liberdade para poder ensinar a liberdade.

Os professores do MST cantam em seus dias de estudo *"aprender a liberdade na cartilha do abc"*. Aprender a ser livres para ensinar a ser livres. Aprender e ensinar a liberdade caminham juntos. A pedagogia da libertação pressupõe o aprendizado da liberdade de ser educador(a). Este pode ser um dos sentidos formadores da transgressão pedagógica. Conformismo e pedagogia não se misturam e menos na educação da infância, adolescência e juventude, tempos de aprender a liberdade. A transgressão se alimenta da sensibilidade humana e pedagógica que é inerente ao ofício de mestre da Educação Básica, ao convívio humano, educativo com a infância, adolescência e juventude. Essas idades não cabem em normas. Sua vitalidade as quebra e leva os educadores a transgredir, a ter que escolher e optar por ações, conteúdos, tempos, espaços e relações educativas apropriadas à vitalidade dos educandos, à vontade de ser livres.

Não vejo na transgressão pedagógica indisciplina, vejo sensibilidade e fidelidade à lógica inerente à ação educativa como ação humana formadora de seres humanos livres, consequentemente surpreendente, inovadora. Os seres humanos não se repetem. Podemos cada ano letivo repetir matérias, métodos, normas de enturmação, repetir grades, cargas horárias, condenar centenas e milhares de crianças, adolescentes ou jovens alunos a repetirem ano. A vida não se repete. A condição de criança, adolescente ou jovem, os ciclos de vida não se repetem a cada ano. Cada turma, cada um dos educandos não repete o outro, tem sua identidade humana. É mais do que aluno, aprovado ou repetente, bom ou médio em ciências. É irrepetível. Nós, educadores, somos irrepetíveis, carregamos nossa identidade e diversidade. Levamos à escola nossas marcas. Podemos repetir por anos a mesma matéria, mas nunca nos repetiremos em cada relação pedagógica se for humana.

Como não transgredir essa normatização que pretende repetir, igualar, coisificar conteúdos, métodos, números, cargas horárias e nos coisificar educadores e educandos? A cada aula temos uma dívida: construir um clima humano, fazer desse tempo regulamentado um tempo de convívio e de trocas humanas. Só transgredindo e inovando. Aprendendo a liberdade.

Tenho acompanhado várias propostas educativas inovadoras. Esse caráter transgressor é um dos traços mais educativos. Manter esse clima de inovação, de desafio à criatividade e à liberdade coletiva é o clima necessário para pôr em marcha ações pedagógicas, para incentivar as ações inovadoras, para não ter medo da inovação tanto na fase de construção da proposta quanto de sua implementação. Criar, ou legitimar uma cultura oposta à cultura que domina no cotidiano das administrações dos sistemas escolares é um dos traços dessas propostas.

A coragem de mudar por vezes no isolamento da sala de aula, por vezes como coletivo de área, de turma, de série ou ciclo é uma descoberta, de um lado, dos entraves burocráticos, que vêm de fora, que tudo pré-definem, mas também, de outro lado, é a grande descoberta dos controles internos, da cultura profissional, dos valores pessoais que vão se revelando a nós mesmos, ao coletivo docente. Nos descobrimos. Chegar a descobrir-nos é preciso, porque o cotidiano escolar não é movido a teoria, nem a tematização, nem a discurso crítico. É movido a valores, sentimentos, pensamentos, concepções, culturas escolares e profissionais. Culturas sociais que guiam os agentes, sujeitos da prática educativa. O momento da autodescoberta em toda ação humana é mais do que a descoberta de explicações causais, teóricas ou ideológicas. Se estas são necessárias, a autodescoberta é imprescindível.

É interessante acompanhar esse momento da autodescoberta nas tentativas de relatar e explicitar os significados das práticas inovadoras. A primeira reação é contra os controles externos: a lei, as normas, as fichas, a inspeção, a direção, e, claro, a Secretaria e seus técnicos. É importante esse momento de percepção dos múltiplos e sutis ou descarados controles que pesam sobre os profissionais da escola. Mais importante ainda é captar como nesses controles os mestres se descobrem. Percebem a desconfiança com que são tratados. Diante de tantas normas que chegam às escolas há reações de mal-estar, *"como se fôssemos crianças"*, *"a toda hora, chegam papéis"*, *"pode, não pode, deve, não deve..."* Essas reações levam a reações de afirmação. *"Não somos mais crianças. Somos profissionais. Sabemos o que podemos e devemos fazer..."* Como se fôssemos, o olhar se volta sobre o nós. Todo um processo de autodescoberta, de identificação e de afirmação pela reação.

Entretanto, a procura de significados não pára aí. Alguém sempre lembra: *"mas também é muito cômodo para nós ser tratados como crianças, se não mudamos é porque é mais fácil repetir tudo como sempre..."* Um silêncio denso do grupo revela que essa lembrança toca em subjetividades complicadas e vão aflorando lembranças dos controles interiores de cada um e da categoria como um todo, com sua cultura, suas acomodações, seus valores. *"Cada um é dono entre as quatro paredes da sala de aula, se não mudados é porque é mais cômodo... Somos autores de 'nosso diário de classe!'"*

O direito ao prazer do ofício

Quando afloram esses depoimentos, o grupo se retoma como sujeito da ação pedagógica, das opções, como sujeito de valores, pensamentos, até afinidades ou não com as normas, a rotina e as concepções de criança, de educação que a legitimam. Como sujeitos livres. Reconhecer a cumplicidade e afinidade com a burocracia e a rotina incomoda, mexe fundo. Revela quanto estamos implicados, como pessoas e como coletivo, com os mecanismos de controle. Às vezes saio das reuniões de docentes com a sensação de ter participado de uma reunião com técnicos das secretarias, de superintendências ou delegacias, é sobre eles que se fala, é deles que nos queixamos. São eles os culpados de tudo. Não falamos nem da escola, nem de nós. Fugimos de encarar-nos, e preferimos encará-los de longe.

Quando penso mais devagar percebo que o olhar é sobre nós, nossos medos à liberdade. Aprendemos a liberdade no confronto. Uma lição nunca aprendida. Somos aprendizes da liberdade para sermos capazes de ensiná-la como uma tarefa nunca acabada.

Um sentimento impressiona quando se transgride política ou pedagogicamente: a alegria. A greve é uma festa, as conferências e encontros para construir as propostas inovadoras são festivos. Quando me deixo envolver nesse clima me pergunto que têm essas inovações e essas mobilizações coletivas que são tão festivas. Inventam-se músicas, teatros, recuperam-se símbolos, gestos, gritos, arte, dança, soltam-se até os corpos tão reprimidos nos espaços escolares, nos tempos gradeados. As normas escolares, os tempos e espaços, o trabalho e até o conhecimento disciplinado tornam restritas as possibilidades de prazer, não porque a ação educativa não possa ser prazerosa, mas porque o enquadramento disciplinar e normativo afoga o sonho de cada mestre e educando. Afeta até o prazer de degustar, de saborear a sabedoria, o conhecimento e a cultura, como se degusta um bom vinho. Inovar é tentar driblar esses controles do próprio prazer de educar e educar-se. O prazer de ser pedagogos, sair de mãos dadas com as novas gerações e inventar a hora, ter o prazer de vivenciar experiências juntos. Quando tudo está predefinido, que graça tem ser pedagogos? Como conduzir a infância por novos caminhos se as normas nos acorrentam?

Para uma visão instrumentalizadora do ato de ensinar o prazer de educar e educar-se, de saber e saborear o conhecimento sempre será uma ameaça. Nunca poderá ser solto. Não há lugar para o sentimento, nem para a emoção. É o grande mal-estar da nossa cultura e da nossa civilização, que tão bem incorporou nossa pedagogia escolar. Em nome de transmitir o conhecimento o gradeamos e disciplinamos, em nome de educar, socializar, controlamos as pulsações, e o prazer, a imaginação, o sentimento, e a memória, o corpo, e a sexualidade, a diversidade. Por que se enraizou tanto na pedagogia escolar esse mal-estar inerente a nossa civilização?

O medo a dimensões básicas de nossa condição humana, a ênfase no controle dos aspectos tidos como não humanos, menos humanos na infância, adolescência e juventude, a necessidade de discipliná-lo permeia e limita as possibilidades de tornar-nos profissionais dos processos de humanização. A escola perde mais tempo controlando o "capeta" que vê em cada educando, sobretudo nos educandos dos setores populares, do que soltando o que há em cada um de humanos. E as normas perdem tempo controlando os corpos, os tempos, os sentimentos, a imaginação e os sonhos dos mestres. As transgressões inovadoras soltam essas dimensões humanas tão pedagógicas.

Quando nos aproximamos das escolas e das inúmeras experiências inovadoras logo percebemos que o começo é quase sempre projetos nas áreas da cultura, do lúdico, das artes, das linguagens cênicas e pictóricas, da música, do corpo, da educação física... As transgressões começam pelo que há no ser humano de mais solto. As dimensões que não cabem nas grades. Por que a inovação escolar começa por aí? Possivelmente porque são as áreas mais acessíveis a inovação. Também porque os profissionais dessas áreas cultivam sensibilidades novas. Sensibilidades atrofiadas nos profissionais das áreas e disciplinas "sérias"? Podemos pensar também que tendo sido elas as dimensões da formação humana mais marginalizadas nas grades e cargas horárias dos currículos tecnicistas e racionais, é normal que sejam elas as dimensões mais rebeldes, mais propícias a transgressões.

Aliás sabemos que as artes, os corpos, os sentimentos, as pulsações, o imaginário... têm sido as dimensões do ser humano mais controladas nas teorias pedagógicas, nas instituições educativas. As mais ignoradas nos currículos. Possivelmente porque não cabem em paredes, resistem a ser gradeadas e disciplinadas. Os projetos inovadores recuperam essas dimensões da condição humana como direitos, como componentes da humana docência, não como temas transversais nem como tempos de "animação cultural", mas como direitos dos educandos e dos educadores. Essas transgressões de corpo inteiro mexem com o corpo inteiro dos mestres. Se descobrem humanos por inteiro.

Aprendemos a sentir, a brincar, a rir de novo. Lembro do trabalho feito no Cape na Escola Plural. As professoras e os professores participavam de oficinas sobre dimensões tão esquecidas de sua condição humana: a memória, a sexualidade, a imaginação, os jogos. Uma professora, com mais de 15 anos de magistério, expressou sua avaliação sobre as oficinas: *"Voltei a brincar de novo. Me senti criança. Solta"*. O prazer de criar, de emocionar-se com a docência, também é um direito de todo artífice, de todo mestre. Um direito de ofício.

Depois de um curto tempo de relativa calma, a categoria do magistério voltou a reivindicar seus direitos. Dá para perceber que há tensões nas praças e nas escolas. Haverá transgressões. *"Não há um instante que não esteja carregado como uma arma"*, nos adverte J.L. Borges.

As transgressões expressam as vontades de soltar o olhar que nos prende. Elas acontecerão enquanto *"olhar que prende andar solto e o olhar que solta andar preso"* (Dori Caymi).

11

Uma trama de práticas

"A principal função de toda atividade cultural é produzir produtos coletivos, obras..."

Jerome Bruner

Destacamos a centralidade dada às práticas que acontecem na sala de aula, nas escolas. Destacamos o papel dessas práticas inovadoras, transgressoras muitas vezes, na recuperação da autoimagem e na redescoberta de traços básicos do ofício de mestre. Pensemos em outra dimensão. Ao longo da implantação das diversas propostas educativas as práticas continuam sendo o centro da preocupação. Falamos muito em explorar as dimensões formadoras das práticas, dos seus produtos tanto no planejamento de cada ciclo, como quando equacionamos uma proposta de qualificação dos docentes. Tentamos administrar a implantação das propostas de ciclo estimulando a criação de uma rede de práticas entre os diversos ciclos de desenvolvimento e entre as escolas.

A preocupação é como fortalecer os professores no que eles e elas têm de mais seu, seu fazer-pensar, suas escolhas. Sabemos como os docentes trabalham muito isolados, inventam escolhas diante de situações concretas da relação pedagógica, porém são fracos porque isolados na estrutura de trabalho, na divisão de tempos e de espaços. Cada um é senhor de si, ao menos regente em seu quintal, em sua turma, sua disciplina e seu horário. Esse isolamento os torna fracos frente ao legalismo e casuísmo tão arraigado na gestão dos sistemas de ensino, e tão zelosamente exigido ainda por muitos inspetores e técnicos e até pela direção escolar.

Aprender os significados das escolhas

São frequentes ondas e modas de inovação nas escolas, ondas que morrem na areia do cotidiano escolar e no legalismo com que são tratados as escolas e seus docentes. Uma das preocupações das propostas pedagógicas é criar formas de fortalecer os professores e as professoras. Como? Partindo do que é seu, do que sabem e controlam: suas práticas, seus produtos e seu trabalho. Valorizá-los como sujeitos de escolhas que se traduzem em ações. Não desviar seu foco dessa terra onde se sabem senhores. Levar para os encontros e para as pautas das reuniões, dos cursos e das reflexões, dos seminários e das oficinas, suas práticas, sobretudo aquelas com que eles mais se identificam, de que mais se orgulham, as mais positivas, ou significativas para eles, mestres. Fazer desses encontros tempos e espaços de ressignificação coletiva dessas escolhas individuais ou grupais.

A política de qualificação docente é acoplada também a essa dinâmica de ressignificação das suas práticas e escolhas. Manter cursos, oficinas, pesquisas e estudos em torno de questões com que se defrontam no cotidiano. Em cada escolha, a professora e o professor põem em ação pensamentos e concepções, valores, culturas e significados. Nos afirmamos na medida em que os explicitamos, aprofundamos e sistematizamos. Como explorar pedagogicamente essa trama de práticas, escolhas, significados que tecem a vida das escolas e sobretudo que tecem a identidade do ofício de mestre?

Comecemos por um ponto da maior importância: criar o hábito de registrar. Os professores vão se acostumando a registrar suas práticas individuais ou coletivas, dominam formas variadas de registro e aprendem outras aproveitando as novas tecnologias. O que importa é consolidar o hábito de registrar nossos esforços mentais e pedagógicos e explorar as dimensões formadoras que o registro tem. Vai se consolidando o hábito saudável de levar às reuniões, às oficinas e aos cursos os registros feitos. É aconselhável que cada professor, coletivo ou escola, levem esses registros para socializá-los e explorá-los pedagogicamente.

Outro hábito que vai se consolidando nesses processos formativos centrados nas escolhas e práticas registradas e ressignificadas é a troca de experiências. Uma função dos organismos centrais e dos técnicos passa a ser criar uma rede de experiências, de práticas significativas entre as escolas e os coletivos de professores(as). Se por exemplo algumas escolas ou coletivos trabalham bem a fala, a lectoescrita, ou outras linguagens, se trabalham a relação com a cidade, com o campo, se experimentam mecanismos de avaliação e registro, se têm experiências do trato da diversidade étnica, racial, cultural etc. o importante é criar possibilidades de encontro, oficinas e redes de comunicação, onde as práticas sejam socializadas, discutidas e reforçadas. Essas redes podem cruzar-se, amarrar-se e se tornar um espaço de formação permanente, de inovação e sobretudo de reforço e consolidação de um estilo de inovar e de gerir os processos educativos. Nessa trama de práticas os docentes e mestres da Educação Básica podem ter maior autonomia profissional superando o tradicional estilo tutorial e normativo dos órgãos centrais, dos inspetores, especialistas e da cultura feudal ainda presente em bastantes direções de escola.

Para que as ondas inovadoras não morram nessas praias burocráticas é necessário criar estruturas de apoio mútuo, redes de práticas coletivas que se reforcem. Todo um estilo de inovação ou um movimento educativo que se alimenta na autoconfiança dos mestres e educandos e se reforça em redes de socialização e de registros. A nossa preocupação deve ser captar que profissional vai configurando-se nessa dinâmica. Nos encontros essa questão surge, se explicita. Vejamos algumas dimensões que vão aflorando.

Em primeiro lugar o professor se afirma como um profissional de práticas, de escolhas. Entendemos melhor essa centralidade no cotidiano da escola e de nosso ofício. Não que sejamos práticos aplicadores de receituários, mas recuperamos as práticas em suas dimensões teóricas, políticas, éticas, identitárias e sobretudo educativas. Deixamos de ter uma visão pobre da escola e de nosso fazer. Recuperamos a ação educativa como ação humana, a escola como seu espaço e nós como profissionais de ações, de intervenções e escolhas permanentes. A reinvenção do quotidiano, do mundo, da prática e ação-relação entre seres humanos onde sempre aconteceram os processos educativos e culturais.

As práticas na escola se impõem a nosso olhar com tanto destaque que parecem ter existência própria. Estão tão previstas, repetidas e ritualizadas que se impõem aos mestres, alunos e às famílias. As formas físicas das escolas e as formas de fazer dos docentes são tão parecidas em países tão distantes que são a marca identitária da escola e dos mestres. Até a estrutura arquitetônica, a estética são iguais. "É uma escola", percebemos logo, esteja na favela, no campo ou na cidade. As leis, os regulamentos e regimentos, as estruturas institucionais até o ordenamento das carteiras são a arquitetura identitária da escola. Como são iguais os rituais do para casa, dever de casa e até as mochilas escolares de qualquer supermercado do mundo! Como são iguais os uniformes, as salas de aula, os gestos dos gestores! Até a indisciplina dos alunos e as greves dos professores são iguais.

A instituição escolar em sua história produziu uma identidade própria frente a outras instituições, como as famílias, as igrejas, as fábricas, o exército, porque conseguiu institucionalizar formas de fazeres repetitivos que lhe são próprios. Ao menos como uma marca própria. A instituição escolar e os profissionais dessa instituição se definem por esses produtos, essas práticas que como destacamos têm existência própria. Os discursos dos mestres variam com as ondas teóricas e ideológicas, entretanto as práticas escolares permanecem e imprimem uma marca de continuidade da instituição escolar.

Ser professor é muito mais ser profissional de prática do que de discursos, apesar de darmos tanta importância à fala na sala de aula. A escola não se define basicamente como um lugar de falas, mas de práticas, de afazeres. E os mestres, apesar de se identificarem como docentes, proferem práticas mais do que falas. Se afirmam e são reconhecidos socialmente por seus afazeres, tão iguais.

A identidade social da escola e de seus mestres é inseparável desses afazeres, qualquer inovação que não os incorpore ou que venha na contramão fracassará. Nem as escolas e menos os professores se identificarão com as inovações que não incorporem suas práticas. Tenho repetido que a estratégia de inovação educativa polariza dois momentos discursivos: a escola que temos e não queremos, o professor que somos e não devemos ser de um lado, e a escola e o professor que queremos de outro, está fadada ao fracasso entre outras razões, porque ignora a existência própria das práticas, dos produtos, dos afazeres, na construção das identidades tanto das instituições quanto dos indivíduos e dos coletivos. Somos o que produzimos. Nosso fazer é nosso espelho. A escola é a síntese de um amontoado de práticas do coletivo, educadores e educandos. É seu orgulho ou sua desilusão. Sua imagem. O trabalho como princípio educativo e identitário tem aí uma de suas matrizes pedagógicas.

Os tempos duráveis da cultura

Essa existência própria das práticas e produtos da escola pode ser vista como rotina, como tradição, como um peso, mas também como garantia de continuidade de seu papel social, do nosso papel social. Pela instituição escolar passam mestres e alunos, e a escola continua em sua função. O que garante essa continuidade? As normas, o controle dos técnicos e inspetores? Principalmente a continuidade dos rituais, da organização dos tempos e espaços, a continuidade dos afazeres dos profissionais do magistério. Podem modernizar-se os conteúdos, o livro didático, as teorias da didática, os níveis de titulação, e até as normas de egrégios conselhos, entretanto a continuidade da instituição escolar estará garantida nessa existência-independência das práticas escolares e dos profissionais que as praticam.

Critica-se muito o tradicionalismo dos professores porque estão apegados a suas práticas. Seria mais perspicaz entender que toda instituição garante sua função social na continuidade de suas práticas, de seus rituais, de sua cultura, de suas relações sociais e de sua estrutura. Será fácil mudar discursos e conteúdos, as dimensões não estruturantes, e a escola continuará com os mesmos rituais, e os mestres e alunos com as mesmas práticas. É aí que tanto a instituição escolar como seus profissionais perpetuam sua identidade social, aí se formam ou deformam. É a lógica da produção-reprodução da cultura.

Uma das ênfases destas reflexões sobre nosso ofício de mestres é que repetimos mais do que reinventamos seus traços mais perenes, porque nossas escolhas têm de repetir os rituais perenes que dão identidade à escola e ao ofício de mestre. De alguma forma precisamos dessa garantia de continuidade como profissionais. Sobretudo a sociedade, as famílias, os educandos precisam ter essa garantia de que ainda que troquem de professor(a) ou de livro didático a cada ano letivo ou a cada disciplina, todos os mestres, no fundo, terão de reproduzir um protótipo muito parecido, porque todos repetem as mesmas práticas e rituais escolares, reproduzem os mesmos tempos, espaços, relações sociais, ainda que a matéria seja diferente. A imagem que alunos, famílias e governantes fazem dos mestres é que todos são tão semelhantes que não dá para esperar grandes surpresas de um ano para outro, de uma matéria para outra, de uma reforma para outra. De alguma forma os educandos, e sobretudo a sociedade, precisam da garantia de continuidade em sua formação e aprendizado, sem grandes rupturas. A reprodução da cultura precisa das continuidades ritualizadas.

Quando educadores e educandos voltam cada dia ou cada ano letivo à escola, sentem-se seguros, pois não encontrarão grandes rupturas. Logo no primeiro dia após as férias se reencontrarão com outros professores talvez, mas se reencontrarão com as mesmas divisões dos tempos e dos espaços, com as mesmas práticas e terão de apresentar os mesmos produtos. Insisto, poderá haver nessa permanência de práticas e produtos tradicionalismo, rotina e até tédio, mas também podemos encontrar o sentido da continuidade tão necessário à formação das identidades culturais de quantos participam na produção e aprendizado dos significados da cultura.

As políticas públicas tentam legitimar as reformas educativas, sobretudo de conteúdos, e a requalificação dos mestres numa permanente contraposição entre a rotina e a inovação. Como se a escola fosse uma planta que a cada período de governo fica velha e tem de ser reinventada e cada professor fica velho com o uso e tem de ser reciclado. Estou voltando de uma semana de encontros com as professoras e os professores argentinos. Lá não é diferente. A reforma atual, no mesmo modelinho que aqui conhecemos, obriga os mestres cada dez anos a serem "reconvertidos", aqui diríamos reciclados, como se a validade dos seus aprendizados e de sua titulação "caducasse". O argumento é o mesmo aqui e lá: a escola tem de acompanhar as mudanças, as rupturas do mercado, das novas tecnologias etc. Como qualquer empresa que pretenda acompanhar as mudanças nos processos produtivos e do mercado terá de atualizar-se, olhar para o futuro, jogar no lixo ou reciclar o passado. Sobretudo os saberes, as competências ultrapassadas dos seus mestres.

Nesta lógica falar em continuidade é um contrassenso, e valorizar as práticas, seus profissionais e seu saber-fazer é uma estupidez. Tudo isso não passará de rotina, tradicionalismo a ser descartado ou reciclado, feito lixo reaproveitável. A questão que nos colocamos nas propostas pedagógicas que acompanho é se essa lógica dá conta dos processos educativos, culturais, onde nos situamos os mestres e as escolas. Não dá conta. A formação humana, o aprendizado dos significados da cultura ao longo de nossa trajetória social não se faz com permanentes, frequentes e curtas rupturas. A historiografia, as ciências em geral têm-se aproximado cada vez mais desses processos e tempos de longa duração, sobretudo na compreensão das formas compartidas e coletivas de pensar e agir, de significação e ressignificação da existência, da cultura, da formação de identidades e da transmissão da memória coletiva, dos valores e representações. Enfim, são os tempos de longa duração, da dinâmica cultural e educativa. É o lugar onde nos situamos, nosso tempo social e profissional.

As culturas, os grupos humanos se tornam viáveis na medida em que conseguem desenvolver práticas, rituais, redes sociais que deem continuidade a seus valores, representações, identidades e saberes. A sua cultura, redes e práticas de socialização e de aprendizado, de ensino e de educação, que materializam e perpetuam esses processos. Continuidade garantida por instituições e por um corpo de mestres. Não perceber que a escola em todos os tempos e na atualidade se situa nesse mesmo lugar, nessa mesma continuidade, e esperar permanentes rupturas é falta de sensibilidade histórica. É expor a permanentes rupturas a imagem social da escola e de seus profissionais.

Faz parte de nossa tradição política essa permanente cobrança da escola e dos docentes para uma permanente reciclagem de sua imagem. Tanto o pensamento político conservador, quanto progressista têm dificuldade em ver os processos educativos situados nessa dinâmica, nesses tempos históricos de longa duração, porque não situam a educação no campo da cultura, dos valores e das identidades, da socialização e da formação, mas no campo das competências, habilidades, conhecimentos e técnicas supostamente sempre em progresso, em mutações curtas, em rupturas. Não há instituição social e cultural nem corpo profissional que se afirmem nessa instabilidade, nessa falta de enraizamento social, histórico. A crise de identidade da escola como instituição e dos seus mestres como corpo em nossa tradição tem muito a ver com o desprezo para com o permanente, a história cultural e sua dinâmica. Com as obras, as práticas e suas continuidades.

Sabemos que uma escola, uma sala de aula, ou uma matéria e seus professores não são a síntese dessa continuidade cultural, mas se inserem na pluralidade de instituições e de mestres dessas artes. Levamos pela vida marcas de múltiplos tempos de socialização e aprendizagem e também da escola que frequentamos, das professoras e dos professores com que convivemos por longas horas e longos anos. Lembramos mais seus gestos, suas práticas do que seus discursos. Aprendemos formas de pensar, de interpretar a realidade, de conviver, de ser. Nos aprendemos no gesto, no espelho daquela professora ou professor de quem guardamos uma imagem positiva ou negativa. Marcas da escola que continuam, ainda que os conhecimentos das matérias tenham se perdido no desuso.

É possível que o progressismo modernizante a que apelam tantas propostas de reformas de currículos e de métodos nos diga que a escola e seus profissionais têm de sair dessas práticas tradicionais, olhar para o futuro, para o progresso. A insistência nas práticas cotidianas da escola não reafirma um movimento contrário, um apego ao passado tão arraigado na cultura escolar? A escola não é uma instituição que tem de se olhar nos horizontes do futuro? Não precisamos de professores modernos que superem a tradição?

Por mais que as políticas educativas nos convidem a olhar para o futuro, o progresso, o mercado e nos digam que esqueçamos e superemos práticas "tradicionais", a escola e seus mestres estão fincados na tradição, mexem com a tradição, nos remetem à tradição e nos criam um gosto, uma sensibilidade com a tradição. Ainda bem! A escola é um elo nessa corrente entre a memória coletiva, o presente e o futuro. Nos debatemos com *"ensinar o presente, o passado e o possível"*.

No dia 24 de março, centenas de mestres argentinos se reuniram para socializar seus intentos de construir projetos de escolas populares. Antes da minha participação, convidaram uma das *"madres de la Plaza de Mayo"*, mães dos milhares de filhos desaparecidos durante a ditadura. Aquela madre pedia aos mestres de escola: *"guardem a memória, guardem a memória"*. O fato de ter iniciado aquele dia de procura do sentido popular da escola chamando uma mãe carregada de memória de lutas pelo direito à vida dos seus filhos desaparecidos já era um sinal eloquente de que nós educadores da escola não conseguimos desvincular-nos do passado, da tradição. Um sinal da autoimagem daquelas centenas de educadores(as) que não conseguem apagar de sua imagem que são profissionais, mulheres, homens da memória.

Sabemos que trabalhar a memória é muito mais do que ter saudades dos melhores tempos idos. Sabemos que na escola, na sala de aula, reinventamos a memória, ressignificamos a tradição, não apenas porque o passado é relembrado nas aulas de história, mas porque na continuidade dos rituais e práticas escolares damos continuidade a lentos processos socializadores e culturais. A rapidez dos tempos modernos podem ver aí apenas tradicionalismo, rotinas a serem quebradas. Podem nos quebrar na teimosa tentativa de nos reciclar, requalificar, mas reciclados ou não continuaremos repetindo práticas, rituais e valores, memórias e significados da cultura.

Inovar e transgredir na educação é possível sim, porém para manter a escola e manter-nos nessa dinâmica tensa entre a tradição, a memória, as práticas culturais e seus significados urgentes, projetados no presente e no futuro. Um traço perene do nosso ofício que tem raízes profundas na tradição. Temos muito a transgredir para não perder esse traço perene.

A centralidade dada às práticas, a sua ressignificação, às redes de experiências nas propostas pedagógicas que se espalham no sistema escolar, pode reconstruir em vez de quebrar a identidade da escola e de seus profissionais. Vejamos outras dimensões educativas desta trama de práticas culturais em que enredamos nossas vidas.

Uma comunidade de produtores

Todos como pais e mães que levamos os filhos cada dia à escola devemos ter experiências muito parecidas. Há dias e muitos, em que vão a contragosto, como há dias em que têm pressa por chegar e não querem sair. Na minha experiência, os filhos vão contentes à escola nos dias em que levam um trabalho de pesquisa, um cartaz, ou têm uma maquete exposta na semana de ciências, ou vão participar de um teatro, um número na semana cultural. São dias, infelizmente raros, em que sentem-se atores, artistas, produtores de algo, artífices individuais ou coletivos e a escola abre espaços para que as crianças e adolescentes se mostrem em suas obras, suas artes, os produtos que lhes dão orgulho e identidade. São momentos raros de grande densidade educativa. De onde vem sua força? Da centralidade dada às obras, aos produtos, do reconhecimento de que criança, o adolescente, é também um produtor, de que nos revelamos no que produzimos e aprendemos, e nos apreendemos produzindo e mostrando nossos produtos.

Ainda têm professores que consideram esses tempos como momentos roubados ao ensino e a seu tempo de ensinar, de transmitir o programa, a matéria. A organização gradeada, disciplinar e seriada dos processos escolares não consegue incorporar a centralidade das obras, dos produtos dos educandos nem incorporar seu fazer, e seu produzir como educativos. Sua lógica centrada na transmissão de conteúdos e no treinamento de competências não consegue incorporar essa matriz tão perene da construção e apreensão do conhecimento e da cultura. Como recuperar essa matriz pedagógica? Recuperando a centralidade das práticas na formação e desenvolvimento humano, tarefa da escola e nossa.

A preocupação de tantos educadores em recuperar as dimensões mais formadoras os leva a reencontrar a centralidade das suas práticas, de sua condição de produtores e dos educandos como produtores também. Valorizar mais seus trabalhos, encontrar mais tempos e espaços para educadores e educandos se encontrarem produzindo. As escolas se esforçam em registrar e em mostrar os produtos desses trabalhos coletivos, encontrar tempos e espaços para que os educandos e educadores se revelem em suas obras, em seus trabalhos expostos, não apenas em semanas raras, mas em práticas mais constantes. Tempos mais frequentes que passem a fazer parte do estilo da escola, onde coletivos de mestres e educandos mostrem seus produtos de trabalho. Serão momentos frequentes de afirmar a identidade grupal de ciclo, as capacidades de aprender, produzindo ações próprias da infância, da adolescência ou da juventude. Nas suas obras se descobrindo ou revelando o possível humano de cada tempo-ciclo da vida.

Assumir como orientação pedagógica que nós formamos agindo, praticando, produzindo, pode mudar imagens tão internalizadas sobre a função da escola. Ouvimos tanto toda criança na escola, onde encontre o conhecimento acumulado. A escola como um lugar onde se encontra algo pronto... como uma venda, um supermercado, onde nada se produz, apenas se vende, onde encontramos o que é produzido fora. Nessa metáfora tão repetida, escola-mercado-venda o conhecimento é a mercadoria, o aluno e as famílias são clientes, os mestres são bons vendedores, e os diretores bons gestores dessa venda chamada escola. Essa imagem tão reforçada pelas políticas da qualidade total, financiadas por organismos múltiplos, não coincide com a matriz formadora perene que encontramos na teoria educativa, e nas ciências voltadas para a formação e aprendizagem humanas. Matrizes que afirmaram sempre que a educação se faz, não se encontra pronta, que os significados da cultura, do mundo, da sociedade são construídos, são produzidos e aprendidos no uso das ferramentas da cultura. A escola será um espaço educativo na medida que ajude a infância a aprender, a usar e explorar o uso dessas ferramentas, a produzir significados. A serem produtores de significados. Uma comunidade educativa porque ativa e produtiva, e não apenas porque repassadora do produzido.

As escolas e seus profissionais se debatem com essas visões desencontradas, ao menos nada fáceis de articular. De um lado, os alunos experimentarão a escola como o lugar onde as novas gerações encontram o conhecimento acumulado, curricularizado, recebido em pratos diferenciados, cada prato em seu horário, repassado por um professor. Esta concepção de escola encontro-transmissão de produtos acumulados predomina na educação da adolescência e da juventude. A infância vivencia outra concepção, a escola como espaço de procura, de produção coletiva de atividades.

Quando volto da escola carrego uma imagem mais dinâmica, ativa e construtiva da educação na escola infantil e nas quatro primeiras séries do que da 5ª série para cima. As salas de aula, na rodinha infantil ou com a professora regente são mais movimentadas, ativas e criativas, mais diversificadas. Domina um clima e estilo mais inventivo de professoras e alunos. Se aplica a ideia de que a educação se faz agindo, produzindo, criando.

A infância é educada externalizando produtos, ou cada momento formador se externaliza em práticas, atividades, produtos, trabalhos, tarefas individuais ou coletivas, predominantemente coletivas. Os mestres incorporam essa cultura como identidade. Já nas séries dos adolescentes, a educação é tratada como um produto a ser encontrado no livro, no programa, no bom docente, profissional de uma matéria. A adolescência e juventude é ensinada em outra lógica – mais passiva, silenciosa e solitária, mais "bancária". É abandonada a percepção de que também o adolescente é um sujeito cultural, que pensa e está à procura dos significados da cultura, que pode ser criador de significados. Ignora-se que toda atividade educativo-cultural se dá produzindo, criando, no próprio ato educativo e não apenas capacitando para no futuro usar as ferramentas da cultura.

Quando entramos em uma classe de educação da infância, as professoras gostam de que os alunos nos mostrem o que fazem e produzem. As crianças falam como sujeitos ativos, têm orgulho de mostrar-nos o que fazem: *"nós fizemos, nós pintamos, nós estamos trabalhando em..."* Seus produtos e registros coletivos estão expostos nas paredes. Os alunos de 5ª em diante falam do professor como o único sujeito da ação: o que ele explica, o que ela exige, a prova que eles dão, a matéria que elas passam. Não conseguimos que a adolescência e juventude construam uma identidade de produtores nem individuais, nem coletivos. Não têm registros a mostrar.

Se a ciência transmitida e aprendida não se transforma e manifesta em produtos, e em registros, os mestres e alunos não terão como identificar-se, não terão obras, produtos, onde refletir sua imagem. O único espelho será o resultado da prova, onde se descobrirá bem-sucedido ou malsucedido, aprovado ou reprovado, bom aluno ou mau aluno. O espelho onde refletirão sua identidade será a sentença do professor.

Essa imagem mais passiva do ensino da adolescência e da juventude está mudando. Encontramos muitos coletivos que pesquisam, produzem, registram e expõem seus produtos. Cada dia é mais frequente encontrar salas de aula dinâmicas, organizadas em grupos, responsáveis por tarefas. Discutem com seus colegas sobre como dar conta da tarefa, planejam, levantam alternativas, contrapõem possibilidades de ação e alternativas de interpretação de significado do que estão fazendo. Trabalham tão sérios os alunos que nos deixam a imagem de uma equipe de produtores. Admiram sua produção. Têm orgulho de mostrá-la. *"Nós fizemos, planejamos, pesquisamos. Nós decidimos fazer dessa maneira..."* Como interpretar esses estilos mais produtivos da escola? Podemos valorizar esses trabalhos e produtos pelo que os alunos aprenderam sobre a matéria e preocupados com os aspectos de ensino-aprendizagem e passar por cima dos aspectos formativos.

Participei de um seminário onde havia uma oficina de "recursos didáticos". Os professores contavam experiências riquíssimas, porém vistas como meros recursos didáticos. Ponderei que aquelas experiências eram muito mais educativas-formadoras do que relatos de didáticas e métodos de ensino. Falaram, por exemplo, em pedagogia de projetos. Um dos seus méritos é dinamizar as turmas, decidir coletivamente, pesquisar, produzir, mas terminam reduzidas a recursos didáticos. *"Pedagogia de Projetos", "Trabalho interdisciplinar". "Para que os alunos se interessem pelas nossas matérias".* De fato a preocupação de muitas escolas e professores é como as clássicas matérias podem contribuir para entender o tema-projeto. Uma preocupação de docentes e ensinantes que nos persegue e limita a nossa visão educativa, inclusive sobre as experiências tão inovadoras que fazemos.

A questão que teríamos de debater coletivamente é que dimensões formadoras estão em jogo com esses recursos didáticos mais ativos. O que há de formador nessa comunidade produtiva? O que nos diz a teoria pedagógica sobre as dimensões formadoras do agir, produzir em coletivo? Na medida em que assumimos essas questões como nossas nos reencontramos com nosso ofício de educadores. Estamos aprendendo mais sobre os processos de aprender não apenas sobre o que aprender e os recursos didáticos. Estamos aprendendo sobre a formação plena dos educandos como sujeitos humanos.

A mente humana não é uma folha em branco, uma tábua de cera, passiva, onde escrevemos saberes que um dia, acumulados, servirão para enfrentar a vida. Nem é uma mente ou razão inerte a ser ativada para raciocinar, pensar e aprender. A mente das crianças já é ativa, enfrenta situações diversas e nesse enfrentar se forma e estimula. Dialoga, imita e na interação com os outros, na produção coletiva se estimula e se forma. Os processos cognitivos são mais ativos do que receptivos, mais interativos do que solitários. Teríamos de captar a importância da interação nos processos de aprendizagem e desenvolvimento. Captar nosso papel de mediadores, estimuladores de interações, ativas. Uma arte que faz parte de nosso ofício e que muitos educadores praticam com tanta habilidade.

Não ter medo de ocupar longos tempos de interação, planejá-los e avaliar suas virtualidades formadoras. Não como meros recursos didáticos. Não precisamos sair do que fazemos como docentes para encontrar-nos como educadores, apenas não passar por alto, antes captar as dimensões educativas que com tanto esforço e preparo fazemos. Valorizar mais as dimensões formadoras das atividades programadas na sala de aula, na escola, sua importância no desenvolvimento humano dos educandos. Programar atividades viáveis, adequadas a cada tempo-ciclo de formação. Não excluir os adolescentes e jovens das virtualidades formadoras de atividades coletivas. Que aprendam suas pluralidades nessas atividades programadas. Que se aprendam capazes, agindo, produzindo. Que se descubram pertencendo a um coletivo de produtores de saberes, de cultura, de habilidades e competências. Produtores de si mesmos.

Na medida em que formos dando mais tempo a essas atividades ou interações ativas iremos criando outra cultura escolar e profissional. As turmas e os seus mestres irão se identificando como um coletivo que aprende dos mestres e dos outros, que pesquisa, planeja, decide, produz, intervém, encontra significados, confronta significações e interpretações. Registra e apresenta produtos. Produzem um saber pragmático e teórico. Nesses processos de produção-aprendizagem coletiva entram em jogo uma pluralidade de dimensões humanas, cognitivas e afetivas, éticas, identitárias e ativas, etc. Dimensões que ultrapassam a preocupação legítima, o interesse e o domínio da matéria. Os discentes se formam, aprendem competências e saberes centrais para sua vida e os docentes enriquecem sua docência. Alargam sua identidade.

Ultimamente falamos muito no peso de autoestima no estímulo à aprendizagem e da baixa autoestima do aluno e do docente na repetência e reprovação. A passividade, a segregação, o papel de ouvintes passivos têm tudo a ver com a baixa autoestima. A ação, interação, produção coletiva tem muito a ver com a recuperação da autoconfiança e da aprendizagem.

Temos prestado pouca atenção ao peso inibidor de aprendizagem dos tradicionais rótulos de repetente, aluno-problema, turmas especiais, de recuperação, de aceleração. Rótulos não ocultados, mas sabidos de todos, dos mestres e dos educandos. Legitimados na organização de turmas, nos espaços e tempos. Assumidos como normais, como cultura escolar. O movimento de renovação pedagógica, o questionamento das séries e suas lógicas, estão deslegitimando esses rótulos. Saíram da normalidade silenciosa para o questionamento. Viraram temas de debate em congressos e até nos coletivos de escola. Os sutis e desmascarados mecanismos de segregação, humilhação, ocultos nesses rótulos, nos preocupam. Nos tornamos mais sensíveis. Vejo este momento com otimismo, assumimos coletivamente que por décadas reproduzimos práticas coletivas discriminatórias, humilhantes para milhares de crianças e adolescentes, os sempre humilhados e segregados nas relações sociais. Debatemos publicamente porque reproduzimos por décadas esses comportamentos docentes. Nos tornamos mais conscientes, reconhecemos nossa parte. Mas não paramos aí no atual debate. E estamos inventando mecanismos de superação e reversão, de recuperação da autoestima, da autoimagem positiva. A ação, inter-ação, a produção individual e coletiva reaparecem com sua força educativa.

As discussões sobre avaliação somam com a preocupação com a recuperação de identidades positivas: avaliação como reconhecimento dos avanços e dos esforços, expressos nas ações e nos produtos coletivos ou individuais, como recuperação da autoestima e da identidade. Avaliação recuperada como ação formadora ou deformadora.

Estamos inventando recursos didáticos, atividades, formas de avaliar... e sobretudo estamos tendo nova consciência do que estamos fazendo, ou entendendo cada vez melhor as dimensões formadoras do que inventamos e inovamos. Vamos além de socializar experiências, recursos e didáticas. Trocamos significados, redefinimos autoimagens de mestres. Na medida em que essa prática se consolidar e se tornar um hábito estaremos construindo uma nova cultura profissional.

Esse estilo pedagógico poderá impregnar nossa prática cotidiana e fazer parte de nossos valores e pensamentos pedagógicos. Planejar práticas e interações. Fazer da escola uma comunidade educativa porque produtiva.

12
Comunidade de aprendizes mútuos

"Somos uma espécie intersubjetiva por excelência. Isso é o que nos permite "negociar" os significados quando as palavras perdem o mundo..."

Jerome Bruner

Um dos traços mais inovadores das propostas educativas é que provocam um clima coletivo de dúvida, de que nosso ofício transita em coordenadas inseguras, que o que está em questão é o próprio sentido da docência, os referenciais, os deuses que protegiam nossas tranquilidades. Nos atrevemos a duvidar. A recuperação dos traços mais permanentes do ofício de mestre não acontecem através de discursos, mas através do clima de dúvida, de questionamento de práticas que pareciam inquestionáveis.

Tempos propícios porque as certezas nos abandonaram. No acompanhamento da dinâmica de organizar a escola em ciclos de formação, e não em amontoados de séries, os professores vão se confrontando com novas questões e sobretudo são obrigados a fazer novas escolhas. Na organização seriada já sabemos o que fazer, cumprir as normas de enturmação, de avaliação, seguir as normas que predefinem quem passa de série ou não passa.

A nova organização traz a dúvida. Essas normas continuam valendo para a organização em ciclos? Podem ser aplicadas à passagem de ano dentro de cada ciclo e sobretudo à passagem de ciclo? Nas reuniões são frequentes perguntas como estas: se uma criança está no terceiro ano do 1º ciclo e não sabe ler não será melhor enturmá-la com as crianças de seis ou de sete? E se uma criança de nove chega ao final do 1º ciclo sem domínio da leitura ou contas poderá passar para o 2º ciclo ou será retida? Questões idênticas são levantadas na passagem do 2º para o 3º ciclos.

Repensando valores e concepções

São dúvidas sérias, que é bom que aflorem. O que demonstra que os profissionais estão se defrontando com os valores, as concepções que guiavam suas escolhas e decisões no sistema seriado e têm de repensá-las ou superá-las para serem capazes de fazer as novas escolhas postas pela organização escolar centrada nos educandos e seus tempos de desenvolvimento, os ciclos.

O que passa a ser questionado não são mais os problemas crônicos da lógica seriada, como diminuir os índices de reprovação, repetência, defasagem idade-série, mas algo bem mais de fundo: que base pedagógica tem a separação de crianças, adolescentes ou jovens de seus semelhantes? ou que teoria educativa justifica manter adolescentes separados de adolescentes, jovens de jovens? Como pode ser educativo reter adolescentes enturmados convivendo com crianças? As questões são postas no campo do convívio entre educandos, entre tempos diferenciados de seu desenvolvimento, no campo da teoria pedagógica e não das normas. Que matriz pedagógica é violentada quando a um educando lhe é negado o direito de ser criança, adolescente ou jovem? Quando lhe é negada a possibilidade de viver a pluralidade de experiências próprias de seu ciclo de desenvolvimento humano?

A implantação dos ciclos confronta a cultura profissional, a cultura da reprovação com a teoria pedagógica, com a plena formação dos educandos e não apenas com o domínio de determinadas competências por mais relevantes que elas sejam. Há uma mudança no olhar profissional. Se instala a descrença nas velhas seguranças. Novas temáticas ocupam os debates dos mestres.

Os critérios que justificam a retenção ou repetência e a enturmação de idades diferentes na mesma série é a suposta lógica precedente dos conteúdos: o domínio do letramento precede todo o percurso subsequente, logo o aluno não poderá ir para frente enquanto não dominar a lectoescrita, não poderá passar para a próxima série se não dominar a média de conteúdos da série precedente, independente da idade que tiver e do ciclo de desenvolvimento humano em que estiver. Poderá estar na adolescência, se não souber ler, escrever ou contar será enturmado com criancinhas de 6 e 7 anos, nas primeiras séries, e aí poderá ficar por anos independente de seu tempo humano. Violentamos seu tempo.

Já vimos como esta lógica se justifica numa visão continuada, sequencial, homogênea dos processos mentais, da aprendizagem e do desenvolvimento. Nessa lógica podemos ser mais ou menos rígidos ou flexíveis nesse percurso sequenciado, porém nunca queimando as etapas homogêneas do domínio dos conteúdos. Esta é a cultura profissional e escolar, fácil de administrar. Pode essa mesma lógica ser aplicada na organização em ciclos? Se essa mesma lógica for aplicada dentro dos ciclos e na passagem de ciclos estaremos deixando tudo no mesmo lugar, e os profissionais da Educação Básica não terão mudado seus valores, suas lógicas e concepções, nem suas práticas.

A organização em ciclos de desenvolvimento pretende rever e reformular essas lógicas, esses valores e concepções educativas. Passamos a fundamentar nosso profissionalismo na teoria pedagógica, nas questões que sempre interrogaram nosso ofício: como se processam as aprendizagens? Como passar às novas gerações o conhecimento, os valores, os significados da cultura? Como nos educamos, nos formamos humanos em cada tempo-ciclo de nossas vidas? Quanto às escolas, depois de um tempo de vivência das propostas pedagógicas, fico impressionado com as questões que passam a ser priorizadas.

Quando nos colocamos essas questões mais permanentes de nosso saber-fazer, ou quando nos defrontamos com escolhas e decisões tão sérias como reter ou não, na série

162

ou no ciclo, nosso olhar vai sendo reeducado para centrar-se no foco dos educandos e sua formação. Vai sendo desviado, sem medo, da suposta lógica sequenciada, precedente dos conteúdos seriados. É uma mudança nada fácil, nos violenta, como se nosso olhar tivesse sido puxado, por décadas, para a suposta lógica seriada e nos ofuscasse a visão dos educandos e a lógica dos processos de sua formação. Valeria o ditado popular: o cachimbo deixou a nossa boca torta.

Nosso próprio olhar pedagógico sobre nós mesmos tem de ser desfocado. O olhar fixo, por décadas, na lógica precedente, na continuidade homogênea, sequenciada das aprendizagens, desfocou o olhar sobre nós mesmos. Nosso saber-fazer e dever-ser se esqueceu dos educandos. "Esqueceram-se de mim, professores(as)", poderiam nos lembrar cada dia os educandos. Esqueceram-se de minha condição de adolescente, de jovem e me trataram por anos como criança, multirrepetente. Como repetir a infância que vai ficando tão distante, quando já se é adolescente ou jovem? Somente um olhar fora do foco pedagógico para justificar por décadas a violentação do direito a ser adolescentes e jovens, também na escola. Quando nos esquecemos dos educandos não mais nos encontramos como pedagogos.

Tenho insistido que desde que as palavras pedagogo, pedagogia foram inventadas elas representam uma relação e interação de gerações, de papéis. Essa relação está no cerne de toda ação educativa e está na origem de nossa identidade social. Na medida em que nos voltamos para os educandos, nos reencontramos com nós mesmos como seus parceiros de longas estradas, e nos reencontramos com nosso ofício, nossa autoimagem. Valores e crenças passam a encontrar outros sentidos. A docência, os seus conteúdos, nosso profissionalismo encontram outros sentidos.

Vejamos, em concreto, como os valores e crenças que justificaram a retenção, reprovação e a separação dos educandos de seus pares, perdem sentido quando o foco de nosso olhar passa a ser os educandos, sua formação e seu desenvolvimento pleno.

Propiciar ricas interações

Voltado nosso olhar para os educandos e para as matrizes de nossa formação, encontraremos como centro a interação com outros. O conhecimento, os valores e as competências se aprendem no intercâmbio humano. Este é um aprendizado que podemos encontrar em nosso próprio percurso de formação e de aprendizagem: como aprendemos os significados da cultura? E nossos filhos e parentes, como aprendem? Na interação com adultos, e com seus pares, crianças, adolescentes, ou jovens.

A dinâmica pedagógica que se cria, ou melhor, se acelera com a tentativa de organizar nosso trabalho visando os educandos e seus ciclos-temporalidades de desenvolvimento pode significar um reencontro com a teoria pedagógica e com nossa condição de educadores. Que matriz pedagógica podemos recuperar para entender a seriedade da organização em ciclos? Vimos que na base da teoria e da prática pedagógica está um traço fundante de nossa condição humana: não nascemos prontos, mas apenas como um possível. A infância e adolescência com que convivemos como profissão nos diz a cada momento que não estão prontos na pluralidade de suas dimensões humanas, que esperam ser conduzidos, acompanhados no complexo processo de se tornar humanos. Partindo desse núcleo fundante que dá sentido a toda ação educativa a questão posta é como se dão esses complexos processos. A própria história da nossa evolução como espécie humana nos aponta a resposta: nos formamos humanos no convívio com outros humanos. Este núcleo da teoria pedagógica está na base da organização em ciclos e do respeito pedagógico ao convívio com pares de ciclos.

Pelo fato de nosso filho, adolescente, não saber ler ou contar não o reprovaremos, nem será obrigado a viver como criança, nem ficará no quarto das crianças, no aniversário de crianças, jogando e interagindo com crianças. Nossa sensibilidade pedagógica em família nos diz que será o convívio e intercâmbio com seus pares, adolescentes, o clima mais propício à sua realização e formação, a seus aprendizados. Tentaremos encontrar tempos para que aprenda a leitura, a escrita e as contas apropriadas a sua idade, à adolescência, porém não o privaremos do convívio com seus semelhantes. O respeitaremos em seu tempo cultural, cognitivo, corpóreo, identitário.

Qualquer pedagogia que coloca o foco nos educandos e seu desenvolvimento pleno agirá nessa lógica, com esses valores. Por que nossa cultura escolar e profissional nos bloqueia e seguimos com os alunos critérios que como educadores na família e na experiência própria não seguimos? Não há teoria, nem sequer senso comum pedagógico que justifique separar o que o desenvolvimento da espécie humana uniu. A interação é nuclear em todo processo educativo.

Recuperar estes questionamentos como profissionais da educação é extremamente formador. Passamos a valorizar mais e reconhecer a centralidade da interação. Esta passa a ser uma preocupação central: como repensar os tempos e espaços, os rituais da escola para permitir ricas interações. Como reorganizar os tempos e o trabalho dos professores para o convívio com os educandos. Quando essa preocupação se torna central vamos percebendo que somos mais do que docentes. Somos adultos que aprenderam os significados da cultura, carregam vivências, saberes e competências, valores e concepções de mundo, de homem, de mulher, experiências de classe, de raça, de gênero, de cidadania...

Percebemos que os educandos também aprenderam significados. Toda criança, adolescente ou jovem é sujeito cultural, repetente ou não, "carente" ou não. Desde que nascemos somos sujeitos de cultura independente da origem, classe, gênero ou raça. Toda criança chega à escola marcada pela cultura, trazendo o aprendizado de seus significados. No tempo de escola trocamos e ampliamos estes significados.

O convívio escolar será educativo na medida em que nos revelemos como adultos às gerações jovens. A procura de mecanismos que explorem as dimensões formadoras da relação adulto-criança-adolescente-jovem passam a ser centrais. Passamos a ver a escola como um tempo de encontro de gerações, em ciclos diversos de aprendizado, de vivências e de interpretação da cultura. Vamos constatando que na organização seriada infelizmente essa interação de gerações tão pedagógicas se restringe aos tempos e espaços da transmissão formal, na sala de aula, na turma, nos 50 minutos de cada maté-

164

ria. A interação fica empobrecida pelo formalismo, pelo silêncio dos alunos. Até pela ordem das carteiras e pelo tom magistral, onisciente da docência.

Há, ainda, outro aspecto que limita a dimensão educativa da interação entre gerações, na organização seriada: a relação das novas gerações se dá quase exclusivamente com apenas um adulto em cada tempo, dificilmente como coletivos que revelam suas vivências, valores, saberes e interpretações diferenciadas em atividades coletivas. Até as didáticas mais questionadoras, de pesquisa, que partem dos saberes dos alunos, não saem do relacionamento no âmbito da disciplina, do professor e do conteúdo da área e muitas vezes não passam de mecanismos para motivar, para interessar os alunos pelos conteúdos. Passamos a reconhecer que o encontro de gerações que está no cerne do ser pedagógico é bloqueado na organização seriada, gradeada e disciplinar. É uma relação apenas de um professor onisciente com alunos aprendizes ignorantes. Fora dessa relação funcional, somente em festas, semanas da cultura, de ciências, em semanas pedagógicas, se dará uma relação mais total dos professores como coletivo com as novas gerações.

Encontramos um grande esforço dos educadores para furar essa rigidez das grades, do programa, dos tempos disciplinados. As experiências interdisciplinares tentam relações mais coletivas ainda que limitadas. Há muitos professores e professoras que vêm inventando, transgredindo normas e horários à procura de relações e interações mais plenas com os educandos. Sabemos que a rigidez das estruturas escolares não facilita, antes dificulta e muito essas tentativas.

O encontro de gerações está na base da pedagogia, mas também está o encontro dos educandos em seus ciclos, com os semelhantes e os diferentes. Qual a centralidade desse preceito pedagógico na organização das relações sociais na escola seriada? Sabemos por experiência que a interação entre os semelhantes em idade, em ciclos da vida, não é facilitada, antes bloqueada. Os alunos são silenciados, pouco falam entre si. O percurso escolar é solitário, silencioso. É chocante entrar em uma escola onde convivem mais de mil crianças, adolescentes e adultos e encontrar um clima de profundo silêncio só perturbado pela repetida chamada: *"menino cala a boca"*; *"menina silêncio"*. Por vezes me atrevo a perguntar ao diretor ou à diretora se dispensou as aulas, diante desse silêncio sepulcral. *"Faço questão, professor, de que em minha escola reine o silêncio e a ordem"*. Bons candidatos para a direção de um cemitério, penso com tristeza.

Manter os alunos silenciados é a negação de uma matriz educativa elementar: só há educação humana na comunicação, no diálogo, na interação entre humanos. Escola silenciosa é a negação da vida e da pedagogia. No silêncio os alunos poderão aprender saberes fechados, competências úteis, mas não aprenderão a serem humanos. Não aprenderão o domínio das múltiplas linguagens e o talento para o diálogo, a capacidade de aprender os significados da cultura.

Sabemos como nesse clima tão silencioso e solitário os momentos de interação e de comunicação são restritos e até punidos fora do recreio. A ordem das carteiras enfileiradas para o quadro, o aluno olhando para a nuca do outro, sem ver seu rosto, é a ex-

165

pressão mais forte da negação de qualquer interação possível entre os educandos. Nos encontramos no espelho dos outros, no seu rosto humano. Até é punido copiar e aprender dos outros. As relações na escola são de mão única, professor-aluno. Qualquer outra saída ao diálogo entre educandos será na contramão. Todos esses limites ao encontro cognitivo, social, cultural, entre gerações e entre semelhantes e diferentes, têm uma justificativa: é o clima necessário à transmissão-domínio do programa na sequência seriada. Aprender passou a ser uma empreitada solitária, e silenciosa, o que é a negação mais brutal da natureza do desenvolvimento, da formação e do aprendizado acumulado pela evolução da espécie humana, que aprendendo a falhar, a conviver, se humanizou. Criou cultura.

Uma comunidade de aprendizes mútuos

Voltemos àquelas velhas questões, valores e crenças e nos perguntemos de novo: reter, reprovar, separar idades, ciclos da vida, têm base pedagógica? Se somos fiéis às matrizes de aprendizado humano, teremos que responder: nada justifica nos processos educativos, reter, separar crianças, adolescentes ou jovens de seus pares de ciclo de formação, entre outras razões porque eles aprendem não apenas na interação com os professores-adultos, mas nas interações entre si. Os aprendizes se ajudam uns aos outros a aprender, trocando saberes, vivências, significados, culturas. Trocando questionamentos seus, de seu tempo cultural, trocando incertezas, perguntas, mais do que respostas, talvez, mas trocando. Não se trata de minorar a importância da professora ou do professor, mas de recuperar a centralidade da interação de todas as pessoas envolvidas nas relações escolares, os docentes-adultos, sua centralidade insubstituível, mas os semelhantes também. Este é um dos nortes que inspira a organização da escola em ciclos de desenvolvimento.

A esta altura não faltará quem se assuste e retome os medos e os fantasmas de décadas passadas: queremos que aluno ensine matemática, geografia a seus colegas? Estamos voltando a um populismo que parecia superado, que todo aluno já sabe, que troque saberes mudos com seus colegas e pronto? Estamos dispensando o saber elaborado que o mestre deve dominar e transmitir? Se colocamos os medos aí continuaremos fora de foco.

Na lógica seriada, transmissiva, sequenciada, disciplinar e no reducionismo do direito universal a Educação Básica a aprender apenas saberes e competências úteis, não há lugar para equacionar a escola como um educandário, nem como uma das comunidades sociais e culturais de aprendizes mútuos. Só cabe pensar em um encontro de gerações de mão única, qualquer interação humana entre gerações e entre semelhantes será vista como um beco sem saída.

Um olhar míope das possibilidades formadoras, culturais e socializadoras dos tempos de escola, dos tempos da infância, adolescência e juventude. Conhecemos milhares de educadores que já superaram esses medos e exploram a interação entre os semelhantes nos processos formadores e de aprendizagem. Esta matriz pedagógica não é um recurso populista, é inerente ao aprendizado humano.

Aconselho um encontro com Jerome Bruner. Com ele tenho aprendido esta matriz pedagógica que ninguém inventou, que faz parte da condição de nossa espécie. *"Somos a espécie intersubjetiva por excelência"*. De formas diversas repete essa ideia. Passarmos conhecimentos e habilidades, como qualquer intercâmbio humano, supõe uma comunidade de interação. Um "professor" e um "aprendiz". É sobretudo através da interação com os outros que as crianças averiguam de que trata a cultura e como concebe o mundo. À diferença de outras espécies, os seres humanos se ensinam uns aos outros deliberadamente. O ser humano acumulou um talento especial para entender os gestos, a linguagem, os símbolos, as mentes dos outros: os contextos da cultura. Como se dá essa aprendizagem da cultura? Não numa rua de mão única, do mestre ao aprendiz, mas na interação. A escola é uma comunidade especializada na aprendizagem entre todos os seus membros. É uma comunidade de aprendizes que se apóiam uns nos outros, de aprendizes mútuos, com o professor como mediador, orquestrando os procedimentos. Sem medo de perder nosso saber-fazer de ofício.

Quando destacamos a centralidade do convívio humano na formação, nos situamos num projeto educativo comprometido com o direito ao desenvolvimento pleno, não pensamos apenas em programar trabalhos em grupo, pesquisas coletivas sobre a matéria ou tema de estudo, o que poderá acontecer entre analfabetos, crianças e adolescentes retidos nas primeiras séries. Pesquisar juntos, produzir algo juntos é enriquecedor. Porém não é apenas essa a interação que se espera para que aconteça um processo formador. Quando se tem como horizonte que os educandos se formem e se desenvolvam como humanos, essa aprendizagem somente se dará se for criado um clima de interação em que as pessoas aprendem umas das outras, aprendem dos adultos e dos semelhantes o que elas são, os significados que dão, os valores e sentimentos, as emoções, os saberes, as competências que aprenderam e os processos como as aprenderam. Quando a interação permite esse revelar-se de pessoas, há pedagogia. Este princípio é nuclear na teoria pedagógica mais clássica. Como ignorá-lo?

Por aí, a docência se encontra com a pedagogia e com a função histórica da escola. A escola foi inventada como um espaço especializado na troca de conhecimentos, ou na aprendizagem de competências, onde os mestres-docentes têm um papel insubstituível, mas também como uma instituição de intercâmbio de gerações e de semelhantes e diversos, onde tanto os mestres-adultos quanto os aprendizes têm papéis também insubstituíveis.

A escola foi se afirmando como uma entre outras comunidades ou coletivos socializadores, de aprendizados humanos mútuos, entre gerações. Esta ideia é nuclear na filosofia e sociologia da educação escolar, esquecê-la é afastar-nos de um dos papéis sociais da escola e de nosso ofício. Uma função reconhecida por todas as ciências humanas, e pela própria tradição pedagógica.

Neste campo pedagógico estão atualmente sendo confrontados os valores e as crenças sobre a reprovação e retenção. Insistir em recuperar a escola como uma comunidade, um coletivo de aprendizados mútuos é reafirmar o insubstituível papel dos sujeitos nos processos de aprendizagem. Se vemos o professor apenas como um competente reservatório e transmissor de competências, conteúdos e informações, poderemos estar ameaçados. Os recursos tecnológicos poderão cumprir esse papel com maior qualidade. Os mecanismos de concentração e transmissão de informações estão fugindo a nosso controle, nos superam em eficiência. Somente uma visão educativa formadora do nosso papel nos torna insubstituíveis.

As novas tecnologias poderão transmitir conhecimentos, competências, informações com maior rapidez e eficiência do que o professor, porém um vídeo, uma parabólica, um computador... não darão conta do papel socializador da escola, do encontro de gerações, da intersubjetividade, do aprendizado humano que se deu sempre no convívio direto de pessoas, nas linguagens e nas ferramentas da cultura, nos gestos, nos símbolos e nas comemorações. As tecnologias podem repetir e transmitir até múltiplas linguagens, mas não os significados interpessoais e dos contextos culturais. *"Somos uma espécie intersubjetiva por excelência. É este traço o que nos permite 'negociar' os significados quando as palavras perdem o mundo. Nossa tradição pedagógica apenas faz justiça à importância da subjetividade ao transmitir a cultura... frequentemente parece ignorada"* (BRUNER, 1997, p. 39).

Outros sentidos para a docência

No ordenamento do trabalho escolar por ciclos nos orienta essa dimensão que é central nos processos de ensino-aprendizagem humana: eles acontecem em interação com outros humanos, com os semelhantes e os diversos. Não há como compactuar com a lógica e a estrutura seriada, que articula tempos, espaços, relações apenas em torno dos saberes escolares e sua transmissão. Os educandos são organizados em função de competências em programas coisificados. Cada aluno silencioso, isolado em relação com as tarefas, as lições, as leituras e as disciplinas.

Muitos profissionais da escola vêm tentando dar outros sentidos à sua docência. Trabalham os conhecimentos como expressões culturais, como produtos humanos, produzidos em relações e interações, em trocas com humanos, com semelhantes e com diversos. Sabem que os significados do conhecimento e das competências que se dão na vida humana, na cultura se aprendem apenas no relacionamento. O relacionamento entre gerações, entre seres humanos em tempos-ciclos diversos e semelhantes da vida humana é uma das preocupações centrais quando pensamos fazer da escola um tempo de ensino-aprendizagem, onde sejam respeitadas as temporalidades dos educandos.

Os ciclos não se justificam como tempo mais longo para que os alunos aprendam conhecimentos, se relacionem com os saberes escolares, com a ciência e tecnologia de acordo com seus ritmos de aprendizagem. Com essa visão de ciclos como ritmos diversos de aprendizagem dos conteúdos de cada matéria não saímos da mesma lógica, apenas a tornamos um pouco mais elástica. Assim como temos computadores que processam informação de maneira mais rápida ou mais lenta, assim teremos alunos que aprendem em ritmos diferenciados. É pouco organizarmos ciclos de ritmos diversos. Reduzir a experiência escolar a um tempo em que crianças ou jovens têm de processar informações cada dia mais complexas e respeitar seus ritmos de processamento pode ser mais democrático, porém não nos aproxima do que é educar, humanizar, aprender e socializar ou entrar no mundo humano dos significados, da cultura.

Não é o mesmo processar informação do que compreender significados. Os educandos não processarão informação sem aprender significados. Estes somente se aprendem na interação com os semelhantes, com humanos, com seu universo simbólico, com sua cultura. Neste sentido, somente nos educam educadores(as), pessoas, semelhantes. Nos educa o convívio humano.

A organização por ciclos de desenvolvimento pretende criar estruturas espaciais e temporais na escola onde seja mais fácil, ao menos difícil, essa interação de gerações, de semelhantes e diversos. Onde como pessoas possam se encontrar, dialogar e trocar vivências, valores e símbolos, saberes e significados e possam sair do isolamento silencioso supostamente necessário para apreensão e processamento de informações. Quebrar essa relação isolada, silenciosa de cada aluno e cada professor com os saberes disciplinares é inerente ao aprendizado humano. O ciclo permitirá em sua flexibilidade relacionamentos entre gerações e semelhantes para melhor aprender as matérias, aprender a aprender, mas também aprender o que outros pensam, os significados que dão na cultura. Nas relações humanas ou inumanas, no fazer-nos. Este é um dos sentidos pedagógicos da organização em ciclos de formação: a primeira condição para educar é ter vivido, estar vivendo os significados que vamos ensinar. Daí ser em todas as culturas um ofício dos adultos, dos mais vividos, cultos, cultivados.

Mas também os pares e semelhantes ou próximos em questionamentos e vivências, em tempos ou ciclos podem nos ensinar, de fato ensinam e com eles aprendemos. A cultura jovem se aprende com os jovens, a ser adolescente com os adolescentes, e nenhum mestre melhor para aprender uma coisa tão séria como brincar do que as crianças. Entre os próprios semelhantes em tempos sociais e culturais, aprendemos regras, símbolos e valores, sentidos e significados complexos de nosso viver. Como a criança imita outra criança e adolescentes e como estes imitam e apreciam o convívio com jovens e adultos! Na vida social e cultural se repete essa matriz pedagógica básica: aprendemos imitando, convivendo, revelando incertezas e inseguranças, trocando formas de viver e de ser, significados e cultura, conhecimentos e competências. Tentar organizar a prática escolar, as turmas, os tempos e espaços, as atividades e os convívios escolares para explorar ao máximo essa matriz pedagógica é o que dá sentido à organização dos ciclos de formação.

Recuperar a centralidade dessa matriz pedagógica poderá ser um caminho para recuperar a humanidade roubada da infância que passa longos tempos em nosso convívio. A organização do trabalho escolar, de nosso trabalho de mestres, respeitando as temporalidades do seu desenvolvimento pleno poderá tornar nossa prática mais humanizada. Ao menos o tempo de escola será, um dia, uma boa lembrança de um trato digno, onde foram respeitados em seu tempo de infância, adolescência e juventude. Ao menos nos tempos e espaços da escola vão aprender uma grande lição: a exigir ser respeitados como gente em outros, em muitos tempos e espaços sociais que a vida lhes depara.

Participar em uma dinâmica educativa onde a escola e seus docentes se enfrentam sem medos com todas essas questões tão radicais na teoria pedagógica será um processo requalificador. Um reencontro com o pensamento educativo, com uma prática mais iluminada. Será uma forma de recuperar o saber pedagógico na medida em que temos coragem de voltar a duvidar. Porque perdemos as certezas e aprendemos outras ou aprendemos a fazer o percurso de toda formação humana em coordenadas inseguras.

Outras certezas, não tão certas, a proteger nossas intranquilidades profissionais. Possivelmente muito mais instigadoras. Debates invasivos, inoportunos talvez para a tranqüilidade das escolas. Às vezes me pergunto: o que restará desses embates? Serão provisórios? A paz que reinava nas escolas voltará quando silenciarem as discussões?

Sei que a escola não consegue viver em permanente tensão, nem nós. Mas sei também que não podemos viver apenas de recordações, de silêncios, de monotonia. Continuaremos a precisar fantasiar o futuro das crianças se munidos com nossos saberes? Fantasiar o futuro do mundo, da democracia se melhorar a educação e, claro, se melhorar nossa condição docente?

Precisamos de fantasias e sobretudo precisamos reinventar valores e crenças para suportar nossa docência. A docência só é suportável, reinventada, a cada dia. Como a vida.

13

Certezas nem tão certas

> *"A criança loura*
> *Jaz no meio da rua...*
> *Cai sobre a estrada o escuro.*
> *Longe, ainda uma luz doura*
> *A criação do futuro...*
> *E a criança loura?"*
>
> Fernando Pessoa

Certezas múltiplas protegem nossas tranquilidades profissionais. Vêm do cotidiano. Dão a segurança necessária para repetir ano após ano nosso papel. São os deuses que protegem a escola e nos protegem. Não constam em tratados de pedagogia, nem nos regulamentos, nem nos frontispícios das escolas. São certezas que não se discutem, tão ocultas no mais íntimo de cada mestre. Não afloram. Tão inúmeras que não dá para contá-las nas pesquisas. São nossas certezas. Garantem velhas seguranças. Com um termo mais na moda diríamos que essas certezas são a cultura escolar, a cultura profissional. São nossas crenças e nossos valores. Não se discutem, se praticam com fiel religiosidade.

Há certas crenças e valores no cotidiano de nossas práticas de que não abrimos mão. Não as questionamos nem em reuniões pedagógicas, nem sequer nos conselhos de escola. Lembro-me de uma dessas reuniões do conselho de escola, discutíamos se dois alunos, bons alunos, estudiosos, deveriam ser reprovados porque estavam fracos em uma matéria, mas muito bons no resto. Terminamos concordando, passariam. A reunião ia ser encerrada e me atrevi a perguntar, e os outros? Que repitam, foi a resposta unânime. Tentei defender que todos passassem, ponderei com teorias pedagógicas, psicológicas, humanitárias, apelando aos direitos da infância e da adolescência... Todos me olhavam com cara de espanto. O silêncio tomou conta da sala, como num culto sagrado. Percebi. Estava tocando nas crenças mais íntimas, nos valores mais profissionais. Estava profanando os deuses que protegem a escola.

Repetência, reprovação, retenção, são crenças. Durante décadas debatíamos como reduzir seus índices, nunca como acabar com elas. Seria como ter ousadia para acabar com um deus que nos protegeu por tantos anos. Acabar com um valor que trouxe paz a nosso sono. Um professor reprovou mais de 40% na turma, na 6ª série do noturno. Apelei, ponderei que se tratava de jovens trabalhadores, que atrapalharia suas vidas, suas possibilidades de emprego, de casamento... Nada adiantou. Tive coragem de perguntar ao professor se depois de reprovar dormia tranquilo. *"Em paz com minha*

171

consciência", me respondeu seguro. Fiquei convencido: reprovar, reter, repetir faz parte do mundo mais íntimo das crenças, dos valores, da cultura profissional. Da paz das consciências e dos nossos sonos. São os deuses que não perturbam, antes protegem nossos sonhos e matam tantos sonos de inovação pedagógica.

Ousadia para duvidar

Quando volto da escola, depois desses encontros e reuniões, sempre penso: chegará o dia em que essas crenças serão dúvidas? Que fazer para que duvidemos dessas crenças? Para repensar esses valores tão íntimos e arraigados? O que os justifica? O que os legitimou por décadas? Como desestabilizá-los e transgredi-los para renovar a cultura escolar e profissional? Mas como mexer em crenças sem desestabilizar no mais íntimo aqueles que nelas acreditam?

Em realidade o número de crentes está decaindo. As crenças que protegem as escolas vêm perdendo força e legitimidade. Transcrevo algumas ponderações oportunas que J. Gimeno Sacristán (1998)[17] nos lembra: *"Nesta época temos de pensar e decidir o percurso pelo qual queremos que transite a realidade social e a educação dentro de coordenadas inseguras... A crise dos sistemas educativos tem a ver com a perda da consciência sobre seu sentido... Tomar opções não é fácil neste final de milênio em que vemos tombadas tantas referências e seguranças. A educação tem funções a cumprir, entretanto estão ficando desestabilizadas pelas mudanças políticas, sociais e culturais que estão acontecendo... Assistimos a uma crise importante nos discursos que têm guiado a expansão da escolarização nesta segunda metade do século XX. As práticas, entretanto, parecem seguir velhas seguranças, como se nada estivesse acontecendo..."* (p. 11-12).

Os termos que Gimeno enfatiza para caracterizar nossos tempos: coordenadas inseguras, perda do sentido, referências e seguranças truncadas, desestabilização das funções educativas, crise nos discursos, velhas seguranças... A perda da instabilidade das velhas seguranças e certezas não aconteceu apenas no campo da educação, mas no terreno político, social, cultural, nos paradigmas teóricos e científicos. Sem dúvida, será mais tranquilo apegar-nos a velhas crenças do que abrir-nos a pensar e decidir o percurso a perfazer, as práticas a rever segundo coordenadas inseguras. Como administrar nossa identidade docente em coordenadas inseguras? Teríamos de inventar outro perfil de profissional menos seguro e nem por isso menos profissional?

A quantidade de encontros de docentes da Escola Básica que estão acontecendo, a vontade de dialogar, debater, trocar experiências, participar de oficinas, de propostas inovadoras, aponta que esse perfil de docente que vem se gestando está abandonando o sono tranquilo, a proteção segura de velhas crenças e está à procura de referenciais novos. Nas coordenadas inseguras, sua criatividade terá maior liberdade. Serão mais

---

17. SACRISTÁN, J. Gimeno. *Poderes inestables en educación.* Madri: Morata, 1998 [Tradução em português: Porto Alegre: Artes Médicas].

sujeitos, livres de proteções externas, de leis, de normas e crenças. Abrir caminhos incertos sempre será mais criativo e realizador do que trilhar os já batidos. Estamos nesses tempos de saber fazer a hora e não esperar acontecer?

Estimular propostas inovadoras que provoquem esse movimento desestabilizador, aprender a trabalhar em coordenadas inseguras, a ter de tomar opções diante de seguranças truncadas, abandonar velhas certezas... é provocar um movimento formador para os próprios mestres. Esse exercício de duvidar, de rever certezas pode ser observado nas escolas e nos encontros dos professores.

Nas escolas é cada vez mais frequente a elaboração do projeto pedagógico. Tem sido um momento propício para o coletivo de profissionais se ver no espelho do cotidiano, dos problemas e também das propostas de solução. Elaborar coletivamente diagnósticos e propostas exige colocar na mesa crenças, valores, práticas, seguranças e inseguranças. Os coletivos de profissionais terminam por provocar uma dinâmica na escola e entre eles. Em realidade todo diagnóstico sobre a escola é um olhar-nos no espelho de nosso ofício. Quando duvidamos e nos perguntamos qual a função social da escola estamos interrogando nossa função de mestres de escola.

Quando nos propomos repensar conteúdos, tempos, calendários e metodologias estamos repensando nossa docência, nossa organização do trabalho, nossos tempos profissionais e humanos. Em realidade todo projeto pedagógico de escola é um projeto de pedagogo, de professor. Por isso provoca embates, resistências, divide grupos, ou aproxima. Os embates tocam em nossas áreas, em nossos terrenos e quintais. Se o projeto é do coletivo da escola fica ultrapassado falar em minha turma, minha disciplina, meus conteúdos, meus aprovados ou reprovados. Nossas tranquilidades ou inseguranças ficam expostas.

Nos últimos anos, o que mais tem provocado debates e embates são as propostas pedagógicas das redes municipais ou estaduais. Um projeto de escola pode perturbar a paz do intramuros do seu coletivo, pode ser um projeto transgressor ou conservador. Entretanto, as propostas inovadoras quando pensadas e assumidas politicamente como coletivo do sistema todo de educação trazem outras contaminações externas para a paz das escolas. Outros embates. O coletivo mais amplo de escolas e de professores de um município ou de um estado é mais variado, mais dinâmico do que o coletivo de escola, trazem as marcas e as diferenças de embates políticos, de lutas coletivas, de consciências construídas por anos reivindicando direitos como categoria. A dinâmica de uma proposta das redes de educação para esse coletivo amplo é muito mais rica e pedagógica do que a elaboração de um projeto na paz ou relativa tensão da escola.

Na implantação das propostas que acompanho debatemos muito se cada escola será livre para decidir sua adesão ou todas as escolas vão implementando como coletivo, como rede, como sistema, respeitando estilos e ênfases diferenciadas. Deixar que cada escola decida parece mais "democrático", mas perde em dinamismo formador. Perdemos algo extremamente urgente, abrir a escola, sair de "seus" problemas, suas divisões internas, seus grupinhos, suas áreas e quintais. O direito à educação, à cultura, à formação da infância e adolescência de um município ou estado é coisa demasiado séria como para ficar à mercê de decisões de um pequeno coletivo de escola dividido ou coeso, que gosta ou não gosta, quer ou não quer mudar. A garantia de direitos à saúde ou educação não se decide em assembleias de um pequeno coletivo de médicos ou docentes, mas no embate mais amplo.

Um movimento inovador, que toca em valores coletivos, em culturas sociais e políticas, em imaginários coletivos perde força quando o isolamos nos muros e tensões da escola. A cultura escolar e profissional, os valores construídos historicamente sobre a educação como direito, as certezas e as crenças são coletivas, sociais, como tais têm de ser tratadas em movimentos coletivos. Esperar que mudem tentando converter cada um, cada crente, cada mestre ou militante a essa nobre causa, a novos valores sociais, a nova cultura é ingenuidade. As crenças e valores sociais não são a soma das crenças individuais.

Acompanhando essas propostas aprendo que uma das potencialidades a ser explorada pedagogicamente é a dinâmica que provocam na categoria. Nas redes, nas cidades e na cultura pública. Explorar a contaminação a que expõem as comunidades e especificamente o coletivo de professores, diretores, supervisores, orientadores, inspetores e técnicos dos órgãos centrais. As questões, dúvidas, incertezas vão se espalhando, os focos dos debates se ampliam, as práticas inovadoras e transgressoras saem das gavetas e se oficializam e legitimam. Os tabus, as crenças tão arraigadas e tão certas balançam. Ousamos duvidar como coletivo. Espalham-se descrenças e novas crenças na cultura da escola e da cidade. Frequentemente se espalha um certo medo e insegurança e voltam aquelas perguntas carregadas de tonalidades existenciais: afinal quem somos? Onde se foram nossas crenças e nossos valores? O que ficou, se estão tirando nosso tapete de tantos anos de magistério?

Essa dinâmica que mexe nas imagens e autoimagens não fica solta. O coletivo dos órgãos centrais, dos centros de formação e das escolas vai costurando tempos de reflexão, de oficinas, de trocas de práticas inovadoras. Vai costurando redes de coletivos de áreas, de ciclos, de experiências, de leituras e reflexões que tornem essa dinâmica formadora, fortalecedora de autoimagens, de novas inseguranças, valores, pensares e fazeres. Inovar a escola e os sistemas educativos é o processo mais qualificador dos docentes. É uma qualificação concomitante não precedente às inovações. Aí radica sua força pedagógica. Mas exige uma direção, uma intencionalidade a ser construída coletivamente e explorada pedagogicamente.

Duvidar de arraigadas estruturas

O que há de mais desestabilizador e por isso mais autoeducativo nesses projetos é que têm coragem de mexer nas estruturas e lógicas seriadas, temporais e espaciais. Mexem na coluna que vertebra o trabalho dos docentes e consequentemente sua autoimagem, suas crenças e valores. Em outros termos, onde radica a radicalidade formadora para os próprios docentes, para a redefinição de suas autoimagens? Nos discursos inovadores que trazem? Nas novas leituras, reflexões que estimulam essas propostas? No número de horas de cursos, de oficinas de requalificação? Também, mas sobretudo no foco inovador que privilegiam: as estruturas escolares e suas lógicas.

Tenho percebido que, quando renovamos métodos, currículos, entendidos como os conteúdos da docência, a categoria não se sente tão tocada como quando renovamos estruturas de trabalho, tempos e espaços, por quê? Por que os métodos e conteúdos são acidentais à nossa docência? Não. Mas porque eles não tocam tão de perto, ou não chegam a esse recinto "sagrado" de nossos valores e nossas crenças profissionais, não afetam essa profundidade, o que somos, fazemos, o como nos relacionamos, como nos afirmamos. Entretanto, inovar as lógicas e as estruturas do sistema escolar afeta as relações de trabalho, a propriedade de cada área e disciplina, o domínio de nossos tempos, a propriedade de nossos espaços, a relação com os colegas, com a direção e com os educandos.

Somos o que produzimos, as formas como trabalhamos, as estruturas e relações sociais e de poder em que trabalhamos. Não damos aulas particulares em casa. Somos parte de uma engrenagem estruturada e estruturante, a instituição escolar, o sistema, as redes escolares. Nossa imagem social e nossa autoimagem estão enredadas nesses fios estruturantes, amarrados em tantos nós. Para muitos deitar nessa rede e sonhar é cômodo e seguro. Mas quando sentem os nós se desamarrando, as estruturas sendo questionadas, tudo fica inseguro. Como trabalhar em coordenadas, em estruturas es- colares inseguras, mais elásticas e mais abertas?

Falávamos como as crenças e os valores estão arraigados e condicionam nossas relutâncias e também nossa coragem de inovar. Repousam no interior de cada um e lá se afincam e, sobretudo, se materializam e legitimam nas estruturas sociais e também nas estruturas das instituições sociais de que participamos desde nossa infância. A escola é uma instituição social, insisto, bem-estruturada em seus tempos, espaços, rituais, símbolos e sobretudo nas relações sociais e de trabalho.

O caráter desestruturante de crenças e culturas profissionais de muitas propostas inovadoras que se espalham está em que se propõem mexer nas velhas e arraigadas estruturas e relações de trabalho, nas lógicas temporais e espaciais, nas estruturas e lógicas seriadas. Na medida em que os professores vão percebendo que a organização do seu trabalho, dos seus tempos e espaços vai se alterando, sentem-se ao descoberto. As lógicas, os valores que legitimaram essas estruturas como normais, os pilares em que crenças e valores se apoiavam, balançam a segurança pessoal e profissional.

Nos embates de que participo afloram essas inseguranças. As tentativas de reorganizar a escola em ciclos de formação, redefinindo a estrutura seriada, despertam o interesse pelas teorias pedagógicas, sociais, antropológicas que possam fundamentar essas mudanças. Entretanto, aparecem muitas perguntas sobre como organizar o trabalho e os tempos nos ciclos. Mas o que provoca acirrados debates, resistências e ameaças é se na organização em ciclos de formação poderemos continuar ou não reprovando, retendo os alunos dentro do ciclo e na passagem de ciclos, se a aprovação será automática, se os alunos manterão a disciplina, se estudarão sem o medo à reprovação, se perderemos o poder etc. As crenças e os deuses que protegem nossa paz postos em questão.

Pouco tem adiantado dizer que o que motiva a organização do trabalho pedagógico em ciclos de formação não é o fantasma da reprovação, que isso é uma consequência da lógica seriada, que os ciclos trabalham com a lógica dos tempos do desenvolvimento humano... Os docentes viram e mexem e trazem o debate a essas velhas e reiteradas questões: não poderei mais reprovar? Que será de mim, que será de nós como profissionais, perderemos o controle?

Percebo que estamos tocando em crenças, estamos derrubando ícones, profanando deuses. Despindo-nos de tantas crenças intocadas e intocáveis porque estão arraigadas nas estruturas escolares e nas lógicas que as legitimam. Muitos docentes aderem a organizar a escola em ciclos desde que possam continuar retendo de um ano para outro dentro do ciclo e sobretudo retendo na passagem de ciclo, ou seja, mantendo a lógica seriada que tanta segurança nos dava.

Seria necessário pesquisar por que é tão sagrada e cultuada a cultura da repetência, retenção ou reprovação. Por que se materializou em estruturas, na organização do trabalho dos docentes, nas grades curriculares.

Penso cada vez com maior preocupação que, apesar de muitos professores(as) nos dizerem que reprovam e dormem em paz com sua consciência, não é bem assim. A reprovação tão legitimada e inerente à lógica seriada precedente, arquitetônica, linear e etapista nunca foi assimilada pela sensibilidade pedagógica que ainda habita em nós. Mexer nela é mexer no cerne da ação educativa, no que é mais constituinte de toda relação pedagógica entre gerações, dar a mão e acompanhar, conduzir os processos de socialização, de aprendizagem e desenvolvimento dos novos humanos. Soltar suas mãos, deixá-los na beirada do caminho, para trás, retidos ou reprovados sempre nos incomodou. Muito mais do que nosso discurso tenta ocultar.

Não é fácil dormir em paz com nossa consciência humana e pedagógica quando reprovamos e deixamos na beira do percurso da escola e da vida centenas, milhares de crianças, adolescentes, tão parecidos a nós em sua cor, suas condições sociais, suas histórias de vida e seus sonhos de serem alguém.

Não adianta fingir: reprovar sempre será uma violência para os educandos e para os educadores. É o atestado de nosso fracasso. Isso sempre dói. A reprovação é um tapa em nosso profissionalismo. É o espelho onde nosso rosto docente se revela mais desfigurado. Reprovar ou aprovar mexe com crenças, mas, sobretudo, com nossas autoimagens negativas. Tentamos retoques, diminuir os altos índices, ensaiar mecanismos de recuperação paralela, contínua, turmas de aceleração, reintegração... É uma das áreas onde mais inventivos somos. Apenas para retocar ou corrigir as rugas de nosso rosto profissional, porque nos desfiguram.

Quando as propostas pedagógicas reorganizam o trabalho escolar, criam ciclos de formação onde não tem sentido reter, nos desestruturamos. Que critério inventar para reprovar em desenvolvimento humano? É uma operação mais radical do que o sempre repetidos retoques nos índices de repetência. Não deve ser muito tranquilo para profissionais da saúde ter como meta apenas baixar os índices de mortalidade infantil em um hospital de sua responsabilidade. Sua ética profissional terá como horizonte acabar com a mortalidade, sobretudo rever e corrigir com radicalismo as estruturas hospitalares que a provocam.

No fundo nossa ética profissional, educativa nos confronta com esses valores. Não é fácil abandonar milhares de educandos na beira da estrada, de seu percurso e dormir em paz com nossa consciência se ainda resta em nós um mínimo de profissionalismo ético.

Entre a prudência e a radicalidade

Vemos com grande otimismo os embates em torno dessas questões. Lamento que muitas administrações façam propostas tímidas, políticas dos velhos retoques, de borracharia, de consertos parciais onde são mantidas as lógicas seriadas camufladas em ciclos amontoados de séries, sem retenção, em turmas de aceleração, em recuperações contínuas, paralelas, em acrescentar mais um ano de escolarização para os defasados. E por aí. Deixam as velhas seguranças, mas seguras. Enganam os docentes e se enganam os técnicos e gestores. Sobretudo desestimulam momentos ricos de embates mais radicais, de desestruturação de crenças, valores e culturas. Essas políticas de retoques impedem que o clima de inovação de ideias, valores e paradigmas contagiem as comunidades, as cidades, a escola e seus mestres. Vacinam as escolas contra os vírus inovadores. Deixam os mestres e as escolas para trás, dormindo em seguranças falsas, em concepções ultrapassadas. Propõem-se modernizar conteúdos, métodos, sem tocar nas estruturas e lógicas, na organização e nas relações sociais do trabalho pedagógico.

Sem mexer nos valores, crenças, autoimagens, na cultura profissional, não mudaremos a cultura política excludente e seletiva tão arraigada em nossa sociedade. É a modernidade conservadora e o credencialismo democraticista que se contentam com a reciclagem dos mestres, a lubrificação da função seletiva e excludente, a relativização do direito à educação e à cultura. Se contentam com limpar as artérias entupidas da escola, facilitando os fluxos escolares, respeitando os ritmos diversos. O democratismo conservador não vai mais longe.

São políticas prudentes, do meio, da mediocridade. Abaixar índices de reprovação, facilitar o fluxo dos defasados... mas sem grandes rupturas. Usando-se até termos novos como ciclo para reforçar velhos agregados e amontoados de séries: 1º ciclo igual ao antigo primário, unindo da 1ª à 4ª séries; 2º ciclo igual ao antigo ginásio, unindo da 5ª à 8ª séries. A estratégia é não reter durante esse amontoado de séries, apenas no final de cada "ciclão". Onde está a novidade dessas propostas? O que muda na velha lógica seriada e nos valores e crenças que a legitimaram por décadas? O que muda no papel social do professor, no seu universo cultural, nos seus valores e crenças?

As crenças e seguranças que nos dão a lógica seriada precedente, arquitetônica dos conteúdos, das disciplinas e das grades, da sequenciação mecânica dos conhecimentos não é questionada no cerne do cotidiano escolar. As mudanças, na aceleração do fluxo, na correção das defasagens, idade, série, na introdução de conteúdos de atualidade, nas formas mais flexíveis de seu trato ficam na periferia do intocado núcleo escolar. Os professores que já aprenderam a duvidar das velhas seguranças, os descrentes dos deuses protetores poderão se divertir com projetos paralelos avançados, mas a maioria dos docentes continuará reproduzindo as velhas seguranças e lógicas seletivas, precedentes, conteudistas. A escola como estrutura contínua em sua cultura.

Penso que o movimento de renovação pedagógica e de inovação da cultura profissional que vem se gestando desde final dos anos 70 merece maior respeito. Em suas origens trazia os germes de maior radicalidade. Não podemos desvirtuar esses movimentos com políticas de remendos. A renovação teórica dos centros de graduação e pós-graduação em educação; as pesquisas e a produção que foram debatidas nos diversos encontros nacionais, Anped, Cebe, Coned, Endipe...; a organização e lutas dos trabalhadores em educação; e as ocultas transgressões de cada professor e dos coletivos de cada área do conhecimento merecem inovações mais corajosas que toquem com profissionalismo nas estruturas, nas lógicas e crenças, nos valores e na cultura escolar e profissional. Na cultura política excludente se seletiva.

Ao longo destas décadas foi se gestando uma concepção e prática de Educação Básica mais plural e mais humanista. A nova LDB recolhe essa concepção, coloca a nós, os educadores, que nossa função é dar conta da formação humana plena dos educandos e propõe mexer com as estruturas escolares e suas lógicas, organizar a escola em ciclos. Se formos consequentes com essa concepção mais plena e humanista entenderemos que a LDB fala em ciclos de formação humana e não em amontoados de séries.

Desde 1993, na medida em que fomos costurando as práticas inovadoras existentes nas escolas municipais de Belo Horizonte, me convenci que a inovação educativa trilhava caminhos mais radicais do que tinha imaginado. Havia um sentimento de transgressão diante das estruturas e grades seriadas, diante da organização dos tempos e do trabalho dos professores... Os professores vinham questionando a organização de seu trabalho desde as primeiras greves em 1979. Havia corajosas transgressões que tocavam em crenças e valores que pareciam intocáveis. As estruturas e lógicas seriadas resultavam em uma camisa de força para a vontade de inovar dos mestres. Era urgente repensar velhas estruturas e lógicas escolares que vinham dos tempos do Império e que tinham moldado um protótipo de profissional da Escola Básica. Na atualidade várias propostas político-pedagógicas têm coragem de incluir a reorganização das estruturas escolares como um compromisso. A organização do trabalho escolar, dos conteúdos, das práticas em ciclos de formação ou desenvolvimento humano se espalha por inúmeras escolas e redes escolares. Que profissional vem se formando nessas propostas?

Há um clima propício à maior radicalidade na inovação educativa do que muitas propostas tímidas, prudentes estão propondo. Um clima que foi se criando desde o final dos anos 70 com o movimento social, cívico, com o avanço da consciência dos direitos, com a reorganização dos trabalhadores em educação e com a produção de um pensamento progressista tão fecundo nos cursos de graduação e pós-graduação. Esse movimento educativo, social e cultural entrou na segunda parte dos anos 90 em uma aparente paz, até recesso. As reformas prudentes, a modernização conservadora do sistema escolar são expressões dessa paz aparente. A segurança parecia estar de volta nos órgãos centrais, nos quintais da escola, nas cidades e campos e também na cultura escolar e profissional. As mesmas lógicas, valores e certezas dos tempos autoritários apenas modernizados. O mesmo perfil de docente apenas atualizado, reciclado.

Tantas certezas na escola e tantas incertezas lá fora

Nem todas as propostas inovadoras acreditavam na paz prudente, nas certezas modernizadas, porque as incertezas avançavam no subsolo social. As crianças de rua, os adolescentes trabalhadores de rua, os jovens sem horizontes chegam cada dia em nossas escolas. Nos contaminam com seu olhar perdido, sem horizontes e sem brilho. Como acreditar nas prudentes propostas inovadoras de currículos, de turmas aceleradas, de facilitação do fluxo escolar diante de um fluxo social estancado na exclusão, no sem-emprego, na violência, no trabalho forçado pela fome da infância que conduzimos como pedagogos? As incertezas vêm de fora das grades curriculares e derrubam as aparentes seguranças dos mestres.

Estamos em clima de insegurança social. Em tempos de cólera, de exclusão. As coordenadas que tecem e amarram nosso ofício, que deram-nos sentido ao longo da história são retomadas nesse clima de dúvida e embate coletivo. Por aí passa um dos movimentos mais educativos na atualidade. Por aí a insegurança pedagógica se instala nas escolas e nos mestres. Entretanto, essa insegurança vem ao encontro e vai se alimentando cada vez mais do movimento social, tão inseguro, tão questionador da paz da propriedade privada, dos latifúndios, da paz do pensamento único neoliberal, da paz da democracia autoritária...

Estamos em tempos em que não dá para dormir em paz nas certezas escolares e na tranquilidade das grades curriculares, nem dá para retoques tímidos na lógica seriada excludente diante da intranquilidade social, da incerteza do emprego, da falta de horizontes da infância e da juventude, diante do sem-emprego e sem-sentido humano de sua infância. As coordenadas incertas passaram a ficar mais explosivas em tempos de exclusão e desemprego, em tempos de reajuste fiscal, de destruição dos direitos sociais conquistados, inclusive pelos trabalhadores em educação. Aí estão de novo as greves, os confrontos nas ruas, o apelo a mecanismos repressivos dos tempos da paz autoritária para garantir a paz social. Terminamos os 90 nessas coordenadas inseguras e iniciamos o 2000 vendo a paz social no campo, nas cidades e nas escolas "ameaçada" por movimentos que repõem direitos, valores e culturas, que pareciam esquecidos em tempos de neoliberalismo.

As certezas aparecem menos certas no subsolo do social e no subsolo de nosso saber-fazer de ofício. Quando as coordenadas sociais são inseguras, sobretudo quando são tão incertas para nossos educandos, as crianças, adolescentes e jovens, não dá para ir e voltar da escola, preparar a aula nas velhas seguranças. Não dá pra dormir tranquilo depois de reprovar a mesma infância e adolescência tão reprovadas nas ruas, no trabalho, na sobrevivência. Não dá para refugiarmos na paz das grades e disciplinas curriculares quando fora as incertezas na produção da existência, dos próprios educandos e educadores aumentam.

Como explorar pedagogicamente a tensão social e educativa? Como deixar que o movimento educativo seja contaminado pelo movimento social? Como repensar nossas certezas docentes em tempos de exclusão da infância que nos pede a mão de pedagogos?

Que nos resta como educadores quando a *"criança jaz no meio da rua... quando cai sobre sua estrada o escuro?"* Não deixar de ver que *"longe, ainda uma luz doura a criação do futuro"*. Mas o que fazer, *no presente*, com a criança loura, morena, negra que jaz no meio da rua, na beira da estrada e nos pede a mão de pedagogos?

14

A caixa de ferramentas

> *"Se a pedagogia se propõe a capacitar os seres humanos para ir além de suas predisposições 'inatas', deve transmitir 'a caixa de ferramentas'que a cultura tem desenvolvido para fazê-lo".*
>
> Jerome Bruner

De tantas certezas que nos deram segurança em nosso caminhar, quantas ficaram? Estamos em um momento de incertezas, em que as certezas que tínhamos sobre nosso papel perdem força.

Um dos pontos que durante décadas foi tranquilo é que a escola tem de capacitar para o emprego. Tem de instrumentalizar desde a infância para se virar na vida, na produção, no trabalho, nos concursos ou no vestibular. Certezas que eram pacíficas. Estávamos convencidos de que essa era nossa função como professores(as). Na medida em que fomos incorporando nas últimas décadas outras tarefas como preparar para a cidadania, para a participação crítica, e agora para dar conta do pleno desenvolvimento dos educandos, aquelas certezas que orientaram nosso papel profissional ficaram confusas. *"Não entendo mais nada* – externava um professor –, *não sei mais quem sou"*. E outro se perguntava: *"Agora, a escola e o que ensinamos, não tem nada a ver com capacitar para o mercado cada vez mais competitivo? Não é isso que as famílias esperam de nós e da escola?"* Será apenas isso que espera de nós a criança loura ou negra que jaz no meio da rua, na beira da estrada?

É muito importante que estas questões aflorem. Não faz muito tempo que nem nos incomodavam. Hoje nos incomodam porque tocam em nossa autoimagem, em nossa função profissional. Há aqueles que pretendem ignorá-las. É mais cômodo. Há muitos que as enfrentam em coletivos, em seminários e congressos. O que está em jogo é como um projeto educativo poderá equacionar a formação de dimensões dos educandos aparentemente tão desencontrada.

E o preparo para a vida?

Alguns professores reagem a incluir em seus horizontes profissionais a formação plena dos educandos com medo de abandonar seu preparo para a vida, o trabalho e a competição do mercado. Uma professora expressava esses medos: *"sei que a cultura, a ética, a diversidade, o lúdico, a autoestima são fundamentais, mas o mercado vai exigir deles matemática, gramática, leitura e escrita, os conteúdos das disciplinas e não cultura. Além do mais, não dou conta de tudo. Tenho que escolher o que será mais importante aos meus alunos para enfrentarem a vida".* As políticas educativas, a mídia e até as famílias e sobretudo o mercado, estão aí para lembrar-nos: *"preparem os jovens para as novas exigências do mercado competitivo, para empregabilidade"*, etc. etc. Estamos perdidos nesse fogo cruzado.

Às vezes penso como equacionam situações parecidas outros profissionais próximos de nossa área, por exemplo os profissionais da saúde. Também ter um corpo saudável é necessário para passar em um concurso, para encontrar e permanecer no trabalho, para não ser desempregado e enfrentar a dureza da vida. Para a empregabilidade. Entretanto, o planejamento de uma ação médica com crianças ou adolescentes não é determinado, tendo como referência o corpo saudável, ou os momentos exigidos para competir na corrida de São Silvestre, nem na manipulação de uma máquina, ou na carga ou descarga de sacos de cimento. Há uma ética médica e um profissionalismo que olha para a totalidade do desenvolvimento da saúde de uma criança, de um adolescente ou de um adulto como seres humanos, corpóreos, sociais, como pessoas. A saúde é encarada como um direito do ser humano independente das exigências do mercado competitivo. Nem por isso esquecem que esse ser humano com saúde enfrentará a vida, o trabalho. Sabem que sua ação profissional terá consequências na vida toda das pessoas que tratam na saúde pública, no consultório ou numa enfermaria. Partem de uma visão totalizante da saúde humana e nessa totalidade veem, sem dúvida, nos pacientes, sua condição de seres ativos e produtivos, de intervenção e trabalho.

Não seria por aí que poderíamos equacionar os vínculos entre Educação Básica e a vida ativa e produtiva? Não estou falando educação profissional, nem superior, mas básica, fundamental, situada no campo do direito à formação plena dos educandos. Formação que terá consequências na vida, no trabalho, na cidadania. O que podemos aprender com os profissionais da saúde é a colocar o foco primeiro no desenvolvimento pleno, na condição de sujeitos do direito primeiro a se formar e desenvolver como humanos, com a certeza que, empenhados em garantir essa totalidade de dimensões de sua condição, estaremos dando conta também de suas competências para intervir, para reproduzir e produzir suas existências, como trabalhadores e cidadãos. Para dar conta de sua condição ativa, produtiva e cívica.

A Educação Básica em qualquer tempo ou cultura foi pensada também em função das competências, saberes e habilidades necessárias à vida, ao trabalho e à produção. Sabemos que os saberes e competências que ensinamos à infância ou à adolescência terão consequências na sua vida pessoal e na sociedade, na economia e na política. Seria ingênuo pensar que formamos personalidades plenas para se contemplar, para ter uma autoimagem positiva, isoladas de sua condição real e de sua inserção histórica, social e política. Toda educação de alguma forma é interessada, não é decorativa de personalidades plenas, cultas, contemplativas.

É próprio de nosso ofício transmitir, ensinar e internalizar competências, formas de pensar, valorar e sentir que acompanharão os educandos na vida ativa, social e produtiva. Mas como cumpriremos essa função social? Ilustrando suas mentes e ensinando conhecimentos e formas de conhecer. Entretanto, nossa função vai além. A criança em nosso convívio irá aprendendo sobretudo a usar a mente em situações diversas. O que ficará de tantos aprendizados serão as ferramentas, os significados acumulados pela cultura. Ferramentas múltiplas e múltiplos usos da mente e do raciocínio. Aprenderá as capacidades acumuladas de interpretar o real, seus significados que serão usados em situações diversas, na vida social, política e produtiva, no convívio, nas relações, nas autoimagens.

Nosso ofício na Educação Básica é plural: que como humanos desenvolvam-se plenamente. Que aprendendo os conhecimentos e os significados da cultura, a infância e a adolescência aprendam a serem capazes de tratar com relações sociais, com sentimentos, com símbolos, rituais e linguagens, com o movimento do corpo, com os espaços e os tempos, com os registros da fala, com os diversos registros e modos de pensar, com formas diversas de relações interpessoais e sociais, com lógicas, leis, com o permanente e o diverso. Todas essas dimensões são conteúdos legítimos do direito à Educação Básica. São conteúdos de nossa humana docência. Não defendemos que os conteúdos da docência sejam secundarizados, mas ampliados.

Todas essas competências fazem parte do desenvolvimento humano e todas elas fazem parte da vida em qualquer tempo e situação, tanto do trabalho quanto da cidadania, da vida individual e social. São competências de todo ser humano que nos conformam como humanos. Que sem dúvida serão "trocadas" na vida social por emprego, por salários, por *status* social, por distinções. São competências que o mercado incorporou com tanto peso ou mais do que o domínio da matemática ou da gramática, da biologia ou da física. São competências imprescindíveis para a compreensão e intervenção das relações sociais. Para reproduzir sua existência na trama dos interesses políticos e econômicos, nas condições de classe, gênero e raça em que os educandos reproduzem sua infância ou juventude e reproduzirão sua vida adulta. Sua condição de trabalhadores e cidadãos.

Nas últimas décadas avançamos na visão do jogo totalizante da produção e reprodução da existência em que nosso ofício se insere... Entretanto, continuamos tendo uma visão muito fechada das competências humanas que fazem parte do jogo complexo de interesses que regula o mercado e a vida produtiva, ativa e cívica. Ouvi faz poucos dias de uma professora: *"saber ler e escrever é a porta para a cidadania"*. Uma visão muito simples que ignora o complexo jogo de interesses em que historicamente foram se afirmando os direitos do cidadão. Há muitas portas para a cidadania. Algumas bem mais intransponíveis do que a porta da leitura!

Uma visão demasiado escolarizada nos impede de captar a dinâmica da produção-reprodução da vida social, econômica, política, cultural em que os educandos desenvolvem e desenvolverão sua existência. Que competências, valores e significados, que usos da mente, do sentimento, da memória, da emoção... são "básicos" ou fazem parte da formação básica em cada momento histórico? Esta é a questão que poderia nortear a procura do sentido de nosso saber-fazer, quando o vinculamos com a preparação para a vida. Se olharmos apenas os recortes de competências, se olharmos a complexa dinâmica social e produtiva a partir do quintal de cada área ou disciplina, não conseguiremos equacionar devidamente a pluralidade de ferramentas culturais, de saberes e competências humanas que a vida exige e que colocamos em jogo na pluralidade de relações em que desenvolvemos nossa condição humana.

O que está em jogo nas incertezas que invadem nossas tranquilas plantações em cada área das grades curriculares é uma visão estreita em confronto com uma visão aberta do que é o mercado, o trabalho, a cidadania e o preparo para a vida. O que está deixando-nos confusos é ter de optar entre continuar tranquilos(as) em nossa monocultura ou abrir-nos a incorporar outras culturas, outros produtos demandados pela luta pela existência. O modelo gradeado e disciplinar tem formado em nós uma visão muito seletiva e reduzida em relação aos usos das competências a formar, aos usos da mente, das linguagens, dos raciocínios, dos valores que cultivamos. Ficamos muito presos aos produtos quantificáveis das provas escolares, dos provões, dos concursos e dos vestibulares. Não captamos em cada disciplina que somos mais importantes do que o que ensinamos.

Deveríamos sentir-nos orgulhosos de perceber que o que a infância e adolescência aprendem em nosso convívio cotidiano é muito mais. Aprendem a usar as operações mentais, as ferramentas da cultura e seus significados, os sistemas simbólicos que lhes transmitimos, às vezes sem sabê-lo. A caixa de ferramentas culturais com que construir a realidade social e com que se adaptar ao mundo ou contribuir para mudá-lo. Esses aprendizados são o que há de mais permanente no convívio entre gerações que acontece na experiência escolar. Apesar de que nem sempre esses saberes são articulados, planejados e explícitos em nosso fazer profissional, nem por isso são saberes menos permanentes e determinantes na vida dos educandos. Somos mais do que pensamos ser. Ensinamos e transmitimos mais do que pensamos ensinar.

E a igualdade de conteúdos?

Nossa sensibilidade pedagógica tem avançado bastante na direção da igualdade de conteúdos para todos. Que se ensine o mesmo programa para mulheres ou homens, negros ou brancos, pobres ou ricos, trabalhadores ou burguesia. As desigualdades escolares nos incomodam, estamos construindo uma escola mais unitária. Ao menos igualdade do currículo oficial, exigido nas provas.

Ouvia estes dias o reitor de uma universidade confessional defender o vestibular que aí está, *"porque é o mecanismo mais democrático, uma vez que nas mesmas provas, os mesmos conteúdos e competências são exigidos de todos"* (sic). Viva a democracia credencialista, pensei.

No campo da educação fica difícil um discurso não igualitário, o que é um reconhecimento de que a educação tem de ser igual para todos. Um direito público, humano. A escola, uma das instituições sociais igualitárias. Entretanto, sabemos que se temos legitimado um discurso igualitário em nosso campo de ação é um avanço, a realidade ainda não é tão igualitária. Por onde passa a igualdade escolar? Por conteúdos iguais, provas iguais, avaliações iguais, aprovações e reprovações iguais? Por que somos justos até na exclusão? Conteúdos únicos, provas únicas, domínio de conteúdos igual e teremos um sistema escolar democrático e igualitário? Se olharmos na epiderme do papel da escola sim, mas se cavacarmos um pouco veremos que a escola tem funções mais subterrâneas e mais determinantes na vida e no trabalho, na produção e no poder, na manutenção ou superação das desigualdades.

Podemos transmitir e exigir a todos os mesmos conteúdos e não permitir que todos saiam com as mesmas caixas das ferramentas da cultura, nem com as mesmas lógicas, o mesmo sistema de símbolos e significados. Nem com os mesmos usos da mente, os mesmos valores, as mesmas linguagens e disciplinas, as mesmas autoimagens e identidades... Domínios que são decisivos no seletivo e competitivo mercado social, produtivo, político e cultural. Por que reduzir um projeto de igualdade ao acesso aos mesmos conteúdos de área, às mesmas provas, à mesma média, às mesmas competências definidas pelo mercado e pelas provas dos concursos? Que concepção tão estreita de igualdade social é essa? Podemos reduzir a educação como direito humano igual, universal a essas "igualdades"? Os diversos movimentos sociais tão tensos não teriam lutado por uma concepção e prática de igualdade tão estreita, com que vem sendo legitimada sua exclusão. A história de lutas pela escola unitária não pode ser reduzida a tão pouco.

Exatamente a igualdade mais radical desses domínios mais globais, mais humanos, dessa caixa de ferramentas e dessas lógicas e valores, é o mais descuidado, porque não é assumido como nosso ofício. É onde as escolas se tornam mais desiguais. Podemos exigir os mesmos conteúdos de ciências, língua, matemática, geografia... a meninos ou meninas, brancos, negros, ou indígenas, mas o direito a igualdade de saberes e significados exigirá mais. Há muitos vazios do conhecimento e muitas lacunas da cultura em nossos "igualitários" currículos escolares. Podemos formar todos os jovens na 8ª série ou na educação média, entregar a cada um a mesma caixa de ferramentas, mas logo descobrirão que faltam ferramentas culturais básicas para entender os significados da vida, das relações sociais e produtivas, de raça e de gênero. Ferramentas que faltam em sua caixa porque não foram sequer levadas a sério pelo estreito conteudismo escolar. Ferramentas não previstas no reducionismo cultural das grades curriculares.

Tentar apenas garantir a igualdade de oportunidades para a vida, através da igualdade de conteúdos, de provas e de médias, nos distrai de ir ao subsolo das dimensões mais determinantes da diversidade de possibilidades de inserção na trama social e produtiva. Os currículos, as aulas igualitárias, as provas idênticas, o convívio "idêntico" no cotidiano escolar são parte do direito a igualdade, mas não a esgotam. Quando descemos ao subsolo dos valores, das lógicas, da caixa de ferramentas culturais, de significados que a escola, a aula e seus mestres reproduzimos, na relação adulto-criança, homem-mulher, branco-negro, adulto-jovem, podemos estar reproduzindo e legitimando privilégios e preconceitos de gênero, raça, idade... Podemos estar reproduzindo e legitimando desigualdades.

Nas últimas décadas, as lutas da categoria e a participação em defesa dos direitos da mulher, da comunidade negra, dos povos indígenas, as múltiplas lutas por igualdade, dignidade... nos ensinaram que as desigualdades sociais e culturais têm raízes profundas em nossa formação histórica. Que a simples igualdade de oportunidades, num concurso ou vestibular, é importante, mas não é tudo. Que a escola pode contribuir no avanço da igualdade social de maneira mais decisiva. Não é por essa radicalidade dos direitos sociais que a categoria vem somando com os movimentos sociais?

Não se trata, pois, de ignorar os vínculos entre escola, conteúdos e aprendizagens e o mercado, o emprego e a cidadania, mas de assumi-los em sua radicalidade, onde sempre estiveram postos. Quanto avançamos nesse aprendizado nas lutas da categoria, nas negociações e nas transgressões políticas. Falta-nos entender que essa lógica é a mesma quando pensamos nos educandos, nos vínculos entre conteúdos, provas, aprovação-reprovação, fracasso-sucesso escolar... É só aprendermos nossas lições e entendermos que no subsolo das relações sociais da própria escola estão em jogo lógicas muito parecidas das lógicas que aprendemos a entender em nossas relações de trabalho e na trama política.

O que vincula escola, trabalho, cidadania, mercado não é apenas o conteúdo de cada matéria, mas sobretudo a escola mesma, seus valores, lógicas, significados, rituais, símbolos, relações sociais nem sempre explicitadas e assumidas, porque cotidianizadas, institucionalizadas e rotinizadas. A escola, seus valores, sua cultura, suas relações sociais são decisivas para o aprendizado das relações de produção. É a escola, nessa totalidade, que tem de ser igual, unitária, pública. As crianças, adolescentes ou jovens experimentam mais do que variados pratos de conhecimento servidos ritualmente a cada 50 minutos. Experimentam os rituais, as normas, as lógicas, os valores, as relações sociais estruturadas. Essa trama os capacita para o trabalho desigual, para a cidadania de primeira ou de segunda, para a sobrevivência ou a fartura, para a inclusão ou exclusão social.

A escola e os mestres nos situamos nesse cerne determinante da existência dos educandos, no seu presente e seu futuro: os modos de pensar, de ser, de sentir, de conviver e de sobreviver... que ensinamos, ou melhor, que as estruturas, as lógicas e os valores escolares institucionalizam e legitimam. Quando lembramos de nossos tempos de escola sabemos que foi isso que ficou, que nos marcou. Exatamente aí, nesse cerne, as escolas são tão desiguais! Essas lembranças poderiam ajudar-nos e entender que situada aí nossa docência, nosso ofício nada perde e muito ganha. Por que nos sentimos ameaçados quando alargamos os horizontes de nossa docência? Quando percebemos que as grandes lições extrapolam nossa matéria?

Nossa docência é mais do que docência, porque escola é mais do que escola, os conteúdos educativos são mais do que as matérias. Eles, a escola e nossa docência, existem em uma cultura, em uns significados sociais e culturais, em uma trama de interesses, de valores e lógicas. Essa trama é materializada no cotidiano escolar. É aprendida pelas crianças, adolescentes e jovens nas longas horas de vivência do cotidiano escolar. São as grandes lições com que enfrentarão o mercado, o poder, a sobrevivência, a participação ou exclusão. Com essas ferramentas, mas não apenas com elas, enfrentarão a diversidade de sua condição de gênero, raça e classe.

186

E o magistério tão próximo dos ofícios

Voltando à insegurança expressa por muitos professores e professoras, o que há de novo é que descemos ao subsolo educativo, a práticas rotineiras não planejadas, diluídas no ambiente escolar. Percebemos a importância educativa das relações sociais, da interação, dos rituais e dos gestos. Falta-nos assumir essas funções de subsolo, "quase educativas", como realmente educativas, formadoras ou deformadoras. Traduzi-las em planejamentos, escolhas e em componentes de nossa docência. Assumir que somos muito mais do que refletem as imagens reduzidas que projetam sobre nós e sobre a escola. Não ter medo de assumir-nos na totalidade da função social e cultural que exercemos.

Nossa docência se vincula sim com a vida dos educandos, com sua realidade de trabalhadores, de cidadãos, com seu preparo para a vida ativa, produtiva e cívica, mas por onde passam esses vínculos nem sempre está claro. Passam pelo domínio de competências e ferramentas amplas, nem sempre as que caem nas provas de concursos (que aliás são elaboradas por ocultos professores e pedagogos com uma visão demasiado estreita e instrumental). Não esquecer que os alunos entrarão no mundo do trabalho e da participação política com a totalidade de ferramentas e significados da cultura aprendidos em sua trajetória de vida, inclusive escolar.

O mercado sabe que incorpora trabalho humano na totalidade de sua condição humana. O mercado é competitivo sim, e a competição é pra valer. Tudo está em jogo: valores, saberes, sentimentos, autoestimas, diversidade de raças, gêneros e classes, etc., dimensões tão humanas como percepção, cor da pele, sensibilidade, memória, raciocínio, aparência, traquejo. Ainda que algumas dimensões sejam mais valorizadas do que outras, nossa ética profissional nos obriga – um dever-ser de ofício – a dar conta do pleno desenvolvimento dos educandos como um direito independente do mercado e de seus critérios seletivos, de sua lógica mercantil. Não somos empregados de mercadores de mão de obra para guiar nossa prática profissional por seus critérios. Somos profissionais de direitos. Que, se garantidos desde a infância, serão o melhor preparo para a vida cívica e produtiva.

Entretanto, é bem provável que tudo isso não nos traga a tranquilidade de volta. A preocupação com preparar para a vida, para se virar no mercado competitivo continuará como um pesadelo a perturbar nossos sonhos pedagógicos. Nos debates com professores sempre vai e volta esse pesadelo. E como nos perturba!

A lembrança de Jerome Bruner com que enuncio estas reflexões podem trazer luminosidades, talvez certa segurança de volta para nossa insegura docência. Preparamos nossas aulas, vamos para a escola cada dia para capacitar seres humanos para irem além de suas predisposições "inatas". Que os alunos progridam é nosso sonho, mas como ter certeza de que progrediram? Se medimos esse ir além, seu progredir pelo domínio dos conteúdos de nossas falas e lições, continuaremos com uma visão parcial. Os conteúdos transmitidos não é tudo o que empurra o ser humano para ir além.

A imagem de J. Bruner me parece mais realista, equipar sua caixa de ferramentas. A figura nos remete a mais do que domínio de lições que um dia lembrarão no concurso, no vestibular, no equacionamento de um problema, na compreensão da natureza ou da sociedade. Ferramenta nos lembra instrumento, recurso para intervir, para ampliar a capacidade de nosso pensamento e de nosso corpo. Aumentar nossas potencialidades de intervir, agir, produzir. Ferramenta nos lembra artefatos mais do que ideias. Capacidades materializadas em objetos. Hábitos traduzidos em recursos.

A imagem caixa de ferramentas sugere tantos mestres, trabalhadores de ofícios que carregavam saberes, artes de fazer, de inventar, de transformar a madeira, o ferro, o barro, a pedra em obras de arte. Nos lembra artífices. Com suas ideias e saberes, mas sempre acompanhados, instrumentalizados e seguros com sua caixa de ferramentas. Que saibam manipulá-las. Em cada caso, cada situação rotineira, nova ou inesperada, saibam escolher a ferramenta mais apropriada. Ferramentas para muitos usos, para as múltiplas escolhas e surpresas que seu ofício os depara.

Transmitir, encher, equipar essa caixa de cada educando seria nosso ofício. O que supõe que a nossa esteja bem equipada. Que dominemos as múltiplas habilidades de usar as múltiplas ferramentas que a cultura tem desenvolvido para capacitar-nos como espécie humana. Dominemos mais do que os conteúdos de nossa matéria.

J. Bruner nos fala em caixa de ferramentas da cultura, não apenas do conhecimento. Não sugere que a função nossa como docentes é treinar as mãos para um ofício manual, esquecendo os conhecimentos e a cultura devida. Ferramentas da cultura, formas múltiplas, aprendidas, não só de pensar, mas de usar a mente, formas de conhecer as artes de dominar, de construir significados e não só de aprender os produtos do conhecimento.

Uma concepção menos centrada nos produtos e mais preocupada com o domínio dos processos e dos usos, das formas, dos símbolos e dos rituais, dos registros da fala, das múltiplas falas. Da cultura. O magistério tão próximo dos velhos ofícios. O mestre tão próximo dos velhos artesãos e artífices.

Melhor deixar que Jerome Bruner[18] nos fale essas coisas: *"Não apenas há muitas formas de usar a mente, muitas formas de conhecer e construir significados, mas também essas formas cumprem muitas funções em situações diversas. Estas formas múltiplas de usar a mente são facilitadas aprendendo a dominar 'a caixa de ferramentas' de sistemas simbólicos e dos registros da fala, da cultura".*

---

18. BRUNER Jerome. *La educación puerta de la cultura.* Madri: Visor, 1997. – *Atos de significação.* Porto Alegre: Artes Médicas, 1997.

15

Cultura profissional do magistério

"Wilde escreve que o homem, em cada instante de sua vida, é tudo o que foi e tudo o que será".

J.L. Borges

"Para professora ou professor de escola qualquer um serve". Lembro de tempos tão próximos em que a mudança de prefeito ou governador podia significar a mudança do quadro do magistério. Os apadrinhados e apadrinhadas ocupavam as salas de aula, as diretorias e cargos de confiança. "Que diferença faz?", se pensava, "para ensinar as primeiras letras qualquer um serve".

Essa visão não está tão distante. A categoria teve de lutar para acabar com a escolha pelos políticos de afilhados e afilhadas para diretores(as) das escolas. Ainda permanece esse costume em tantas redes municipais e estaduais, como ainda cada administrador escolhe secretário ou secretária de educação entendendo ou sem entender de educação. A educação encarada como terra vadia, lote vago (que todos sabemos para que serve).

A categoria vem se perguntando por que essa visão tão desfigurada da educação e dos educadores, e vem lutando para afirmar sua identidade, seu saber de ofício. Gostaria de refletir um pouco sobre um traço que me parece constitutivo de todo ofício para se afirmar socialmente: estar respaldado em uma cultura profissional, uma cultura identitária.

O magistério tenta fincar raízes nos valores sociais, na trama dos diversos papéis. Esse avanço é lento, outras áreas têm maior reconhecimento. Não entregamos a saúde dos nossos filhos a qualquer um, mas aos profissionais da saúde porque esse campo amplo – a saúde – está cada vez mais definido como específico de profissionais, portadores de saberes, competências, valores e condutas referidos à garantia dessa específica tarefa. Um processo que foi lento e foi consolidando esse campo e afirmando tratamentos valorativos para com seus profissionais. Há uma cultura social que o legitima em valores sociais.

A história do magistério não se escreve isolada dos processos culturais mais amplos, das ideias e valores, da herança histórica que vem consolidando uma determinada cultura social e política, nem dos interesses das classes, dos governos, das forças econômicas que podem fazer avançar ou retardar a consolidação dessa cultura.

A história do magistério finca raízes na trama dos processos sociais e culturais. A categoria sabe disso e ao longo das últimas décadas vem amarrando sua sorte à sorte das classes trabalhadoras. Essa identificação tem feito avançar a cultura profissional?

A procura do reconhecimento social

Desde final dos anos 70 tentam identificar-se perante a sociedade como trabalhadores em educação. Poderíamos ver nesse gesto apenas uma estratégia de luta por salários, carreira, estabilidade, até uma justificativa para usar as mesmas formas de luta aprendidas pelo movimento operário, as greves, protestos, manifestações de rua. Poderíamos ver, ainda, nessa identidade de trabalhadores a procura de reforço das centrais sindicais. Podemos ver mais. Um aspecto a destacar poderia ser a percepção dos docentes da necessidade de incorporar um reconhecimento social, uma identidade coletiva que sempre lhes foi negada.

As classes trabalhadoras construíram uma cultura de classe. A cultura do trabalho. No processo de construção e legitimação da cultura do trabalho, do seu valor social, eles se construíram. A classe trabalhadora foi e é um dos sujeitos culturais que mais marcaram o século XX em termos culturais. Construíram valores, o valor do trabalho, a dignidade de ser trabalhador. O orgulho até, e seu reconhecimento como sujeitos de direitos. Mais de um século de história que o neoliberalismo tenta destruir. Retirar direitos conquistados pode ser fácil, destruir uma cultura é mais complicado. A construção do valor que damos ao trabalho, o reconhecimento social e político dos trabalhadores é um processo lento e tenso, que acontece na medida em que valores e representações sociais se consolidam e legitimam e se traduzem em condutas não apenas dos próprios trabalhadores, mas do conjunto dos atores sociais, das diversas instituições. Se tornam públicos ou incorporados no conjunto dos direitos humanos.

Proclamar-se os professores como trabalhadores em educação tem significado ser incorporados nessa cultura do trabalho acumulado em tantas lutas da classe trabalhadora? Acrescentou novos traços à desfigurada imagem de mestre de escola? Eles e elas se reconhecem como trabalhadores(as) fora dos tempos de greve? Se identificaram mais com os valores e a herança cultural da classe trabalhadora? Se reconhecem trabalhadores ou para eles mesmos esse traço acrescido a sua imagem a tornou mais confusa? Será suficiente para afirmar uma nova cultura profissional?

Identificar-se como trabalhadores em momentos de luta, nos instrumentos de luta e na ideologia não configura automaticamente uma mesma cultura. No cotidiano os valores dos docentes, sua identidade podem estar bem distantes da cultura do trabalho e mais distantes ainda da identificação com os interesses e direitos das famílias e até dos seus alunos trabalhadores. O mundo da cultura das classes trabalhadoras não é tão fácil de ser assumido pelo mundo e a cultura do magistério. Apesar de unidos e tão próximos socialmente, continuam distantes culturalmente. É como viajar de um país para outro. As tensões entre o magistério e as comunidades, as famílias trabalhadoras e os próprios alunos trabalhadores estão aí. Lembro de uma reunião com os professores(as) da escola noturna. O debate girava sobre ser mais tolerantes com os jovens e adultos estudantes que chegavam atrasados. A diretoria e as docentes defendiam rigidez, até que um professor ponderou: *"gente, voltamos de uma greve em que nos afirmamos trabalhadores, a maioria de nós foi trabalhador. Como eles e elas tentou trabalhar e estudar à noite. Vamos pensar na gente antes de decidir?"* O silêncio tomou conta da reunião, mas os horários rígidos foram reforçados.

As escolas continuam muito isoladas e seus mestres também. Isolados atrás das grades curriculares. É nesse cotidiano onde se joga a sorte da construção de uma cultura profissional. Os docentes saem das grades, vão às ruas, se reconhecem trabalhadores, mas voltam às grades, ao isolamento das aldeias de suas áreas e disciplinas. Fica difícil afirmar outra cultura, identificar-se com uma imagem mais aberta construída pela classe operária. Estilos de vida e cultura tão distantes que se encontram apenas em gestos pontuais?

Deveríamos perguntar-nos por que gestos onde se afirmam trabalhadores nas ruas e avenidas, nas escadarias de igrejas e palácios de governo são tão pontuais. Possivelmente porque a cultura docente se alimenta, feito árvore bem enraizada, das práticas cotidianas da aldeia de cada área, disciplina, sala de aula, escola. Os padrões característicos da cultura docente continuam sólidos porque os modos de vida, as práticas cotidianas, as relações sociais de trabalho na escola se alteraram pouco apesar da nova consciência de trabalhadores em educação.

A cultura profissional de uma categoria não se altera enquanto a vida material dos profissionais e as práticas cotidianas e coletivas não se alteram. Que acrescentaram mais de vinte anos de tentativas de se afirmar como trabalhadores em educação às práticas cotidianas reproduzidas na sala de aula? Uma questão que já nos colocamos em alguns encontros da categoria.

Cultura profissional e cultura pública

Não pensamos que depois de uma greve os professores entendam mais de sua matéria ou dos métodos de transmiti-la. Entretanto nestas reflexões vamos nos aproximando de outras dimensões da docência, do ofício de mestre-educador e aí possivelmente as lutas da categoria têm mexido e muito. Têm se aproximado de uma cultura profissional com traços antes não tão assumidos. Penso em convicções morais novas, mais explicitadas, por exemplo a convicção moral que os professores afirmam em suas lutas e manifestações. Ficou claro à sociedade e aos diversos grupos sociais que o magistério está identificado com a luta por direitos, pelo direito mais elementar de todo trabalhador ao reconhecimento do valor do trabalho, ao tratamento justo como educadores, ao valor da educação na sociedade, a seu valor social como profissionais da educação.

A dificuldade que os governos têm de parar logo com as longas greves de professores, apesar das famílias se incomodarem com a falta de aulas, é que os docentes mexem com essas convicções morais, éticas, em torno da educação, da infância e por extensão da dignidade de quem trabalha nesses campos.

Afirmar-se trabalhadores em educação é situar-se em um campo de valores sociais que tem se consolidado como deveres dos governos e direitos dos cidadãos. Toda greve expõe ao debate essa tensão entre direitos das crianças à escola, das famílias à educação dos filhos e os direitos de quem cumpre essa função, ao trabalho profissional, a salários, trato digno e condições de trabalho. A sociedade, a mídia, as famílias ficam divididas não tanto entre quem tem razão, os governos ou os mestres, mas divididas entre valores e direitos.

Aí se afinca uma cultura profissional, em valores e convicções morais da sociedade. Temos de reconhecer que nesta direção houve avanços, e muitos. O sentimento que se tem de que a infância e adolescência têm direito à escola é outro em nossa cultura social. O protagonismo dos professores de escola nestas décadas lutando por seus direitos repôs o direito à educação no campo dos direitos e, como consequência, alargou as possibilidades de afirmar uma cultura profissional de novos contornos. Uma nova identidade?

Chegamos a um ponto que merece ser ponderado. A identificação como trabalhadores aproximou a categoria não tanto com o perfil de trabalhador em suas formas de luta, mas com uma cultura dos direitos, com convicções éticas, com valores de dignidade, como sujeitos, como gente, traços fortes na história do movimento operário. Aproximou sobretudo da convicção de que esses valores são de um coletivo, da categoria e não privilégio de uns ou outros. Avançou a convicção de que a garantia desses direitos passa pela afirmação do coletivo, não por esforços individualizados, como ter mais um título, fugir da docência, ser cabo eleitoral de um político, estar próximo do poder...

Se afirmou o rosto de categoria, um estilo coletivo, uma imagem social que age como coletivo, os professores. A sociedade, os governantes e as famílias se referem aos professores. Não mais a minha professora tão boazinha, ou a professorinha de minha infância de que guardo tantas saudades. A mídia fala em categoria. Esperam-se decisões da categoria. Os governos tentam dividir a categoria. Uma identidade social mais coletiva.

Os avanços nessa imagem de coletivo podem ser importantes na configuração de uma imagem social mais reconhecida e definida, menos difusa e desfigurada. Entretanto, insisto em que o reconhecimento social irá se dando na medida em que o campo da Educação Básica for se afirmando em nossa cultura social como convicção moral, política. Como direito. Uma afirmação pública da categoria na defesa de seus direitos como trabalhadores tem sido um avanço na medida em que contribuiu para afirmar a cultura dos direitos tão fraca em nossa cultura social e política. Na medida mais próxima em que tem afirmado os salários, a carreira, a dignidade da vida, do trabalho como valores, os situa no campo dos direitos sociais, humanos. Afirma-se a cultura do público.

Na década de 80, a categoria se aproximou da cultura do trabalho, de classe. Diante do ataque neoliberal à cultura pública, a categoria retoma sua condição de servidor do público. Retoma a defesa do público, da cultura pública.

A categoria com suas lutas tem contribuído com outras categorias, como os profissionais da saúde, da segurança, os servidores públicos em geral, para manter e fazer avançar a cultura do público, do serviço ao público, do dever dos governos e da sociedade na garantia dos direitos sociais. Há uma sensibilidade maior entre os servidores públicos de que sua sorte está atrelada à defesa do público como um espaço de direitos não tanto deles como servidores ou trabalhadores, mas dos cidadãos e sobretudo das classes trabalhadoras, das camadas populares que só serão sujeitos de direitos na afirmação dos espaços e serviços públicos.

Especificamente, os professores aprenderam que sua sorte está amarrada à consolidação de uma cultura pública que legitime seu ofício, seu saber-fazer profissional, no campo específico da garantia dos direitos de toda criança, jovem ou adulto à educação, ao conhecimento e à cultura.

Cada educador(a) e a categoria como um todo têm avançado nessa cultura pública, têm afirmado uma determinada visão e um modo de vida, que contribuam para reforçar essa cultura pública, para reforçar valores e condutas profissionais. Enquanto os próprios mestres não incorporarem essa cultura, esses valores e essas condutas não serão reconhecidos socialmente como profissionais, nem a educação escolar será reconhecida como tarefa de um saber profissional.

Estou propondo que pensemos que a construção da identidade de professor(a) passa ou é inseparável de processos culturais que são lentos, mas que têm de ser construídos. Passa pela afirmação de uma cultura pública, da vinculação da educação escolar a essa cultura pública ou da inclusão da educação no campo dos direitos sociais, humanos. Passa ainda pela capacidade da categoria de se firmar como profissionais, ou de tratar sua função referida a esse campo dos direitos humanos.

A imagem que a sociedade faz do professor e que muitos ainda fazem de sua função, transmitir os saberes escolares, ensinar competências e habilidades, preparar para concursos e vestibulares, aplicar provas, dar notas, aprovar ou reprovar, credenciar, atestar para passar de ano, de série, de nível... tem pouco de profissional e de específico, qualquer um pode fazer desde que saiba esses saberes e seja treinado. Essa imagem tem pouco de pública, pois reproduz e serve à lógica do privado, do mercado. Mantendo essa imagem será difícil afirmar uma cultura profissional pública.

A dificuldade de afirmar nosso ofício como um saber específico, profissional passa pela imagem social tão pobre e tão utilitarista, tão provada e tão adestradora que nos acompanha e desempenhamos desde a escolinha das primeiras letras, desde os cursos preparatórios. A imagem pobre que a sociedade tem do magistério, tem como base o próprio papel empobrecido de professores(as) que desempenhamos, e a própria visão e prática empobrecida de educação primária, elementar, preparatória, que herdamos desde a construção do sistema público de instrução no Império. No profissional médico vemos uma garantia do direito humano à saúde, não vemos um preparador técnico para estarmos em forma e competir em carreiras ou jogos.

Esse salto situando nosso pensar e fazer, nossos valores e condutas profissionais no campo dos direitos, na cultura pública é fundamental para a nossa afirmação social e profissional. Pouco adianta lutar por salários, por reconhecimento social se continuamos vendo-nos a nós mesmos e sendo vistos como treinadores da juventude para concursos, provas e vestibulares. Nós mesmos rebaixamos a esse nível a imagem social, como esperar que seja socialmente valorizada?

Pensemos no debate reposto agora pela possibilidade de um graduado em qualquer área – medicina, direito, engenharia – de ter licença para lecionar na Educação Básica desde que treinado nas didáticas e metodologias de ensino em cursos de treinamento. Essas medidas reafirmam a docência como um fazer desprofissionalizado, difuso, porque continuam situando a função social da escola em apenas transmitir instrução, informação, técnicas ou habilidades, de áreas do conhecimento. Realmente se a docência se reduz a isso, quem dominar esses conteúdos e seus métodos de transmiti-los com eficiência estará apto.

Onde não há uma visão de Educação Básica universal, de educação como direito humano, formação, não haverá possibilidade de afirmar uma cultura profissional específica. Aí está o cerne de nosso prestígio ou desprestígio social e profissional, na visão estreita ou alargada de ensino ou de educação que afirmemos.

Como fazer avançar essa cultura profissional? Durante as últimas décadas se avançou muito mais do que em décadas anteriores. Os próprios professores e professoras como coletivo têm sido os principais educadores dessa cultura junto com os movimentos sociais. Vêm sendo os construtores de sua nova imagem social. Temos vários estudos, dissertações e teses sobre as lutas e a organização da categoria, mostrando a nova consciência política, os estilos, as relações entre lideranças e liderados. Entretanto, captar nesses processos o fazer-se cultural da categoria não tem sido tão explorado. Por quê? Porque eles não foram tão afirmados no horizonte da própria categoria ao menos no horizonte de suas lideranças. A imagem que se afirmou nestas últimas décadas traz as marcas do movimento da categoria, das influências políticas que ela recebeu e que ela reafirmou. Pensemos nessas marcas. Tentemos dialogar com elas tendo como foco o fazer-se do ofício de mestres.

Cultura profissional e cultura política

Podemos levantar a hipótese de que a autoconstrução da categoria foi altamente politizada. O fio condutor das lutas era "político" e essas dimensões culturais ficaram à margem no específico olhar político que predominou. Na imagem que foi se destacando e da autoimagem que foi construída foram priorizadas dimensões que representavam tendências políticas e ideológicas de frações do próprio movimento ou das frações e tendências dos partidos. Um olhar de fora referido às condições do magistério.

Seria interessante ver com maior atenção qual o grau de autonomia da categoria na construção de sua autoimagem e na sua afirmação social. Não há dúvida que nas últimas décadas a categoria conseguiu fazer-se mais presente na mídia, nas comunidades, nas famílias, até nas praças e avenidas. Incomodou, fez paralisações, marchas, foi notícia. Apareceu, mas com que rosto, com que imagem? Uma imagem politizada, de confronto com os governos, com os empresários do ensino privado. Uma imagem frente ao Estado e aos patrões. A sociedade captou essa imagem que por vezes se chocava com a imagem tímida, escondida, familiar da professora, do professor, de seus filhos.

Esses confrontos de imagens podem ter contribuído para redefinir velhos valores e culturas e não necessariamente para afirmar novos traços. Os confrontos são vistos como educativos? Afirmam uma nova categoria profissional no seu campo? Alargaram a visão de magistério?

A categoria mais voltada para dentro de si mesma, para seus ganhos políticos e as lideranças às vezes mais entretidas com as divergências de tendências, nem sempre tem externado nas suas análises e publicações essa imagem do campo educativo que estão criando. Nem sempre foi cuidada essa imagem cultural, não obstante ser ela fundamental para a consolidação social da Educação Básica e de seus profissionais.

Atrevo-me a supor que o excessivo olhar "político" pode ser um empecilho. A excessiva sensibilidade para com as relações entre categoria e governos, patrões, ideologias de governos e elites, e suas políticas oficias, pode significar uma afirmação de uma imagem desfigurada do profissional da educação, desfigurada do próprio campo do educativo escolar, reposto apenas como campo das ideologias e dos mecanismos do poder, das alturas do poder. O campo da saúde, na década de 80, foi bastante politizado, essa ênfase parece ter refluído. No campo da educação o olhar político se destaca entre todos os outros campos sociais. Que tem a educação para se prestar tão facilmente a ser o palco, a arena onde se travam velhas batalhas ideológicas e de tendências partidárias? Por que é tão fácil radicalizarmos nesse campo? Será porque a defesa do direito à educação é por natureza mais politizável?

De fato, temos caído facilmente na tentação de fazer da educação um campo experimental para mobilizações e para confrontos de hegemonia. A história mostra que nem sempre o direito à educação avançou quando passou a ser essa arena política. Esse direito pode ser apenas um pretexto. Essa lógica pode, pelo avesso, reproduzir o uso político das demandas populares pelos direitos sociais básicos. Pode passar a ingênua visão de que só depende de vontade política de quem detém os recursos, o poder de decidir, de formular políticas. As temáticas de congressos, do Coned, da imprensa sindical, revelam essa sensibilidade e esse privilegiamento desse olhar político, e, sem podermos generalizar, a secundarização da imagem social, das relações entre a garantia do direito à educação e a sociedade.

Não aparecem com destaque os vínculos entre educação escolar e o tecido, os interesses e os diversos grupos e forças sociais, os valores e imagens sociais, das famílias, das comunidades, dos diversos movimentos sociais. A categoria se pensa menos nos seus vínculos e nos vínculos da Educação Básica com os interesses e lutas dos trabalhadores, das mulheres, dos negros, dos sem-terra e sem-teto... do que nos seus vínculos com o poder instituído. Uma interpretação mais institucional do que social da história da educação e do magistério.

Poderíamos pensar, inclusive, se a imagem que as publicações das organizações, as temáticas dos congressos e conferências, as justificativas das lutas e mobilizações não secundarizam a própria autoimagem de professor(a), educador(a) que a sociedade tem e que os próprios professores têm de si mesmos.

Lembro que no III Coned vários professores(as) perguntavam por que temáticas mais próximas de seu fazer, das suas inquietações pedagógicas estavam ausentes da programação. Porque as grandes falas e figuras mais destacadas representavam e enfatizavam posições políticas, propostas políticas, sem incorporar e politizar as grandes questões pedagógicas com que milhares de educadoras e educadores se debatem em conferências, congressos, oficinas por eles organizados. Questões educativas que as próprias famílias populares vivenciam.

Poderíamos reconhecer que é necessário diversificar tempos. Teremos de reconhecer, também, que tem havido um reducionismo do político às relações com os governos. O olhar sobre a educação como ação política porque ação cultural, pedagógica, socializadora, porque entrelaçada na microfísica do poder, da exclusão, da negação ou afirmação de direitos, a educação escolar no campo dos direitos sociais do ser humano ficou secundarizada. Sem repor esses vínculos com o devido destaque não entenderemos o ofício de mestre, a imagem plena da educação e dos seus profissionais. Essas imagens e suas histórias se construíram na trama da produção da sociedade, dos grupos sociais, das classes sociais, das relações complicadas de raça, gênero, idades-ciclos da vida. É verdade que o Estado tem de ser democratizado, mas a garantia dos direitos sociais não pode ser reduzida a uma arena política para tão urgente tarefa.

Esse dado tem consequências sérias na construção de uma cultura profissional, da imagem de educador(a) e na imagem da própria Educação Básica. Não se trata de abandonar a dimensão política, a ênfase nos vínculos entre poder, escola, recursos públicos e a escolarização básica e as condições de afirmação de seus profissionais. Este é um dos grandes ganhos das últimas décadas, inquestionável, ainda não garantido, mas essa dimensão não esgota a pluralidade de relações de força, de valores, de interesses em que a afirmação dos direitos sociais e a afirmação profissional se amarram e estruturam no todo social.

Inclusive essas dimensões políticas não esgotam a especificidade da estrutura do sistema escolar, dos vínculos específicos como a sociedade. Os diversos grupos sociais se vinculam com a escola e com seus mestres. Nem esgotam que valorizações diversas dá cada grupo social à educação, ao conhecimento, à cultura e a seus profissionais. Esse tecido sociocultural, politicamente denso e complexo, onde a escola e o ofício de mestre foram se constituindo por longos anos, não pode ser esquecido, nem secundarizado, sob pena de cairmos em um voluntarismo político perigoso.

O que a escola é e o que seus profissionais são depende e muito da vontade política, dos confrontos de hegemonia nas opções de políticas, mas depende muito também da herança estrutural, social, cultural onde finca suas raízes a velha estrutura do sistema escolar, a velha concepção e prática de ensino, os velhos vínculos entre ensino e mercado, a velha cultura seletiva, excludente de nossa formação social, que invadiu as escolas e, também, a cultura de seus profissionais... Como ignorar esses vínculos tão delicados, mas próximos? Depende, como destacávamos antes, da difícil construção de uma cultura pública, cultura dos direitos humanos, sociais, tão lenta e tão organicamente articulada com o todo social.

A cultura do magistério, um tecido de muitos fios

Outras das marcas do movimento da categoria, dos rumos específicos que ele tomou na sua diversidade, é ter pensado e pretendido que o perfil dos dirigentes políticos e sindicais fosse o perfil de cada profissional e da categoria como um todo. Pensar o fazer-se da categoria e do perfil de professor(a) a partir da história do percurso político de seus dirigentes seria um erro. Não apenas porque a categoria não avançou em consciência política como seus dirigentes avançaram, mas porque estes nem sempre avançaram tanto assim como profissionais da Educação Básica. Muitos dirigentes sindicais redefiniram seu perfil profissional em diálogo estreito com os avanços políticos, mas também muitos professores(as) modificaram seu perfil profissional, sem esse diálogo estreito com a militância, às vezes até afirmando dimensões nem sempre valorizadas por ela. Trata-se de processos e relações complexas não lineares que têm consequências sérias quando pensamos no fazer-se do coletivo de profissionais e no repensar de um projeto de Educação Básica, quando pensamos na afirmação da cultura profissional do magistério.

Confundir a história da categoria e a sorte da Educação Básica com a história da política das organizações da categoria e de suas lideranças pode nos dar uma visão parcial, limitada. Penso em experiências vividas. Pretender construir uma proposta de inovação educativa para as escolas, as redes, tendo como sujeitos centrais profissionais militantes "politizados" e tendo como ideário seu progressismo político-ideológico será o melhor caminho para elaborar uma proposta implementável? Que perfil de profissional dará conta de uma proposta de inovação educativa, colada ao cotidiano escolar? Não necessariamente as lideranças mais politizadas. Estas vivências me levam a perguntar-me se tem sentido pretender identificar o fazer-se dos profissionais da educação escolar, com a história do fazer-se do movimento político de suas lideranças. E, mais, que consequências poderão vir para a inovação educativa, pretender identificar uma proposta inovadora para a escola e para o sistema escolar tendo como referência o ideário político do movimento, da militância ou de frações e tendências partidárias.

Uma consequência muito séria poderá ser negligenciar a história concreta, cotidiana, lenta, do fazer-se da escola e de seus profissionais, do consolidar-se da cultura pública e especificamente do direito à educação como direito humano. A história política das lideranças não é nem tem por que ser a história da construção das identidades profissionais das bases e da identidade social do campo educativo. A cultura profissional do magistério não tem que ter como protótipo a cultura política de suas lideranças.

Quando nos aproximamos dos profissionais da educação em seu cotidiano pedagógico, nas escolhas que têm de fazer em cada momento, nos conteúdos, na didática, nas relações e convívio com os educandos e entre si, percebemos que o pensamento e os valores que dirigem essas escolhas e práticas têm sim a ver com a consciência política profissional aprendida nas lutas, nos sindicatos, no movimento. As escolhas pedagógicas têm muito a ver com as escolhas políticas, mas têm muito mais a ver com a totalidade das escolhas dos profissionais, com suas matrizes culturais, com sua autoimagem de homem, mulher, branco, negro, jovem, adulto, com sua origem de classe, de grupo social, passado e atual. Atribuir uma importância relativa à consciência política pode ser uma maneira de estarmos em melhores condições de entender os complexos e lentos processos sociais e culturais do fazer-se dos mestres. Se preferirmos, aprender as dimensões políticas desse cotidiano tão pesado. Que as políticas de formação, ou as grades curriculares dos cursos de formação, ignoram o peso formador do movimento da categoria nestas décadas é lamentável, mas também dar a esses processos de formação e socialização um peso histórico absoluto é uma limitação.

Estou sugerindo que não convém isolar da totalidade da história social e cultural o próprio movimento político da categoria, e menos ainda isolar o peso que a história mais recente desse movimento político possa ter na educação e no fazer-se dos seus profissionais. A própria centralidade política do movimento pode nos iludir e fechar a uma visão da totalidade dos processos sociais que se cruzam na consolidação de uma cultura da Educação Básica e de uma cultura da especificidade de seu trato. A reação das famílias e de muitos professores, de bons professores, a propostas inovadoras politicamente progressistas indica como é complexo o peso da cultura, dos valores que se cruzam no fazer educativo. Interpretar essas reações como tradicionalismo, falta de consciência política dos professores e das famílias é um olhar parcial.

A cultura escolar e a cultura profissional é tecida com muitos fios, uma herança complicada. Privilegiar apenas um fio, uma dimensão, por exemplo o nível de consciência política, não dá conta da complexidade dessa herança. Não iremos muito longe confundindo a história política da categoria e sobretudo das lideranças, a história de mobilização e conscientização dos professores militantes, com a história social de construção do campo da Educação Básica e dos seus profissionais.

Os embates da categoria com as administrações, com o Estado, o Congresso nacional, podem ser todos extremamente relevantes para debates em conferências e congressos, no Coned, por exemplo, mas são apenas parte das questões e estratégias políticas e sociais exigidas pela consolidação da Educação Básica como direito universal. O mesmo olhar cabe para captarmos a história do fazer-se dos profissionais da educação. A história do fazer-se das militâncias é apenas parte dessa história e do perfil profissional. Desse perfil também faz parte o que pensam e como agem os professores e as professoras em seu cotidiano, quem são eles e elas, sua origem de classe, suas diversidades de gênero, raça, idade. Suas opções pedagógicas e partidárias, afetivas e culturais, enfim, o conjunto de seus valores, visão de mundo, de ser humano, da infância e adolescência, de si mesmos. Sua cultura.

A consciência política poderá dar a essa totalidade outra luminosidade, redefinir escolhas pedagógicas. É uma possibilidade esperada, não espontânea, mas a ser construída. A fazer parte da formação política da categoria. É um papel pedagógico das lideranças reeducar essa totalidade de fios.

Recolhendo ou fechando o foco destas considerações que nos tocam a todos nós, educadores(as), poderíamos sintetizar:

Primeiro, a legítima preocupação por afirmar nosso papel social, nosso saber, nosso ofício faz parte da história total da dinâmica mais complexa da sociedade, não é uma questão apenas travada pela categoria nos seus embates políticos.

Segundo, o avanço dos direitos sociais e o reconhecimento dos seus profissionais está entrelaçado com a trama social e cultural. Há valores, imaginários, papéis, redes institucionais, interesses políticos, sociais, econômicos, de classe, de raça, de gênero em jogo.

Terceiro, ser uma professora, um professor de Educação Básica se mistura com o ser trabalhador(a), ser mulher, homem, ser negro(a), branco(a), em cada momento social e cultural. Se mistura com o que se pensa, sente, com autoimagens, com possibilidades e limites, com horizontes humanos possíveis como gente e como grupo social e cultural. Se mistura com a história social desses seres humanos concretos que optam por esse ofício, por essa forma de trabalho e sobrevivência. Se mistura com a história social e cultural, com as possibilidades e limites de classe dos setores populares destinatários da escola pública e popular, com os quais convivemos na sala de aula. Com as possibilidades e limites dos setores populares de serem sujeitos do direito à educação, à infância, à juventude.

Quarto, a densidade da história social tanto dos mestres como dos educandos é a trama onde nos construímos. Uma trama tão densa e complexa que merece nossa atenção política, que exige estratégias políticas mais plurais. Logo, essas estratégias não podem limitar-se aos momentos pontuais de intervenção, mobilização, mas têm de incluir a aguda compreensão da cotidianeidade dessa complexa trama social, de seus processos de constituição, de reprodução e de transformação. Em nosso caso, têm de incluir um conhecimento mais preciso da vida real total das professoras e dos professores. O modo como vivem dentro e fora das escolas, como agem, pensam, sentem, convivem... dentro e fora do trabalho, na totalidade de seus espaços e tempos, de suas relações sociais. Reconhecer o valor político dessa totalidade e o peso formador da pluralidade desses tempos e espaços é o único espelho onde refletir a imagem do magistério que vem se constituindo.

A preocupação enclausurada por fazer da educação uma arena de transformação social, de luta contra-hegemônica e de fazer de cada professor(a) um militante, libertador (tão caro ao discurso das últimas décadas) nos levou a não priorizar o cotidiano social, escolar, profissional, o cotidiano da totalidade prosaica em que nos reproduzimos e nos formamos ou deformamos como pessoas, coletivos e profissionais. Nossa ação aí implica também transformação e se a intervenção não chegar aí não será duradoura. Colocar o foco da ação político-pedagógica nas leis, nas políticas, nos fundos de valorização, nos orçamentos e regimentos, nas constituintes, nos textos programáticos, nas mobilizações... mas não esquecer que o foco são os sujeitos, os seres humanos, seus direitos, suas possibilidades de terem o direito de viver como humanos.

As lutas políticas da categoria nos identificaram como trabalhadores, militantes, os movimentos sociais nos fizeram avançar na identidade de mulheres, negros(as), trabalhadores(as). Todas essas fronteiras ampliaram a consciência dos direitos sociais, criaram uma cultura do público. A cultura profissional do magistério se enraíza aí: garantir o direito humano específico à educação, à cultura, ao desenvolvimento humano, a serem sujeitos de sua história como educandos e educadores. Tudo mais será meio, nunca fim. Fazer da educação e dos seus profissionais um meio para outros nobres fins será um erro político e um engano na configuração de uma cultura profissional do magistério.

Somos muitas histórias

Todos estes embates vividos pela categoria nas últimas décadas com peculiar intensidade estão recriando a cultura profissional do magistério? Destroem imagens feitas e constroem outras imagens? Este processo não será mecânico, nem linear. Podemos desconstruir umas imagens e construir outras que mantêm as mesmas lógicas sociais e as mesmas culturas pedagógicas. Os processos, as didáticas e métodos de desconstrução-construção da cultura do magistério não são coincidentes nas greves, na militância ou nas escolas.

Aprendo muito em congressos da categoria promovidos por seus sindicatos ou pela CNTE. Aprendo muito dos Coneds. Sinto que a consciência política está acesa, avança. Aprendo também muito nos encontros de professores(as) e nas reuniões nas escolas. Outra consciência. O olhar é sobre o que o coletivo faz, sobretudo o que mais gosta de fazer, por que o inventou, por que inovou ou transgrediu. É outro astral. Alguém pode pensar que esses docentes são alienados, só olham para a escola, para sua prática, para os educandos e não para o Estado, as ideologias, o capitalismo e o neoliberalismo que tudo determinam. Um clima de alienação, inconsciência diante dos pesados controles, das estruturas e das políticas oficiais?

Não sinto estar dialogando com um bando de crianças que brincam alheias ao peso das estruturas políticas e econômicas, alheias ao poder e sua presença na escola, na carreira, na instabilidade, nos salários... Têm consciência política e a expressam. Sabem-se trabalhadores, sujeitos de direitos negados, lutam por eles, os denunciam, mas sabem que nesse momento como profissionais têm de dar conta dos direitos dos filhos e filhas dos trabalhadores, das crianças e adolescentes, trabalhadores precocemente explorados, negados em seus direitos à dignidade, ao conhecimento, à cultura, à escola.

O termômetro do nível de consciência política e revolucionária de um coletivo de escola não está mais alto quando se critica, se mobiliza, do que quando se assume profissionalmente o direito à educação do povo como coisa séria e não como pretexto para "causas maiores". Nessas reuniões profissionais não se serve xarope ou água com açúcar, servem-se pratos duros de roer, práticas inovadoras que tentam dar conta de direitos negados, que tentam recuperar a humanidade roubada da infância e da adolescência que com tanto custo frequenta as escolas públicas. Há tempos de denunciar essa desumanização, mas deve haver tempos de recuperá-la e logo, porque o direito da infância a serem humanos têm tempos curtos. É para já. É nosso ofício.

Saio desses encontros onde se inventam saídas concretas na prática quotidiana da escola com a sensação de que os professores foram além de denunciar a presença da burocracia, do poder e das estruturas sociais na escola e nas suas vidas. Tudo isso passou a ser sentido e é feito sentimento coletivo que orienta novas escolhas e práticas pedagógicas. Quando um coletivo expressa suas vivências e consciência em sentimentos e práticas é mais do que expressá-lo em discursos. A consciência e a teoria viram sentimento, resistência e transgressão também na prática cotidiana. Esse é o clima que muitas reuniões de docentes revelam. Falam sobre as formas concretas com que as estruturas de poder os tocam. Falam dos sentimentos da indignação que neles provocam.

As práticas inovadoras nos seus pormenores, na sua fraqueza podem revelar as resistências concretas perante as múltiplas formas de exploração e opressão sofridas pelos professores e pelos educadores e educandos, com tanta paixão denunciadas pela militância. Revelando seus significados no cotidiano de nossas vidas, avançamos para revelações outras. A denúncia é pedagógica quando se traduz em cumplicidade com a concretude do cotidiano da vida dos educandos e educadores. A categoria e os docentes transgressores de práticas sempre estão implicados por inteiro naquilo a que resistem.

Aí está sua força e virtualidade educativa. Se aprende uma cultura política tecida nos fios do sentimento e da prática profissional. Por aí nos aproximamos de uma cultura aprendida nas transgressões, nos sentimentos, nos medos e nas coragens. Que acontecem nas greves e nas escolas.

As reuniões da escola onde os professores(as) narram suas práticas e suas transgressões têm pouco de doutrinárias. Têm sentimentos, emoções, ilusões e desilusões. Mais incertezas do que certezas. Menos racionalidade do que coração, menos reflexão do que vivências. Muita imaginação e criatividade diante dos impasses da cotidianeidade da ação educativa.

Lembro de um professor que expressou por que inventava saídas inovadoras: *"Sofri muito quando fui reprovado e depois sofri demais com a reprovação de meus filhos. Não vou fazer com meus alunos o que fizeram comigo"*. Esse núcleo existencial, as lembranças das vivências sofridas são muitas vezes tão decisivas na mudança da consciência e da cultura profissional do que a iluminação de fora. Ler sua própria história. Suas lembranças podem mudar culturas. Um momento de grande densidade da rede municipal de Belo Horizonte era nas oficinas. Os professores traziam as lembranças dos seus tempos de alunos na escola. Muitas de suas formas de ser professor, professora no presente eram reações a vivências escolares esquecidas em algum lugar do seu passado. O reencontro com a infância e adolescência não vividas ou bem vividas nas relações escolares, com os colegas e os mestres, passa a ser decisivo nas formas de viver o magistério, de tratar as crianças e adolescentes com os quais convivem.

Os percursos da construção da cultura profissional são múltiplos. Tão múltiplos quanto os percursos da formação humana. Um permanente tecido de muitos fios. Uma permanente escuta e interrogação de vivências e sentimentos. De uma greve, de um encontro, de uma oficina ou reunião pedagógica, de um livro ou de um mestre não aproveitamos apenas consciência, ilustração, lições, mas as respostas que dão às nossas perguntas mais existenciais. Aproveitamos o quanto nestes encontros, lições e trocas, nos mantemos abertos à capacidade de interrogar-nos acerca do que somos como humanos. Como nos construímos, desconstruímos, tentamos de novo. Não é essa nossa função de ofício?

Descobri-la nos leva a uma nova consciência do fazer pedagógico liberado de modelos prefixados, rígidos de ser humano, de criança, de docente, de consciente ou inconsciente, de crítico ou alienado. Uma nova aventura pedagógica não menos responsável e profissional, nem menos heróica, politizada e militante.

Outra cultura do magistério mais plural. Feita de tantas experiências de vida, de tantas fronteiras em movimentos sociais múltiplos que destruíram-construíram novas imagens de trabalhador, de mulher, de negro. A cultura profissional é uma mistura dessa pluralidade de imagens. Tudo o que somos e tudo o que sonhamos ser.

16
Consciência política e profissional

> *"A anarquia do claro-escuro do cotidiano".*
> Luckács

> *"Só devassamos o mistério na medida em que o encontramos no cotidiano..."*
> Walter Benjamin

Os olhares sobre as professoras e os professores de educação primária e fundamental têm destacado por décadas as mesmas imagens: tradicionais, despreparados, desmotivados, ineficientes... e por aí. Desde os relatórios mais antigos dos inspetores escolares do Império, até diagnósticos mais recentes, carregados de dados, repetem a mesma visão negativa. As análises mais progressistas, até de lideranças, às vezes destacam outras tonalidades nesse velho e desfigurado quadro: despolitizados, alienados, sem consciência de classe, sem compromisso político, desmobilizados... Tonalidades que trazem outros aspectos político-ideológicos, mas que somam na visão negativa tradicional, que tanto têm marcado o imaginário social e a autoimagem dos mestres desse ofício.

Essas visões tão negativas marcam as políticas, as intervenções e as estratégias políticas. Se a negatividade vem da carência de competências, as soluções serão concentradas em políticas de treinamento e titulação, sempre proclamadas como prioritárias em cada LDB e em cada Plano decenal e sempre deixadas para a próxima década. Se a negatividade vem da falta de consciência político-ideológica, a solução será a reeducação política, a formação da consciência de classe ou de categoria, de partido...

Essa reeducação política, esse trabalho de conscientização tem sido marcante nas últimas décadas, tem sido uma estratégia das organizações, dos sindicatos, das diversas tendências políticas. Os professores e as professoras de Educação Básica vêm sendo um dos focos privilegiados. Podemos dialogar sobre que impactos, que marcas pode trazer essa estratégia conscientizadora, politizadora na configuração do ofício de mestre.

Há um pressuposto que faz parte das lutas de classe, do movimento operário, e que entre nós inspirou as primeiras experiências de educação popular e continua inspirando a educação sindical. O pressuposto é: a consciência desempenha um papel central na formação dos sujeitos, das classes, dos grupos sociais, um papel central na história social, nas condutas, na história do avanço dos direitos. Essa consciência tem de ser educada. Dependendo da consciência que tiverem os mestres, sua prática poderá ser outra, a educação será outra.

Este pressuposto traz uma imagem de profissional bem diferente da imagem que enfatiza aspectos e competências teóricas e técnicas. O embate em torno dessas imagens de profissional da educação esteve tenso entre nós na década de 80. Uma linha mais politizada dava ênfase ao compromisso político, outra mais técnica dava prioridade às competências técnicas. Da competência técnica ao compromisso político enfatizavam uns, do compromisso político à competência técnica proclamavam outros.

A ênfase na consciência política, de classe, de categoria acrescenta uma dimensão subjetiva, valorativa. Afirma que a ação do professor e da professora é inseparável de sua subjetividade, de seus sentimentos, ideais e representações, da percepção e da consciência que tiver sobre os interesses que estão em jogo, sobre as estruturas, as múltiplas determinações do social e, especificamente, dependerão da consciência que tiver de sua ação educativa, do próprio campo da educação e da escola. Essa dimensão subjetiva e valorativa, essa consciência, pode estar desencontrada com a realidade vivida, pode vir de fora, ser atribuída, importada, alienante, como fruto de processos de socialização e educação e de imposição de visões falsas, desfiguradas do real. Essa consciência falsa alienada terá de ser superada e sua redefinição poderá vir através de outros processos de conscientização, de politização, de aprendizado de outros modelos de sociedade, de educação e de ação pedagógica. Aprendida através das lutas, sobretudo, e através da politização e conscientização doutrinária, ideológica.

A preocupação por conscientizar e politizar os professores e as professoras da Escola Básica tem estado na mira dos partidos e das organizações da categoria. Em todos os congressos e conferências se dedicava grande parte da programação a abrir sua visão, a fazer uma análise socioeconômica e política da realidade, da conjuntura, da lógica do capital, da ideologia neoliberal, da reestruturação produtiva.

A visão dos profissionais se alargou. Eles perceberam seu ofício, a educação, determinados por estruturas e lógicas extraescolares, mais globais. Houve uma intencionalidade pedagógica nesses processos de alargamento do olhar. Milhares de professores(as) são outros, têm outra consciência social e política. Todos esses processos são constitutivos de um novo profissional da Educação Básica. Aquela visão tão negativa de inculto, alienado, que mal sabia ensinar o beabá, cuidar de criancinhas... essa visão se alterou. O nível dos debates em congressos e conferências da categoria mostra esse novo perfil de professor(a) que vem se constituindo nas últimas décadas como produto dessa pedagogia das organizações, dos sindicatos, da CNTE. O Coned, assumido principalmente pelas organizações da categoria, revela que perfil de profissional e que nível de amadurecimento teórico-político vinha sendo construído nas últimas décadas.

Outro dado é revelador desse novo perfil. Professores(as) de Educação Básica, que tiveram esse aprendizado, que alargaram essa visão, que se formaram nos embates políticos, nas análises da realidade educativa e de suas vinculações com a realidade global, tornaram-se lideranças não apenas da categoria, mas figuras políticas, administrativas, lideranças locais, estaduais, nacionais. Estão presentes nas formulações de políticas sociais e educativas, na gestão das cidades, das escolas, das redes, dos centros de aperfeiçoamento, das escolas sindicais, na liderança dos partidos, nos quadros das universidades, dos movimentos sociais...

Não podemos ignorar que no fazer-se do novo perfil de professor(a) esses processos múltiplos de conscientização e politização da categoria têm um peso extremamente relevante. O interessante é que esses processos vieram de fora, das universidades, de outros sindicatos, dos partidos, mas sobretudo foram processos concomitantes à história de reorganização da categoria, de suas formas diversas de conquista de seus direitos. Não foram apenas fruto de uma intencionalidade pedagógica externa. A categoria dos professores(as), na pluralidade de suas expressões e afirmações, foi a educadora, conscientizadora de si mesma. Acompanhou seu próprio fazer-se, redefinir-se. Acompanhou e foi sujeito de seu próprio crescimento.

A categoria se autoeducando

Penso que seria interessante reconstruir esse fazer-se, entender melhor esse papel pedagógico que a categoria, as organizações e a militância tiveram e têm no constituir-se com esse novo perfil. Sobretudo teríamos de captar o movimento dos professores e das professoras como o grande pedagogo de si mesmo das últimas décadas. Sua pedagogia, sua didática, seu aprendizado na com-formação de novos profissionais, de novos saberes de ofício. Os movimentos sociais e a dinâmica sindical têm sido pedagógicos, educativos. Como? Por onde passa essa pedagogia? Têm sido educativos da sociedade, das elites. Têm redefinido valores, culturas sociais. Têm sido educativos de si mesmos. Autoeducadores.

Chegamos a um ponto que considero central: a categoria tomou consciência das dimensões econômicas, sociais, culturais, políticas de seu fazer e pensar, de seu ofício e da escola, até que ponto nesses processos redefiniu sua autoconsciência, avançou na consciência de categoria e de profissional? Os vínculos entre a consciência política e a consciência profissional não têm sido fáceis, por vezes se alimentam, por vezes se desencontram. Encontramos profissionais tão politizados que desprezam o fazer cotidiano, a qualificação para a prática educativa. Tão politizados e conscientes do peso das estruturas econômicas, dos ideários políticos que a escola, o direito à melhor educação passa a ser secundário, adiável até, diante de lutas maiores, ou é tratado apenas como trampolim para mobilizar para lutas maiores. Tão politizados que não conseguem voltar ao cotidiano escolar, tão "despolitizado", nem conseguem mais se identificar como professores(as), como categoria, tão lenta e despolitizada.

A imagem que muitos professores(as) têm das últimas décadas de lutas é essa, uma ênfase tão centrada na consciência política que descuidou da consciência profissional, que marginalizou a escola, o seu fazer, suas cotidianas e velhas questões como se fossem meros produtos de estruturas e de lógicas maiores, de mecanismos externos à escola. A escola que temos, o que ensinamos, os problemas crônicos que sofremos – reprovação, evasão, exclusão –, a desvalorização profissional, a organização do trabalho... não passam de consequências diretas do capitalismo, das relações sociais de produção, das estruturas de poder, da hegemonia ideológica, do neoliberalismo, do imperialismo, da globalização... Logo, como professores(as), não precisamos saber muito da escola, nem de nós, apenas nos olhar nas estruturas e ideologias que nos produzem e reproduzem com tanta fidelidade.

Um olhar demasiado politizado, impregnado de visões políticas mecanicistas, que terminou simplificando a complexidade do social e da história da escola e de nossa história como categoria profissional. Análises que alargaram a consciência política, mas a enclausuraram em lógicas lineares, pouco políticas. Essa visão mostrou logo seus limites. Fomos percebendo que nos reeducava, porém com visões desfiguradas, que levaram a confundir consciência política com aderir a essas lógicas mecânicas, a privilegiar em congressos e conferências a denúncia dessas estruturas, dessas determinações brutais da história social, de nossa história como categoria e da história da escola. Ter consciência passou a ser-saber mais dessa trama ou, ainda, que, sem saber muito dela, denunciá-la. Insisto na urgência de perguntar-nos em que essa visão marcou a categoria, em que contribuiu para sua identidade profissional.

Não há dúvida que ajudou a alargar o olhar a sair de um "escolacentrismo", tão marcante nas suas práticas e na sua autoimagem. Ajudou a ver a escola, suas possibilidades e limites para além da responsabilidade dos professores. A visão tradicional e tecnicista trata as instituições sociais como se fossem campos isolados. Os problemas da família são dos pais, como os problemas da escola são dos professores e da própria escola, como os problemas da saúde são dos médicos e dos hospitais. A ênfase no peso das estruturas econômicas, dos processos de produção e reprodução social e cultural, das estruturas de poder, das ideologias e seu peso hegemônico, nos ajudou a entender-nos melhor e entender os limites de nossa prática, de nossos esforços e boas intenções pedagógicas e inovadoras. Aprendemos que nosso papel é socialmente definido, articulado em lógicas maiores.

Poderíamos dizer que essa consciência política nos aliviou. Aliviou aqueles processos de culpabilização individual e coletiva que vinham de todo lado cobrando da escola e sobretudo da categoria. Nossa autoimagem era negativa. Agora nos perguntamos: somos nós os responsáveis? Nós não conseguimos educar o povo, ou é a lógica social, os interesses de classe que não querem a educação e instrução do povo?

A categoria dos profissionais da saúde já tem consciência de que a saúde tem ramificações nas estruturas sociais, na alimentação, na moradia, nas condições sanitárias, no trabalho, nos processos de reprodução da infância. Tem um olhar mais global e não se culpabiliza como incompetente porque o povo não tem saúde. Tem uma melhor autoimagem. Nem a mídia, as elites ou os políticos têm coragem de responsabilizá-los pelas péssimas condições de saúde do povo brasileiro. Há outra visão política da sociedade e da categoria em relação à saúde e seus profissionais do que em relação à escola, à instrução popular e seus profissionais. Neste sentido, a politização da educação e do fazer profissional era e é uma tarefa urgente para a construção social de nossa imagem e da escola.

Essa autoimagem mais politizada não apenas contribui para desculpabilizar-nos, entender os limites de nossa ação profissional, mas poderá também contribuir para entender-nos e entender a Educação Básica em suas dimensões sociais, políticas e culturais. A Educação Básica tem um papel político e social na produção da sociedade, na reprodução das estruturas sociais, do poder, dos valores. Hoje temos uma visão mais clara de suas funções sociais.

Nosso ofício é socialmente relevante, não apenas para transmitir competências, habilidades, saberes escolares, conhecimentos de nossa área e disciplina. A consciência política alarga nossa autovisão, da maior densidade social e cultural a nosso fazer. A escola é mais do que escola, professor(a) é mais do que transmissor, habilitador. Os processos de conscientização política podem ser um mecanismo de recuperação de dimensões de nosso ofício que foram perdidas no tecnicismo marcante de nossa tradição escolar. A professora e o professor que avançam na visão política encontram novos sentidos sociais de seu fazer. Recuperamos o sentido social perdido. Nos sentimos próximos de outros profissionais do social, da cultura, do desenvolvimento humano, da consolidação dos direitos humanos, da construção lenta de outra sociedade. Utopia?

São os campos onde, ao longo da história da civilização, afirmou-se o ofício de pedagogos, de educadores, na construção da *polis*, da cidade, da cidadania, da igualdade, do público, dos direitos humanos.

Politizar o cotidiano

Encontramos, ainda, milhares de professores(as) que parecem dispensar essa consciência política, que se voltam para afirmar-se na competência profissional e conseguem dar conta com eficiência de seu saber-fazer, da alfabetização, da transmissão do conhecimento, da socialização, do convívio com os educandos e com os colegas, de manter-se atentos aos avanços de sua área de conhecimentos, das inovações pedagógicas. Profissionais que defendem sua autoimagem, seus direitos, mas consideram que a consciência política não é tão necessária, ao menos nos vínculos tão estreitos que assumem com tendências político-partidárias. Estes profissionais tão numerosos nos obrigam a repensar a concepção de consciência política, do perfil de coletivo político que foi tão cultivado nas últimas décadas. Nos levam a repensar o foco do político, tão fixo no poder, nas ideologias, nos detentores de poder e suas decisões. Nos advertem para a necessidade de politizar o cotidiano, as práticas, as estruturas escolares e as competências. Politizar a escola, o próprio direito popular à educação, ao conhecimento e à cultura, politizar o direito à vivência digna da infância. Politizar mais as vivências e sentimentos, o ambiente físico, os estilos de vida, a ocupação dos tempos, o acesso à leitura, ao lazer, à cultura, à qualificação dos próprios educadores.

Por aí também passa o sentido e o sentimento de categoria. Sabemos que, para muitos, é por aí que vai se construindo a consciência e identidade profissional. Suas ideias, seus interesses e sentimentos, seu orgulho e sua identidade como professores(as) passará por aí. Nessa consciência está presente uma forma de pensar na sociedade e de vincular educação e ação educativa com um projeto de sociedade. Na prática cotidiana também estão em jogo cosmovisões, valores, opções com respeito à estrutura da sociedade, dos direitos e do desenvolvimento humano. A consciência do papel social do ofício passa por outras ênfases, mas não deixa de estar presente no cotidiano. Não há dúvida que na consciência política a que nos referíamos antes esse cotidiano pode redefinir-se, encontrar novas tonalidades. A consciência do papel social e da identidade de mestre terá de articular o cotidiano de sua prática com as múltiplas determinações do social.

Para a reflexão que estamos fazendo sobre o fazer-se dos profissionais da Educação Básica e sobre a formação de sua identidade o fato de inúmeros professores(as) resistirem às formas de consciência política cultivadas pelas suas organizações e os partidos e tendências partidárias poderia nos fazer refletir sobre um fato: essa consciência política apareceu descolada da prática pedagógica, do que define o pensar e fazer e o ser professor(a)? Ao menos suas relações com essa prática ficaram muito distantes, condensadas em *slogans* e programas que têm pouquíssima possibilidade de modificação do pensar e fazer cotidiano, do ser professor(a).

Não apenas a prática cotidiana dos professores ficou de fora, eles como sujeitos ficaram de fora. Em encontros da categoria analisamos a sociedade, as ideologias, o Estado, as tecnologias, tudo menos ou secundariamente, os próprios docentes, suas condições de trabalho, suas vidas, seus sentimentos e vivências. Na década de 80 a denúncia destas condições esteve mais presente. Na década de 90 os sujeitos são ignorados na centralidade dada às estruturas e às ideologias. Ao poder.

Os tempos de consciência política, de análises globais, de elaboração de princípios e de mobilização têm sua especificidade, podem ser tempos ricos, abrir horizontes, mostrar vínculos entre escola, prática, ser professor(a) e as macroestruturas de poder, ideologias e políticas, mas não conseguem chegar mecanicamente aos tempos cotidianos, às rotinas do dia a dia, aos sujeitos na sua totalidade humana. A consciência política tal como foi trabalhada pelas organizações sindicais se alimenta de um cotidiano gritante, dos baixos salários, das condições de trabalho, da insensibilidade dos governos e das administrações. Lenha mais do que suficiente para esquentar esse tipo de consciência política, mas deixou despolitizado em grande parte o outro lado do cotidiano, a prática, o ofício e o saber-fazer dos profissionais, sua identidade social específica, suas vidas.

Dimensões que são centrais, constitutivas da autoimagem social e profissional. Estas dimensões ficaram na mesmice, apesar de tantas análises globais, de tantos embates político-ideológicos. Ao menos os profissionais no seu dia a dia não percebem facilmente em que foram politizados. No diálogo com lideranças da categoria percebo que há grande sensibilidade para com essas questões. Os encontros que promovem tentam articular análises mais globais com o cotidiano da prática das escolas, das vidas dos professores, mas não são o centro do olhar político.

É importante constatar que as questões do dia a dia, o sentir, pensar e fazer, as mudanças em sua prática de docentes, de educadores(as) é o que leva milhares de professores(as) a congressos e conferências, oficinas e seminários. Como politizar essa autoimagem que esses milhares carregam a esses encontros? Trazendo uma fala de abertura com análises mais globais, mais "políticas"? É a forma mais comum e mais fácil. Dedicando a maior parte do tempo à crítica às políticas oficiais? Fazendo propaganda das opções político-partidárias das administrações? Justificando opções pedagógicas em opções político-partidárias, ou em uma contraideologia? Esses têm sido os rituais em muitos congressos e encontros de que participamos e em muitas falas que ouvimos de militantes.

Não saio convencido de que esse seja o melhor caminho e não noto que por aí estejamos politizando uma prática e um ofício que nem sequer é tocado em muitas dessas falas. Frequentemente as temáticas focalizam as práticas dos mestres, suas questões profissionais, mas em realidade um pretexto para fazer análises macro, ou contextualizar as opções político-partidárias. Para politizar os docentes, coitados, tão despolitizados. Poderá avançar a consciência política e profissional de uma categoria descolada de suas vivências mais totais, de sua prática e de sua realidade socioeducativa? Esta pode ser usada como uma isca, um pretexto para o velho estilo "conscientizador"?

Nem tudo é assim. Encontros promovidos pela categoria e suas organizações e por administrações e partidos tentam não perder o caráter pedagógico desses momentos, politizar o cotidiano, alargar a consciência político-profissional tendo como central a especificidade do campo educativo escolar, do ofício dos mestres e suas vivências, sentimentos e incertezas.

As pressões dos docentes para colocar no devido lugar seu cotidiano, suas incertezas pedagógicas e suas transgressões e projetos inovadores poderão ser reincorporados como lutas políticas, num aprendizado político. As tensões de consciência poderão ser exploradas pedagogicamente no aprendizado do ofício. Um papel extremamente relevante na superação de imagens de docente e na construção de autoimagens.

Uma tarefa mais tensa do que tranquila para as organizações da categoria. O claro-escuro do cotidiano é anárquico, resiste a qualquer racionalização. Resiste ao espetáculo da mera denúncia. Retomando a epígrafe de Walter Benjamin, *"só devassamos o mistério na medida em que o encontramos no cotidiano..."*

17

Tensões atrás das grades

"A escola completa tenderá a incorporar todas as áreas do saber humano... de todo o saber elaborado pela humanidade".

Gramsci

Estar atrás das grades nunca deve ter sido pacífico. Para que não se extrapole minha análise deixo logo esclarecido que estou falando das grades curriculares. Como corresponde a nosso ofício. Sei que grades, disciplinas, delegacias ou regimentos podem sugerir outros ofícios. Outros espaços onde realmente a paz sempre será uma ameaça. Até atrás das grades de segurança máxima há tensões.

Falando de nossos espaços, a escola e suas grades curriculares ultimamente estão meio inseguras. As inovações e as transgressões têm sido uma constante. A ousadia dos docentes chega ao ponto de questionar o sentido das próprias grades. Alguns coletivos docentes pretendem derrubá-las, logo no momento em que os PCNs as modernizaram. Outros coletivos, mais moderados, pretendem "equalizá-las". Já que todos teremos de ficar atrás das grades vamos defender o sagrado direito de ver o sol num quadrado do mesmo tamanho.

Os tempos escolares tensionam a docência

Todo início de ano letivo, nos reunimos para distribuir a carga horária, momento dos mais tensos nas escolas. Quem fica com os horários nobres? Que áreas e que docentes escolhem primeiro? Os mestres mais veteranos? Um momento conflitivo em que afloram tensões, mas sem ter coragem de questionar que os profissionais das matérias "nobres" tenham "direito" a cinco horas-aula semanais enquanto os profissionais das áreas desvalorizadas pelo mercado tenham uma hora ou duas por semana. Tempos de relativa paz nos quintais das escolas. De acordos, de acertos e de jeitinhos.

Estamos em outros tempos. Quando se passaram vinte anos de transgressões políticas da categoria, essa paz curricular teria que chegar ao fim. O movimento de equalização das grades: tempos iguais para cada área e disciplina, está posto em muitas escolas moderadas. Propostas mais corajosas se perguntam se é uma solução equalizar grades. Sempre serão grades. Se daremos conta do que a nova LDB nos propõe como ofício, o pleno desenvolvimento dos educandos recortando esse desenvolvimento em grades.

O debate em torno da equalização das grades em realidade é mais do que um debate sobre os conteúdos de nova docência. Ele toca o perfil de profissional ou de profissionais. Toca nas hierarquias internas à categoria, nos prestígios e no mercado cativo de trabalho. Não são os educandos, nem sequer os docentes que preferem cinco horas-aula de umas matérias e apenas uma ou duas de outras. É um mercado definido em lei. São cadeiras cativas por decreto.

Exatamente por ser uma grade imposta podemos constatar que, nas escolas ou redes escolares onde esse embate surge, logo extrapola os conteúdos e provoca tensões entre profissionais das diversas áreas. Nessa hora o progressismo ou tradicionalismo político e pedagógico se igualam. São ignorados. Os embates se polarizam entre profissionais das áreas mais prestigiadas e das menos prestigiadas no atual reparte do tamanho dos lotes.

As grades são mais do que grades curriculares. Materializam hierarquias profissionais e laborais, legitimam e cristalizam concepções de educação e de docente. Quando mexemos nelas não conseguimos ficar de fora como pessoas ou trabalhadores. Equalizá-las pode roubar ou acrescentar tempos de trabalho e de salário, de deslocamento ou não de escolas. Mexem em nossas vidas, para além da docência. As grades curriculares e a distribuição das cargas horárias tão hierarquizadas e desiguais, legitimam hierarquias e desigualdades nos modos de viver a docência. Hierarquizam, até, uma cultura escolar e profissional.

De tanto viver, planejar e agir, dentro das grades curriculares, nos pensamos e pensamos o mundo, a sociedade e a história, os educandos, e sobretudo pensamos o conhecimento e a cultura gradeados, hierarquizados. Separamos a cultura nobre da menos nobre, o conhecimento mais científico e mais sério, do menos científico e menos sério, o mais valorizado pelo mercado, do menos valorizado. As matérias mais exigentes das mais fáceis de levar. O que cai ou não cai nos concursos, nos provões, no vestibular. Separamos os saberes mais importantes para a vida dos descartáveis.

A cultura escolar e profissional gira nessas polarizações materializadas nas grades curriculares. De tanto viver nelas nos degradamos e degradamos o conhecimento e a cultura. Viciamos nosso olhar docente, social e político. Gerações de docentes carregam esse olhar viciado que dificulta enxergar a totalidade do social, do conhecimento, da cultura e de docência. Gerações de educandos têm padecido essas polarizações. Têm saído da escola bons em uma matéria, odiando outras. Quebrados no seu desenvolvimento cultural, cognitivo, ético e estético, mas bons nas matérias nobres. As vítimas, os degradados estão aí sem remédio. Não falo dos repetentes e evadidos, mas dos aprovados, dos bem-sucedidos na escola e nos rendosos empregos. Filosofia e sociologia, estética e ética, imaginação e memória, identidade, valores e cultura, múltiplas linguagens, desenvolvimento humano, para quê? Esses saberes deram alguma vez dinheiro e emprego a alguém? Negamos às crianças, aos adolescentes e jovens e aos futuros adultos o direito humano a saber-se humanos. O direito à riqueza e à herança cultural acumulada e tão diversificada.

Tensões no campo da cultura

Pensando bem, esses embates não nasceram nas escolas, nem na categoria. Estão postos na sociedade. A mídia e os intelectuais, as diversas linguagens artísticas e a universidade debatem sobre o pensamento único, sobre a cultura, os valores e os saberes, que padecemos, que sufocam nossa sociedade. Cultura utilitarista e pragmática onde não há lugar para outros valores e saberes, outras opções e projetos de sociedade, de infância e de juventude ou de mulher, de ser humanos.

A escola e os professores da Escola Básica também participam desses debates. Estão atentos. Nos tocam de perto. Estamos entre os profissionais da cultura e do conhecimento. A escola não consegue ficar alheia a essas tensões.

Os guardiães ferozes das grades resistem a toda inovação. Se protegem como podem. Esse é um dos sentidos das grades, proteger os saberes escolares, as disciplinas e os seus docentes da contaminação dos questionamentos sobre os valores e saberes sociais. Proteger contra os embates da cultura que se dão fora da escola. A forma como os Parâmetros Curriculares Nacionais trataram as chamadas questões de atualidade reflete essa função das grades curriculares, defender os saberes escolares da ameaçadora inovação dos saberes sociais – "das questões de atualidade". Reconhecemos que as áreas do conhecimento gradeadas não dão conta dos saberes mais atuais, velhos saberes humanos repostos em cada momento histórico. Que fazer se mantemos as grades? Permitir que entrem, não como área do conhecimento, mas como um tema sem tempos garantidos. Essa função seletiva, defensiva das grades curriculares isolam os saberes escolares. Protegem os quintais de nossa docência de atrevidos invasores. Garantem a paz e as hierarquias.

Está na hora das políticas curriculares abrir-se aos embates democráticos. No campo do conhecimento também se dá um embate democrático. Que sentido têm as hierarquias de saberes? Que valores estão por trás? São questões postas.

As hierarquias de conteúdos e de docentes refletem valores que estão sendo questionados na sociedade. Aí está o perigo se as grades forem abertas, derrubadas e até equalizadas. Perigo de invasão, de mudar hierarquias de valores e saberes predefinidos em lei, nos currículos e programas oficiais.

A resistência de alguns e a perplexidade de muitos docentes têm como raiz a quebra da cultura e do pensamento únicos. É o entulho cultural de tempos autoritários que a sociedade e também a escola e os docentes custamos a remover. Continuar apegados a essa cultura pragmática mercantilizada e a esse entulho será continuar reduzindo nosso papel docente a transmitir os conhecimentos científicos e técnicos basicamente nas suas dimensões úteis, práticas, na sua vinculação imediatista com uma visão estreita do conhecimento e da ciência imposta pelo mercado.

Sabemos que as ciências e as tecnologias se justificam na história pelo seu papel no desenvolvimento humano. A infância e a juventude têm direito a esses saberes pela função plena que tiveram e têm no desenvolvimento social e cultural. Como têm o mesmo direito à totalidade dos saberes e da cultura. Têm direito à memória, às artes e às múltiplas linguagens, às teorias e especulações sobre o sentido de sermos humanos, sobre as relações sociais que regulam o convívio, a inclusão e a exclusão.

Estas dimensões dos processos civilizatórios, culturais e políticos não encontraram lugar nas grades. Foram tratadas como especulações inúteis para minorias improdutivas. Foram marginalizadas nas propostas curriculares ou relegadas a temas. Manter as grades e nelas pendurar alguns temas de atualidade será uma solução? Em muitas escolas ousam um pouco mais, mantêm as grades rígidas como corresponde a toda grade, mas inventam projetos progressistas sobre as temáticas não trabalhadas nas disciplinas, por exemplo, o lúdico, a sexualidade, as múltiplas linguagens, o corpo, a dança...

Estas soluções parciais não trarão a paz às grades curriculares. A abertura dos saberes escolares aos saberes sociais exige mais. As tensões em torno dos conteúdos da docência são mais de fundo. Têm raízes nos embates postos no diálogo entre as diversas dimensões do saber cada vez mais aberto e mais difícil do ser encaixotado em fronteiras e hierarquias predefinidas. As tensões no interior dos currículos vêm de fora. São ramificações de tensões de valores, de cultura, de pensamento e de paradigmas. Não há como ocultá-las aos docentes da Escola Básica. É bom e arejante que os currículos escolares sejam contaminados pelas incertezas fecundas postas no campo do conhecimento e da cultura, do pensamento e dos valores.

Gramsci já previa que a escola tenderia a incorporar todas as áreas do saber humano, de todo saber elaborado pela humanidade. Uma tendência difícil de frear por mais rígidas que tenham sido as grades curriculares por décadas. Por mais rígida que seja a cultura da escola e a cultura docente o conhecimento humano é vivo e dinâmico e consegue desestabilizá-las.

A insegurança atual está justificada, é sinal de que a paz por trás das grades está chegando ao fim. Por enquanto em muitas escolas e coletivos docentes a briga é por espaços, ainda, no interior das grades. Outras escolas e propostas estão aprendendo a sair das grades para termos maior liberdade de voar. Para recuperar nossa docência.

O valor humano de todo conhecimento

Como equacionar estas questões e inseguranças, invertendo a ordem disciplinar? Dando prioridade às letras, às artes, à cultura, às áreas ditas humanas e secundarizando as áreas até agora prioritárias, os conhecimentos científicos e técnicos? Ou fazendo um reparte equitativo, amigável? Por aí podemos chegar à paz, à harmonia entre proprietários de lotes, recortando todos do mesmo tamanho? São saídas parciais, remendos de velhas lógicas.

As questões do momento, as tensões entre cultura mercantil e cultura humanista são mais de fundo e a procura de uma concepção mais global do mundo, da sociedade e dos próprios conhecimentos científicos e tecnológicos é mais de fundo. E as inseguranças de nossa docência são mais embaixo. Situam-se em um debate aberto e coletivo sobre a finalidade da educação e sobre projetos de sociedade. E também em um debate aberto sobre a teoria do conhecimento que os currículos incorporaram bastante ingenuamente da ciência moderna.

A nova LDB opta, ao menos em alguns artigos, por uma concepção global, por uma função humanista para a Educação Básica. A pergunta terá de ser posta aí: como cada um dos conhecimentos, das ciências e das letras ou das artes, tem contribuído para o desenvolvimento e pode contribuir para o pleno desenvolvimento da infância, adolescência e juventude e por que não dos adultos? Estudar ciências, biologia, matemática, física ou química tem contribuído ou contribuirá menos ou mais para o desenvolvimento humano?

Seria ingenuidade histórica e pedagógica dizer que essas áreas contribuíram menos do que as áreas ditas humanas e sociais. O problema não está na natureza ou no campo dos saberes, mas na visão e no uso estreito ou totalizante que desses saberes, sempre humanos, a sociedade, a escola e os docentes possamos fazer. Podemos ter e passar uma visão meramente instrumental tanto das ciências como das letras e das artes. Podemos também familiarizar as novas gerações com a totalidade da cultura científica, literária, artística, etc. As figuras mais expoentes de cada área do conhecimento humano se assustariam vendo a escola e seus docentes tratando de maneira tão estreita, utilitária e mercantil seu campo humano de conhecimento.

Nas últimas décadas cada área do conhecimento e seus docentes em congressos e associações andam à procura das dimensões formadoras de cada disciplina escolar. Os PCNs seguem esta linha. É fácil perceber que em realidade as dimensões que cada área de ciências, de letras ou artes se propõe formar nos alunos são coincidentes e não poderia ser de outro modo. Não faz muitas semanas, em um desses debates, uma professora de ciências insistia em manter maior carga horária junto com a matemática porque essas ciências desenvolvem o raciocínio. Os professores de filosofia defendiam maior carga horária porque a filosofia desenvolve a visão crítica. Os professores de artes se defendiam alegando que desenvolvem a sensibilidade e criatividade. O professor de sociologia considerava que sua disciplina dava uma visão totalizante do social.

É interessante perceber como esses debates revelam que os docentes estão sensíveis às dimensões formadoras de suas áreas. Que os saberes e dimensões a serem formados tocam na sua docência. Até disputam que disciplina é mais formadora e de quê. Cada vez mais os docentes se identificam com as dimensões formadoras de sua área. Uma mudança de autoimagem. Entretanto ficam disputando entre eles quais os produtos de seus quintais são mais nutritivos no cardápio intelectual das nossas escolas. Debates fora do tempo em que ainda nos confrontamos. Brigas de feirantes em suas barraquinhas.

Penso que seria muito difícil encontrar provas ao longo da história da nossa formação como humanos que demonstrem que cada recorte do conhecimento nos desenvolveu nesta ou naquela dimensão. Somente um olhar tão viciado pelo recorte positivista, academicista e gradeado do conhecimento e da formação dos docentes poderia manter um debate nesse nível. Por aí não chegamos muito longe porque é um debate típico de quem está por trás das grades, ainda que sejam elas curriculares. O horizonte sempre será reduzido. Veremos o sol quadrado e o conhecimento e o desenvolvimento humano recortados.

Como sair desse reducionismo? Abrindo um debate coletivo sobre o valor humano, histórico de todo conhecimento e de todo processo de conhecer. Inseparáveis dos processos de sentir ou desejar, de lembrar, valorizar e encontrar significados. Todos esses processos têm sido historicamente constitutivos e formadores dos grupos humanos e das novas gerações. As artes de tratar esses processos todos têm sido chamadas, em todas as culturas, educar. E seus artífices, educadores.

As virtualidades humanizadoras dos processos de conhecer as leis da natureza ou da vida não são menores do que dos processos de entender a sociedade, comemorar a memória, produzir o espaço ou criar as artes... Sua força educadora e cultural se perderá em qualquer área se essas virtualidades se perdem, mas elas podem ser encontradas e exploradas pedagogicamente, independente de ser áreas mais técnicas ou mais especulativas.

Todo conhecimento é humano, poderá e deverá ser útil, imprescindível. Poderá desenvolver a consciência crítica e a lógica, o raciocínio e a sensibilidade, a memória e a emoção, a estética ou a ética. Dependerá do nosso trato pedagógico. Esta arte de explorar as potencialidades pedagógicas de todo conhecimento, sentimento ou emoção é o que nos diferencia de outros profissionais desses mesmos conhecimentos e artes. Eles podem ser pedagogos e educar com seus conhecimentos, suas artes ou letras. Os docentes assumimos esse ofício, programar, explorar pedagogicamente a cultura acumulada no convívio com as jovens gerações, com os humanos principiantes, aprendizes.

Os conhecimentos escolares não podem ser polarizados entre os que são úteis, necessários para sobreviver para o trabalho e o concurso e aqueles que são formadores da cidadania crítica e da participação, da criatividade e do desenvolvimento humano. Filosofar é extremamente útil para a vida, como a ética, os valores ou a sensibilidade estética são tão úteis quanto o raciocínio matemático. Há algo tão útil à vida como a emoção, o sentimento e a memória? Uma situação de emoção não nos obriga a pensar e raciocinar tanto quanto a matemática ou a biologia. E o inverso, o estudo, a pesquisa nestas áreas não podem provocar profundas emoções? O problema não é apenas equalizar grades, cargas horárias, mas sair delas para sem entraves encontrar-nos com as potencialidades formadoras da produção e do aprendizado de todo conhecimento, valor ou sentimento de toda produção cultural.

Neste contexto será uma saída tímida incluir novas temáticas como disciplinas curriculares ou como transversais: sexualidade, ética, ecologia, multiculturalismo, informática, trânsito, saúde. Esse bombardeio de novos temas que chega cada semana às já repletas grades curriculares apenas revela a pluralidade de dimensões humanas a formar nos aprendizes de humanos. Cada nova área ou tema, se convertidos em disciplina ou transversal, reativará o debate sobre os tempos escolares e as habilitações docentes. Recolocará o tema da ampliação dos dias e horas letivos. Ampliará tanto o tempo de escola e das lições de casa que nossa infância não terá mais tempo para ser outra coisa do que aluno de escola. Sairemos todos, mestres e alunos, deformados ou loucos. Um quebra-cabeças para gestores escolares e uma ameaça laboral para cada coletivo licenciado. Uma ameaça sobretudo para a sanidade mental de mestres e alunos.

Na Argentina os mestres-professores me falaram do plano de "Reconversão" porque estão passando para dar conta de novas áreas curriculares. O professor de matemática será "reconvertido" em professor de informática, o de história em professor de ética, e por aí vai. Saídas engenhosas de algum esperto gestor, mas que não vão ao fundo das interrogações que o momento nos coloca como educadores.

Para alguns a questão poderá ser como equalizar as grades das matérias escolares, clássicas, em que horário encaixar as "novas" temáticas de atualidade, como reciclar ou reconverter licenciados de áreas. Em muitas propostas que acompanho os professores se colocam outras questões. Aquelas ficam para trás como lembranças não muito agradáveis de concepções estreitas do conhecimento humano. Concepções que invadiram os conteúdos de nossa docência e recortaram os docentes. Estreitaram sua autoimagem. Enclausuraram seu ofício em recortes e quintais. Cortavam seus voos.

Quando discutíamos estas questões com um coletivo de licenciados(as) uma professora desabafou:

> *"Saí da faculdade cheia de projetos, queria voar longe. Aos poucos fui descobrindo que as grades limitavam meus voos. Cortaram minhas asas. Hoje meus voos intelectuais são rasteiros. Mas não perdi a esperança de um dia poder voar, e longe. Fora das grades".*

Uma aventura pedagógica, um direito, irmos além e romper horizontes dados e estreitos de docência. Reaprender-nos fora de grades que modelaram nossa imagem tão fixa. Reinventar-nos e reinventar nosso ofício: *"Incorporar todas as áreas do saber humano... de todo saber elaborado pela humanidade".*

18

Uma categoria fragmentada

*"Somos pobres de histórias surpreenden-
tes. A razão é que os fatos já nos chegam
acompanhados de explicações".*

Walter Benjamin

Há interesses muito diversos na categoria do magistério. Desencontrados até. As lideranças sabem como é complicado unir essa diversidade de interesses em momentos de luta política. Quando nos aproximamos das redes de ensino ou quando participamos da elaboração e implementação de uma proposta pedagógica percebemos como os interesses da categoria são diversos na concepção e prática de Educação Básica. Descobrimos fragmentos. Cacos de uma unidade quebrada. Cacos difíceis de colar até nos momentos de inovação pedagógica.

Temos muitos magistérios. Somos muitos como vimos. As imagens sociais e as autoimagens da professora de Educação Infantil e das primeiras séries são bem diferentes das imagens dos licenciados e licenciadas de 5ª à 8ª e da educação média. Mas há algo em comum, são professores(as). Estão na sala de aula, em convívio direto com a infância ou a juventude. Se formaram para o magistério e nele permanecem por longos anos. As práticas são muito parecidas. O ofício de mestre é o mesmo. O velho ofício repetido e reinventado. E a velha imagem desfigurada e refigurada em cada novo gesto de mestres.

Há fragmentos ainda mais complicados na categoria. Imagens e autoimagens mais desencontradas. Penso na separação que se lastra por mais de quatro décadas entre os profissionais do magistério e os profissionais da gestão. Funções diversas, distantes que vêm construindo um perfil de profissional da Educação Básica desfigurado. É possível que a maioria dos profissionais do sistema escolar pense que são normais essas diversidades, que sempre foi assim, que em todos os sistemas escolares do mundo a categoria é assim tão diversa. Não é verdade.

Na Educação Superior não temos essa polarização da categoria. Todos somos professores de nível superior, do auxiliar ao reitor. Há um tronco único que nos identifica, ser professores. Entramos pela mesma porta única, pelo concurso, para professor. Não há concurso para diretor de faculdade, departamento, nem para coordenador de colegiado, nem para reitor de universidade. Todas as funções de gestão, coordenação, são exercidas temporariamente por professores eleitos que alternam a docência (sua identidade única e permanente) com a gestão temporária. Há níveis dentro da carreira única do magistério superior, mas não há carreiras paralelas, vitalícias, com diplomas diferentes. Não há fragmentos. Nos vemos na mesma imagem do magistério. Não há castas, é um modelo mais democrático.

Em muitos sistemas de Educação Básica do mundo é também assim. Ser mestres é o referencial de todos. Formados para o magistério básico sem carreiras nem titulações paralelas. Podendo exercer temporariamente as funções de gestão, coordenação e direção necessárias ao funcionamento do projeto pedagógico da escola ou da rede escolar. No sistema brasileiro de instrução pública ou de ensino básico sempre foi assim até décadas recentes. A Lei 5692 de 71 fragmentou a categoria e a nova LDB de 96 não conseguiu recuperar a unidade perdida. As pressões corporativas preferiram manter o corpo do magistério quebrado, desfigurado.

Muito se tem escrito sobre a divisão do trabalho no interior do nosso sistema de Educação Básica. Há muitos aspectos a repensar. Deveríamos ponderar como essa fragmentação vivida pela categoria nas últimas quatro décadas afeta a construção de um perfil de profissional da educação, como tem afetado os cursos de formação e desfigurado a função dos cursos de pedagogia durante os últimos trinta anos. Tem desfigurado os órgãos gestores sua função e seu relacionamento com os docentes, com a própria escola. Essa fragmentação tem desfigurado a própria concepção de Educação Básica e de seus profissionais.

Os processos de elaboração e implementação de propostas educativas inovadoras são um momento revelador das funestas consequências da fragmentação da cate goria. Tensões latentes afloram. Funções desencontradas se polarizam. Concepções e práticas de educação se desencontram. Estilos de inovar não se entendem. As desconfianças mútuas, os medos, as imagens que os mestres se fazem dos gestores e estes daqueles se defrontam.

Os processos de inovação, por seu caráter transgressor, trazem à tona as fissuras profundas no interior da categoria. As transgressões revelam uma categoria fragmentada, não tanto no interior da escola onde não faltam tensões entre especialistas e docentes, mas onde o convívio mais próximo consegue que a identidade comum supere divergências. A fragmentação da categoria se expressa sobretudo na polarização entre os órgãos de gestão e suas equipes, e as escolas e seus profissionais. As tentativas pontuais de técnicos-educadores de se aproximarem das escolas e seus docentes não têm conseguido superar o distanciamento. Há técnicos que saíram da docência e nunca mais voltaram. Viraram gestores de profissão. Incorporaram o estilo.

A inovação controlada

As autoimagens de docente e de técnico-gestor não coincidem. Começamos reconhecendo que nas escolas há inovação e que um dos traços dessa inovação é ser transgressora, guardada nas gavetas, porque o diretor, o inspetor, ou o secretário não podem saber tudo. As relações entre as escolas, os docentes e os órgãos centrais, normativos, têm sido muito tensas nas últimas décadas. As transgressões não são gratuitas. São reações frente ao legalismo. De um lado expressam a maturidade dos docentes, de outro lado expressam a reação a esta maturidade e às transgressões. Nesse jogo tenso a categoria se tem polarizado e desfigurado.

A burocracia e controle sobre a escola e os docentes só se totalizam quando tiverem eliminado toda resistência e transgressão, o que não é fácil. Daí que as normas geram a necessidade de novas normas. Daí que os quadros burocráticos crescem quanto maior a autonomia das escolas e maior o profissionalismo dos professores. É curioso constatar que a justificativa da Lei 5692/71 para criar órgãos cada vez mais sofisticados de técnicos em planejamento, controle e avaliação, supervisão, inspeção e direção do sistema era que o professorado das escolas não estava qualificado, precisava de tutores.

Passaram-se trinta anos, a qualificação dos docentes mudou, cresceu, temos graduados, mestres, doutores nas salas de aula e os órgãos de controle continuam se sofisticando. O número de técnicos nesses órgãos cresceu, a normatização não diminuiu. Poderíamos perguntar-nos: para que e por quê? A complexificação do sistema escolar não é justificativa. A maior qualificação, o profissionalismo, a autonomia e resistência dos docentes talvez sejam uma explicação. As transgressões aumentaram. Os professores e as professoras são outros e outras, o que em vez de gerar confiança gera desconfiança, não tanto pelos discursos mais críticos e radicais, mas pela força dos conhecimentos e das práticas cada vez mais profissionais.

Manter práticas quotidianas sob o domínio da norma não é nada fácil. O quotidiano escolar é rebelde às normas de fora, quem não sabe disso? O discurso dos órgãos centrais é autonomia da escola e do professor. Se fosse um discurso consequente reduziria a um terço ou menos os órgãos centrais e suas equipes e teríamos mais professores na escola muito bem titulados. Por que não vemos esse movimento? Porque a autonomia das práticas e dos "práticos" ameaça. Eles recebem sua força da prática pensada. São os que fazem acontecer o ensino, a aprendizagem, a formação da infância através do convívio e dos conteúdos da docência. Sem eles a escola para, a criançada tem de procurar outros adultos, outros pedagogos, os pais, a babá... Os professores são imprescindíveis, por isso incontroláveis. Por isso devem ser controlados. Quanto mais autoconfiança profissional, maior titulação e maior qualificação, maior será a consciência. Mais incontroláveis, logo maior necessidade de controle. Os órgãos e o pessoal técnico crescerão ainda mais, até que seu custo ameace o controle orçamentário.

Sem dúvida essas tensões entre autonomia do magistério e controle da gestão terminam condicionando os mestres que temos. Os órgãos centrais definem seu perfil, definem e programam os seus tempos de requalificação, os saberes e competências que os docentes precisam. Definem currículos, conteúdos e programas. Impõem o que será avaliado como importante, logo impõem o que deverá ser ensinado com prioridade. Definem até quantas horas semanais ou quinzenais terão para se reunir, para estudo, para docência. Todos esses processos controlados pelos órgãos centrais e seus gestores reproduzem uma imagem infantilizada e dependente de docente. A divisão entre os poucos que pensam e decidem e a maioria que ensina o que lhes é ditado e como lhes é ditado atrasa a construção de um perfil do magistério de Escola Básica.

Temos de reconhecer que tem havido nas últimas décadas mais inovação nas escolas do que os órgãos centrais e regionais de sua gestão estão dispostos a reconhecer. É frequente encontrar técnicos e gestores por vezes saídos das salas de aula e das escolas que em suas reuniões apenas se perguntam como preparar os professores para as mudanças pretendidas. Como vão "aderir às nossas propostas inovadoras"? Dificilmente escuto nessas reuniões como mudar a gestão, como mudar a cultura, os valores e as concepções de educação que ainda são dominantes em muitos centros de gestão. O entulho tecnicista da Lei 5692/71 ainda está no pátio de muitas escolas e também de muitas secretarias, delegacias, superintendências, conselhos e ministérios. Foi incrustado na cabeça de muitos professores, técnicos e inspetores. Todos tivemos de fazer um esforço para limpar esse entulho e a operação limpeza não acabou em todos os níveis.

Conheço muitos técnicos de órgãos diretivos que tentam ser livres, criar outro estilo de gestão. Descobrem que é mais difícil o exercício da liberdade nos departamentos gestores e diretivos do que nas escolas. Mas neles também há inovações guardadas nas gavetas. Há transgressões nos órgãos de gestão. E muitas.

Mudar o estilo de gestão

É urgente mudar as formas de gerir os sistemas escolares e as escolas, de gerir os currículos e os profissionais. É urgente também inovar as formas de gerir as inovações educativas. As propostas que acompanho tentam superar velhos estilos de gestão e velhas dicotomias e fragmentos.

O que estou sugerindo é que não inovaremos a prática educativa nas escolas sem mudar, e radicalmente, a prática administrativa e de gestão. Apenas um traço do estilo de gerir as mudanças: invoca-se a crença no efeito multiplicador. Frequentemente sou convidado a contribuir na implantação de propostas inovadoras, realmente corajosas. Me encontro com centenas de professores, aliás de técnicos e gestores dos órgãos centrais, de superintendentes e suas equipes, de inspetores, diretores e supervisores, de técnicos das regionais etc. Pergunto: quantos estão na regência? Nenhum ou poucos. Quem frequenta os cursos de capacitação e de treinamento, e as reuniões? São técnicos e gestores. Qual a filosofia, ou justificativa para essas formas de qualificação para a mudança? A crença no milagre da multiplicação dos pães e dos peixes. A cúpula aprende, se convence para repassar convencimentos, concepções, normas e estilos inovadores para os soldados rasos. Essa crença ingênua no efeito multiplicador tem de ser superada porque reproduz e reforça a categoria fragmentada.

O milagre da multiplicação pode ter funcionado para pães e peixes, não para valores, condutas, práticas de relação entre educadores e educandos. Para transmitir normas, advertir o que pode ou não pode, definir cercas e alertar para não pular cercas pode funcionar a ideia de treinar os multiplicadores. Duvido que até nesse varejo funcione, mas para inovar estilos culturais, representações profissionais, não funciona o mito da multiplicação.

No fundo é uma justificativa ingênua para reproduzir a dualidade que a Lei 5692 criou na categoria, de um lado uma minoria dirigente, porque capacitada, e de outro lado a massa docente. Os multiplicadores de inovação e a massa a ser motivada.

Poderíamos mudar a direção e converter os professores em multiplicadores. Reunir grupos de professores inovadores já convertidos às mudanças para que convertam os técnicos e gestores. Não seria solução. Reconheçamos que esse estilo de inovar tem pouco de inovador, tem muito de reprodutor de hierarquias, de concepções infantilizadas de professor(a). Tem muito de tutorial e paternalista. Tem pouco de democrático. Não ajuda a crescer os professores nem os gestores.

A normatização da vida das escolas é um exagero e tem uma direção certa, as professoras e os professores. As equipes diretivas, de inspetores, ou de supervisores, coordenadores, pedagogos (como gostam de se chamar), não são tão controlados. Insisto que é urgente rever essa prática muito comum nos projetos de mudança: treinar, qualificar essas equipes dirigentes para que como repassadores levem até o final da linha, até os professores, a novas diretrizes de ação. Frequentemente sou chamado para refletir sobre questões pedagógicas com as equipes dirigentes e pergunto: por que não debater esses conceitos com os próprios professores? A resposta é sempre a mesma: os dirigentes treinados nas novas práticas levarão as inovações para os professores. A ideia de passar normas, mudanças para repassar a lição está muito arraigada na gestão escolar. De onde ela vem? Por que se mantém?

Essa prática tem raízes na visão que se tem e mantém de professor tutelado, por normas ou por orientações e supervisões, por minorias multiplicadoras de pães e peixes pedagógicos, para a faminta multidão de professores que os segue. Até quando essas visões ultrapassadas acreditarão que podem-se repassar valores, práticas, culturas? E por que os educadores diretos, os professores, são considerados como o final de uma hierarquia de aprendizados? Que visão de professor(a) está em jogo, está sendo reproduzida com essa visão hierárquica e normativa multiplicadora e repassadora?

A preocupação com a inovação do estilo de gestão deve estar presente em cada momento do processo de implantação de uma proposta. Na medida em que se cria um clima de novidade é como se abríssemos as gaiolas, todos querem voar longe. Logo entra o fantasma do medo, da perda do controle. O medo de deixar as coisas soltas demais, e sobretudo de perder o sentido dos próprios órgãos gestores e dos próprios técnicos. O apelo às normas, às portarias logo aparece. Por vezes um processo de inovação pode significar uma tendência a reforçar os órgãos gestores e seu papel de controle. Em nome da inovação, podemos criar ou manter, por exemplo, formas de coordenação político-pedagógica fortes com múltiplas seções, inchadas de técnicos. Podemos manter e reforçar a velha cultura, normatizar até o como enturmar, o dia do mês e do nascimento que servira como critério para enturmar, para estar em um ciclo ou outro, as horas de reunião dos professores para pensar e coordenar a inovação. Já que agora é permitido inovar devemos normatizar como inovar e até como e quando pensar na inovação. Com esse estilo de gerir a inovação estaremos esquecendo de inovar o estilo de gerir que tanto precisa. Podemos como técnicos não ter mudado nosso papel tutorial e continuar tendo medo de quem já estava inovado e apto para a inovação.

Apenas o discurso poderá ser mais progressista? Por vezes o estilo de gestão também é progressista. Há grupos de técnicos e gestores nos órgãos centrais muito lúcidos, democráticos, inseridos na dinâmica de inovação das escolas, em diálogo construtivo com os professores. Têm um papel da maior relevância na condução das propostas inovadoras, sobretudo na criação de condições materiais e políticas propícias ao trabalho dos professores. Não são poucos os órgãos centrais que incentivam que os educadores assumam propostas inovadoras nas escolas ou nas redes, e que os governos assumam politicamente as transgressões já existentes. Nestes casos, não apenas os professores entram em uma dinâmica de desconstrução de estilos, culturas e práticas docentes, mas também os quadros técnicos e supervisores dos órgãos centrais e das escolas entram no mesmo processo. Mas nem sempre encontramos essa postura das equipes técnicas. Por medo de perder o controle muitos tendem a se reforçar. O argumento de sempre será que os professores demandam normas e controle, sabem como inovar, sentem-se inseguros se a secretaria, a superintendência, o conselho não deixarem claros os caminhos, o que pode e não pode. Uma justificativa nada convincente.

As transgressões reagem a essa cultura tão arraigada, a essas práticas tão repetidas na gestão escolar. Transgredindo as professoras e os professores se afirmam sujeitos de práticas, de pensamento, de valores e culturas que foram construindo em longas lutas políticas e escolhas pedagógicas. Não são os multiplicandos fiéis de normas, princípios e treinamentos de dirigentes. Vejo outros estilos de gestão das mudanças que ainda prevalecem: a inovação controlada e o legalismo inovador.

O legalismo inovador

É curioso como o legalismo inovador tenta sufocar as oportunidades raras que os professores criam de se afirmarem como pessoas, como coletivo, de se livrarem das engrenagens das disciplinas, das grades, dos currículos enlatados. De se reencontrarem com as surpresas do conhecimento e da cultura. De se educarem no convívio humano, solto e surpreendente com a infância e a juventude. O legalismo inovador é mais perigoso do que o legalismo conservador. É mais sutilmente desumanizante e antipedagógico porque normatiza inovações que custaram tanto acontecer. Cercam-se logo caminhos quando os educadores tentam experimentar o prazer de inventá-los. Define-se a hora, quando os educadores experimentam, manifestam que sabem fazer a hora, que querem experimentar a ousadia de fazê-la acontecer.

Quando participo de reuniões e congressos, destaco as propostas inovadoras, sua estratégia de legitimar práticas inovadoras que já estão acontecendo. Nunca faltam os que logo se levantam e nos alertam da necessidade de definir logo no início o como e quando inovar, definir a hora. Me pergunto, por que essa insistência, para dar segurança aos profissionais da escola? ou para dar segurança aos órgãos centrais e seus gestores sobre os rumos das inovações? O argumento é que os professores querem segurança. Se, entre milhares de profissionais que inovam e optam por propostas inovadoras, alguns querem saber como aprovar, como avaliar, como enturmar, que currículo, que grades... logo se atende a esses alguns e se encaixota a criatividade de todos em nome da segurança – de quem?

Toda transgressão e inovação bagunça o "normal", ameaça o controle dos profissionais da Educação Básica. Ameaça toda a parafernália de cargos e estruturas que se alimentam do controle e supervisão da ação dos mestres da escola. Como cresceram as estruturas e os cargos de controle nas últimas décadas! Cresceram mais rápido do que as tentativas dos professores de se afirmarem como categoria. Será que essas complexas estruturas de controle, esse legalismo inovador das secretarias, delegacias, superintendências regionais é uma reação à maturidade inovadora dos professores? Uma questão que vem sendo debatida por muitos profissionais desses órgãos comprometidos realmente com a inovação educativa. Mas também uma questão que provoca como reação um estilo de inovação controlada, que retoma como justificativa uma visão infantilizada dos professores.

Os professores de escola são tradicionais, nos lembrarão os guardiães das normas. Se uma proposta inovadora acaba com as séries, normas e conteúdos, com processos e práticas, logo lembra-se o pedido dos professores para novas normas, que os deem segurança, que os deixem infantilizados. A mania de normatizar as inovações é uma tentação para algumas equipes técnicas das secretarias, delegacias, superintendências, dos conselhos e direções e coordenações. Substitui-se a velha norma por outra e assim não se inova no estilo de gerir o público. Não se deixa crescer o corpo de profissionais da Educação Básica. Já vi normas rígidas, emanadas dos órgãos centrais sobre como não reprovar, como implantar avanços progressivos, como formar turmas, dar ou não dar notas, passar ou reter no ciclo. Tudo o contrário à lógica pedagógica dos ciclos de formação humana, em que milhares de educadores(as) de base se empenham. O legalismo inovador é um contrassenso. Tenta conduzir a inovação sob controle, o que é a negação da inovação.

Não podemos esquecer que também há transgressões nos próprios órgãos de gestão e inspeção e sobretudo de administração e supervisão das escolas. Transgressões que terminam por colocar em questão formas de gerir, estilos que se consolidaram nas últimas décadas. Diante da constatação de que nas escolas se inova, e sem licença dos órgãos centrais, podemos perguntar-nos se tem sentido continuar com uma postura tão tutorial dos mestres, se mostram que cresceram, que sabem fazer escolhas, que aprenderam a ser livres, que sentido tem toda essa parafernália de normas? Que sentido tem continuar teimando em ser babás de quem caminha com seus pés e seus valores?

Muitos técnicos e supervisores, inspetores e gestores estão se questionando sobre seu papel diante de uma categoria profissional de docentes cada vez mais qualificada e autônoma. As transgressões dos mestres estão contagiando transgressões nos órgãos gestores e nos papéis especializados. Uma aproximação na transgressão que reeduca velhas funções e estilos de supervisão, direção, inspeção e gestão. Essa identidade transgressora reaproximará traços de um mesmo ofício?

Construir coletivamente uma direção pública

Sugerimos que tudo fique solto? Não. Defendemos que seja construída coletivamente uma direção política, baseada em valores. Uma direção ética, pública, ou a serviço dos direitos de todos à educação universal, básica. Que sejam construídas formas de gestão democráticas colegiadas não apenas nas escolas, mas na totalidade das formas de gestão do sistema escolar. É curioso quanto se falou e lutou pela gestão democrática da escola, e por que apenas da escola e na escola? Por que não se leva essa luta à gestão de todo o sistema incluindo os órgãos gestores centrais e regionais? Os conselhos inclusive? Por que apenas a escola tem de ser democrática, incorporar a participação das famílias, das comunidades, dos amigos da escola e os órgãos gestores ficarem intocados? O Estado e seus órgãos de direção e controle têm que ser democratizados. A relação do Estado com a sociedade, e dos órgãos e equipes técnicas com as escolas pode ser também democrática. Como construir formas mais democráticas de gerir o público, de garantir direitos sociais nas esferas administrativas do Estado?

Em vez de falar tanto em autonomia da escola, o que é mais urgente é pensar em afirmar uma cultura pública. Construir coletivamente uma direção político-pedagógica para garantir os direitos públicos. Garantir a Educação Básica como direito público. Dar um caráter mais público ao Estado e seu estilo de gestão.

Pensando especificamente na condução das propostas educativas desde sua elaboração, elas podem ser um momento propício da construção dessa cultura pública, podem ajudar a repensar o caráter público do Estado e de seus órgãos de gestão. As lutas pela participação e pela construção de uma cultura dos direitos no campo da educação já há mais de vinte anos. Os sujeitos destas lutas têm sido os professores e as professoras, a categoria do magistério. Quando se pensa na construção de projetos inovadores para as redes municipais ou estaduais o magistério pode ser o sujeito de todo processo, da concepção à sua condução. É um momento propício para que os professores se afirmem como sujeitos pedagógicos e de direção. Como construir esta direção de maneira a fortalecer o magistério?

Defendemos que essa direção seja constituída numa rede de coletivos de ação, que seja implementada, avaliada e redefinida, sempre pautada pela cultura pública. A função das equipes centrais será ter sensibilidade, escutar, articular a construção coletiva dessa direção política, não matá-la no nascedouro. Aprender e assumir esse papel poderá ser um processo de reeducação dos quadros diretivos e de avanço para uma nova cultura e novos papéis e autoimagens. Reeducar a gestão política dos sistemas escolares e de seus quadros. Reencontrar-nos com o pedagogo por vezes perdido na burocracia. Reencontrar-nos também com a capacidade de decidir que há em cada mestre e no magistério como categoria.

O caminho será o diálogo direto entre educadores, dialogar como coletivo sobre a prática, sobretudo as práticas que inventam para dar conta do que há de mais surpreendente na relação humana entre educadores e educandos. Para que esse diálogo e essa construção coletiva aconteça, os educadores "de ponta" têm que estar presentes em cada momento como sujeitos de inovação, não como multiplicandos. Nem como convidados a "nossa" festa.

Quando esse estilo coletivo é adotado parece como se abríssemos as gavetas de nossas ilusões, de nossos sonhos reais, guardados no baú de nossas identidades profissionais. As práticas em que acreditamos nos realizam, cultivam nossa autoimagem mais bela. Aquela prática que nos faz voltar à sala de aula, que dá sentido a nosso persistente e mal remunerado, não reconhecendo ofício: educar.

A função das equipes técnicas poderá ser criar condições que permitam que aflore o educador que há em nós, imagem abafada pelo entulho das normas que regulam a mesmice tediosa. Reconhecendo os mestres e suas inovações podemos estar consolidando outra cultura e outro cultivo da autoimagem. Cultura e cultivo a serviço da construção de propostas que legitimem essas dimensões ocultas, e que podem se tornar novos estilos de gestão. Como administrar a inovação, e até a transgressão? Transgredindo o velho estilo de gestão.

Não através de uma autonomia irresponsável, mas através de mecanismos de respeito aos coletivos de professores que têm coragem de ir além, que sabem fazer a hora e não esperam acontecer. Não deixar a inovação à mercê do capricho de cada um e nem de cada escola. Lembro de múltiplas redes de coletivos para trocar experiências, saberes e transgressões, registrá-las e socializá-las, para refletir como coletivos sobre suas inovações e de outros. Redes de coletivos que articulem experiências, que alimentem um clima de ação e de movimento, de dúvida, de debate e embate à procura de formas de garantir direitos, de humanizar as relações, os tempos e espaços pedagógicos. Os órgãos gestores têm sentido quando criam condições para que esses coletivos inovem.

Não vi irresponsabilidades, anarquia, falta de seriedade profissional, nem gastos inúteis de recursos ou de tempos. Vi profissionais tentando acertar como coletivos. Essa outra cultura é possível e dispensa a cultura da normatização. Dispensa inúmeros departamentos, seções e técnicos que sobrevivem e custam caro para manter essa velha cultura do controle da escola, sobretudo do inútil controle dos seus profissionais. Nas últimas décadas os professores e as professoras cresceram e dispensam essa parafernália de normas tutoras que se autoalimentam de uma função que perdeu sentido, porque há muita transgressão nas escolas. Liberdade para inovar ainda que tardia.

O foco de uma eficaz proposta educativa para a escola ou para a rede de escolas é reconhecer esse novo profissional que vem se formando, sua maturidade e criar condições materiais, salariais, de tempos de trabalho coletivo para que esse profissionalismo cresça e se fortaleça mutuamente. Criar uma outra cultura de gestão menos protetora, tuteladora, mais confiante na qualidade profissional que a Escola Básica tem e que não se manifesta porque está tolhida, abafada no trato dos professores como crianças tuteladas.

Criar coletivamente uma nova cultura de gestão do público pode ser um dos produtos de propostas político-pedagógicas. Um produto que supõe superar concepções de inovação que veem de fora para a escola. Que tanto concebem a inovação como normas ou teorias modernizadoras repassadas às escolas e seus docentes quanto veem a inovação como princípios progressistas norteadores dos regimentos escolares. Em uma e outra visão o real, a escola, as práticas sociais e escolares são vistos como constituídos de fora, por normas, teorias, ou princípios. Uma forma de gestão iluminada, vanguardista, idealista e autoritária. Pouco respeitosa para com os professores, ainda que se apele a sua participação.

São possíveis formas de gestão da inovação educativa mais democráticas que assumam os professores e as professoras como sujeitos que dispensam tutores de qualquer crença. Eles vêm mostrando nas últimas décadas que são capazes de construir a escola como espaço público.

Quando nos voltamos para a compreensão de que imagens de professor(a) estão sendo superadas, redefinidas e que autoimagens vêm sendo construídas, percebemos que essas imagens se constroem no papel dos outros. Desde a Lei 5692 o ofício de mestre que tinha como referência o professor foi cindido com a criação de carreiras paralelas, de habilitações separadas para a direção, supervisão, inspeção, planejamento, controle... Essa cisão de um ofício único trincou a imagem de mestre. Muitas colagens aparentes foram tentadas. As trincas continuam. Estaríamos caminhando para repor os mestres, professores, professoras como núcleo identitário desse ofício?

Um longo e tenso percurso que a nova LDB lamentavelmente não legitimou e que a maioria dos cursos de pedagogia não assumiram como projeto, nem os cursos de especialização e de pós-graduação *lato sensu* que continuam centrados em qualificar, titular especialistas e não os docentes. Todas essas políticas continuam desfigurando esse ofício, tão cindido nas últimas décadas. As transgressões e inconfidências dos mestres o recuperarão?

As transgressões políticas recolocaram os docentes como sujeitos centrais. Eles deram e dão as caras como sujeitos políticos. Repuseram a imagem do magistério na mídia e nas negociações com os governos.

As transgressões pedagógicas, as propostas inovadoras são uma grande oportunidade de recolocar os docentes como sujeitos centrais do fazer e da gestão pedagógica. Eles dão o tom na inovação, na condução e implementação.

Fatos promissores para superar uma categoria fragmentada e recuperar a identidade perdida. Recuperar o magistério como referencial identitário e as outras funções de gestão como temporárias. O magistério poderá voltar a ser um ofício rico de histórias surpreendentes, livre de explicações e controles.

19

Trocas de aprendizados do ofício

"Para cada palavra que se diz, os outros contam uma história".

Italo Calvino

São tantos que viraram rotina. Reúnem-se tantos, que nem mais nos chamam a atenção. São milhares de professoras e professores que se encontram. Inventam congressos, seminários, oficinas para se encontrar. Para sair da regência, da área, do seu trabalho pesado e sobretudo solitário e se encontrar com outros(as) colegas, trocar figurinhas, experiências, medos e incertezas. Parecem aquelas feiras populares, espaços de trocas.

Apenas dois encontros mais recentes. Dias 27, 28 e 29 de abril de 2000, em Caxias do Sul – RS –, mais de 1.500 professoras e professores de Educação Básica reunidos no encontro promovido pela Secretaria Municipal de Educação, com o tema de reflexão *"Das práticas cotidianas às políticas curriculares"*. Na semana seguinte, dias 3, 4 e 5 de maio, em Blumenau – SC –, mais de 2.000 professoras e professores de Educação Básica reunidos no II Congresso Nacional de Reorientação Curricular, promovido pela Secretaria municipal de educação, que vem desenvolvendo a proposta Escola sem fronteiras, e pela Universidade regional de Blumenau. O tema de reflexão: *"Currículo e desenvolvimento humano"*.

Que podem representar tantos encontros, seminários e congressos onde milhares de docentes se reúnem pelo país afora para pensar, debater, rever práticas, repensar-se e reaprender-se? Que imagens e autoimagens estão se perfilando nesse movimento de repensar práticas, currículos e sobretudo de repensar-nos? Um dado merece logo nossa atenção. Nem todos os encontros são administrados por técnicos de carreira, por especialistas dos quadros permanentes. Notamos que quem organiza a maioria desses encontros são professores(as) que administram propostas educativas inovadoras nas redes municipais e estaduais. Por vezes participam as faculdades e centros de educação das universidades. São as equipes de professores e professoras das redes de ensino que planejam os encontros, escolhem as temáticas das conferências, as áreas de trabalho das oficinas, organizam espaços de troca de experiências...

Oficinas de aprendizados do ofício

Pensando apenas no conjunto de escolhas que são feitas para a preparação desses encontros, diríamos que numerosas equipes de docentes da Educação Básica estão assumindo o movimento de renovação educativa e criando competências que vão além da regência de classe e da docência. Adquirem competências para equacionar sua prática, escolher temáticas de reflexão, propor alternativas de intervenção. São equipes vindas, em sua maioria, da docência básica, que continuam na docência e a ela voltam. Está se criando um estilo de administrar, debater e propor intervenções educativas que traz as marcas das práticas cotidianas e da cultura do docente de escola, que supera o estilo burocratizado e diretivo que tanto marcou as formas de gerir e planejar, de controlar e normatizar a escola e seus docentes. Um estilo alimentado em órgãos cada vez mais especializados e por especialistas cada vez mais distanciados da escola e de seus docentes. Superar esse estilo é um grande avanço, supera-se um protótipo de profissional.

Há propostas de inovação educativa que criam espaços para que os docentes assumam funções de coordenação antes delegadas aos especialistas. Uma experiência nova para os docentes: serem os condutores da sua inovação pedagógica. Para entendermos o que essas experiências podem significar na formação de um novo perfil de profissional da Escola Básica é bom lembrar o estilo de gestão já comentado, que dominou nas últimas décadas.

Participo de encontros de professores onde noto que um novo estilo de assumir a inovação vem sendo criado em inúmeras propostas educativas. As equipes de coordenação são constituídas por professores e professoras das escolas, frequentemente alternando gestão e docência, que assume temporariamente as funções de coordenação da construção coletiva de propostas inovadoras, de sua implantação, da articulação de experiências, e de sua ressignificação teórico-pedagógica. Um aprendizado que requalifica os docentes, socializa saberes sobre o planejamento das redes, dos currículos, sobre a ressignificação de experiências. Um estilo que aproxima funções por décadas tão polarizadas, que vai tornando a categoria dirigente de sua própria prática, das condições de sua execução, que aprende a construir uma direção de dentro com profissionalismo, sem necessidade da eterna tutelagem de profissionais externos às escolas. Um processo lento e um estilo realmente inovador na medida em que vai afirmando um profissional único das artes de educar, de tornar as escolas centros de pensamento e práticas de decisão e ação.

Esta pode ser a primeira lição a aprender desses inúmeros congressos e encontros. Nem todos refletem o mesmo estilo de gerir, organizar, ainda que na maioria possamos perceber propósitos inovadores. Dependendo do estilo predominante poderemos estar propiciando a construção de um perfil de docentes-educadores, cada vez mais unificado, ou, pelo contrário, poderemos estar reforçando velhas dualidades e polaridades que tanto têm desfigurado nosso ofício de mestre.

Podemos encontrar outros significados nos encontros de que participamos. Alguns deles têm como foco a reorientação curricular. Nas minhas intervenções me pergunto por que essa preocupação por reorientar currículos. Tantas orientações e parâmetros curriculares não são suficientes para orientar as práticas dos docentes e das escolas? É significativo que as propostas inovadoras das escolas e das redes municipais ou estaduais, na medida em que colocam a inovação na escola e nos coletivos docentes, se coloquem a construção de políticas curriculares ou a reorientação curricular como temática de seus congressos e encontros. Por que essa mania tão estendida de criar espaços próprios de formação, de debate e de diálogo? Temos tantos cursos oficiais de requalificação, passaram tantos anos nas escolas de magistério, nos cursos oficiais de licenciatura, de pedagogia, por que teimar em criar espaços próprios de formação? O que pode expressar essa atitude?

Pode expressar que os docentes não encontram as orientações esperadas nas propostas curriculares oficiais ou ainda que resistem a orientações curriculares formadoras que venham de fora, que não incorporam suas práticas como o material constituinte do currículo e dos cursos de formação. Podemos ver nessa atitude uma característica da ação educativa escolar? Ela continua tendo um forte componente artesanal, inventivo e criativo, pessoal. Continua tendo um determinante componente humano, centrado nos agentes e suas práticas e produtos.

Este ponto merece nossa reflexão. Vimos que a renovação curricular e dos cursos de formação que vinha acontecendo desde os anos 80 tenha como foco inovador os avanços de cada área do conhecimento. Os PCNs incorporaram essa tradição. Entretanto, nos congressos de reorientação curricular que acontecem recentemente não se parte dos PCNs, nem dos avanços de cada área do conhecimento. O ponto de partida é a prática dos sujeitos da ação pedagógica.

Vários encontros têm sintetizado sua proposta nestas fases: *"Das práticas cotidianas às políticas curriculares"*, *"Articulação entre teoria e prática"*, *"O peso formativo da prática"* etc. Há um reencontro com as práticas, com a educação como prática, como ação. Quando vemos a escola de fora, temos uma preocupação com as palavras, com os conteúdos a serem comunicados, verbalizados. Quando vemos o professor à distância, pensamos que ele ocupa a maior parte de seu tempo na fala, na cátedra, que sua preocupação são as lições, as falas. A escola e a docência são apressadamente identificadas como tempos de fala. A sala de aula como espaço de fala. O currículo como os conteúdos organizados das falas, das lições. A formação dos docentes identificada com esses domínios. Passar a lição aos alunos, como a tarefa primeira dos mestres. Nesta tradição uma frase-síntese para um congresso de reorientação curricular seria: *"dos avanços das ciências e do conhecimento às políticas curriculares"*.

É nessa visão de fora da escola e dos seus mestres que são equacionadas muitas vezes as políticas educativas e curriculares. O ponto de partida são as mudanças supostas, nem sempre reais, nos conhecimentos, nas ciências, na sociedade do conhecimento como se fala tanto agora. A prática da escola e dos professores é levada em conta apenas como ponto de chegada, como algo que está no fim da linha a ser modificado e sempre adotado às supostas mudanças que vêm de fora. A prática docente é vista como maleável, readaptável a cada nova demanda externa. Em realidade, nessa tradição, a prática docente não é levada a sério.

Entretanto, a frase-síntese que ocupou milhares de professores e professoras nos congressos de que participo tem sido: *"das práticas cotidianas às políticas curriculares"*. O que essas mudanças de foco podem sugerir? Quando os próprios professores assumem a organização de seus tempos de encontro e reflexão trazem a marca de sua identidade. Por mais que tente construir-se de fora a imagem de que a escola é tempo de falas, os mestres-educadores sabem que sua função educativa passa pelo conjunto das atividades e práticas que planejam e põem em ação. O professor e a professora e sobretudo a regente de turma sabem que seu tempo de docência será mais educativo quanto mais ativo, movimentado. Aprenderam durante anos de docência a inventar atividades, ações coletivas, pesquisas, produção de textos, produção de murais, resumos e maquetes. A escola, sobretudo infantil e fundamental, pode ser vista mais como tempo de ação e produção do que de falas. Professoras e professores vão aprendendo a manter as crianças e adolescentes ativos, produzindo. Sabem que não aguentam muito ouvindo. Têm de ser agentes, participantes, produtores.

Esta imagem da escola nem sempre é valorizada pelas políticas educativas e pelas propostas curriculares. Entretanto, quando acompanhamos o dia a dia do tempo dos mestres e alunos é fácil perceber que a escola é uma comunidade de produtores, mais do que de falantes. Que há vida, ação, movimentação nas salas de aula. Quando percebemos essa dinâmica do tempo escolar, a imagem do professor é menos de docente do que de agente, produtor. Um profissional que domina as artes apreendidas de produzir, de pôr os educandos em ação, de propor um leque de atividades, de planejar seu desenvolvimento, de motivar crianças e adolescentes a trabalhar individual ou coletivamente, de avaliar produtos, de admirar e até celebrar o final de um processo de produção coletiva. *"Produzimos um livro com a turma durante vários meses. Terminamos com um dia de autógrafos. Convidamos as famílias e outros colegas de outras turmas, cantamos, fizemos teatro. Foi uma festa"*. Me contava uma professora de Educação Infantil. Uma lembrança forte de sua trajetória e também de sua identidade de professora-produtora.

Quando os mestres relatam suas lembranças, estas são um tecido de práticas. É nas práticas que se reconhecem sujeitos, onde se refletem como um espelho. Onde reconstroem sua identidade. Na medida em que as propostas inovadoras dão maior centralidade aos mestres como sujeitos da inovação escolar e curricular, maior destaque é dado às práticas. Partir das práticas cotidianas para reorientar o currículo e a escola não é propor como ideal um professor praticista, rotineiro, distanciado do conhecimento, de parâmetros mais universalistas, do avanço das ciências. Não é propor como ideal um docente que abandona o saber socialmente acumulado, para entreter-se com troca de práticas miúdas. Não é desviar os professores de uma visão política. Há algo mais de fundo a ser respeitado: a procura do reencontro do que é constitutivo de sua identidade de mestres: saber fazer educação no cotidiano, o que não pode ser confundido com rotinas. O que tem de ser politizado. Interpretam o currículo como um ordenamento de suas práticas.

Os professores sabem que essa é sua tarefa. Aprenderam que essa é sua tarefa porque é realmente o que fazem e têm de fazer para dar conta das 30 ou 40 crianças ou adolescentes em seus tempos longos de regência ou docência. Para dar conta na escola de 800 ou mais de mil crianças durante 200 dias letivos. Os mestres têm de aprender no seu cotidiano lições que nem sempre aprendem nos tempos de formação. Nestes tempos podem ter aprendido saberes necessários a seu ofício docente: história do currículo, sociologia do currículo, conteúdos e metodologias de ensino de cada área e disciplina, mas no cotidiano de sua docência tiveram de aprender que a matéria-prima cotidiana com que lidam não são apenas conhecimentos, nem falas ou lições, mas são crianças, adolescentes ou jovens, são pessoas.

Aprender as artes de lidar com pessoas, de acompanhar seus processos complexos de formação, de produção e apreensão de saberes e valores, exige artes muito especiais. Exige inventar e reinventar práticas, atividades, intervenções. Esse é seu ofício, seu saber e suas destrezas. É sobre elas que deveriam saber mais, muito mais. Partindo das práticas cotidianas repensar o currículo escolar.

Essas artes não mudam basicamente porque uma área do conhecimento, ou uma nova técnica de produção demandam do cidadão, do trabalhador ou do técnico novas habilidades e competências. As práticas cotidianas da escola giram em torno dos educandos, da formação de sua mente, do domínio de competências, de sua formação como humanos. Os professores não têm como ignorá-los. Estes estão vivos, colocam os mestres-educadores diante de situações educativas tão prementes, em cada momento, que não dá para não ter de tomar uma atitude, uma posição, como educadores e inventores de um currículo.

Não há como não ser mais do que docente

Chegamos a um ponto central que nem sempre é visto por olhares distantes e externos: a escola é antes de tudo um tempo-espaço de encontro de gerações, de pessoas em tempos diversos de socialização, interação, formação e aprendizagem das artes de ser humanos. Essas artes não se alteram bruscamente com mudanças nas áreas do conhecimento, nem das técnicas de produção. A escola e os docentes têm de estar atentos a essas mudanças. Mas, sobretudo, atentos à construção social do conhecimento, à construção cultural dos sujeitos. O currículo tentará dar conta dessa dinâmica e os docentes terão de estar em permanente atenção para selecionar e privilegiar saberes, vivências e valores. Nesta dinâmica social e cultural todo currículo será um "texto" provisório e a postura docente será uma permanente procura dos significados da cultura, será uma permanente opção político-cultural.

Se todo texto curricular é provisório, os docentes irão aprender as artes de fazer escolhas, diante da natureza provisória do texto curricular. A história das permanentes mudanças no currículo para adaptá-lo à dinâmica social e aos interesses políticos obriga os docentes a aprenderem a arte de fazer permanentes escolhas e adaptações de sua docência e de sua prática educativa. Adaptações permanentes em suas capacidades, domínios e saberes, enfim, adaptações e escolhas em seu perfil de profissional, em sua autoimagem. O caráter provisório do currículo cria uma insegurança nos mestres, na sua autoimagem. Provisória sempre? Mas também os leva a apegar-se ao que é seu, suas práticas, o campo onde eles são mais eles, mais senhores. Seu campo de escolhas. O currículo, um texto provisório sempre reescrito.

Quando os professores(as) se propõem refletir sobre o currículo a partir das práticas, estão refletindo sobre essas artes de fazer escolhas. É sua tarefa mais próxima dar conta dos conteúdos atualizados de sua docência, das escolhas cotidianas que essa adequação põe em ação. É sua identidade que está em jogo. Entretanto, o destaque das práticas revela algo mais: que o seu tempo profissional é ocupado com outras artes, outras práticas. No cotidiano escolar se defrontam com muito mais do que com a adaptação dos conteúdos, das áreas e disciplinas.

No tempo escolar os mestres têm de dar conta de pessoas, que não estão unicamente em permanente estado de relação com os conteúdos do currículo, com suas mudanças, mas que se relacionam, convivem entre iguais e diversos, sentem, fantasiam, valorizam, dançam, se expressam na totalidade de sua condição humana. As crianças, adolescentes e jovens não ficam no tempo de escola fixos no papel de adulto-trabalhador-cidadão que serão quando crescerem. Ingenuidade nossa de docentes. Eles e elas explodem na totalidade de suas vivências no presente.

A escola é uma experiência humana bem mais plural do que a visão futurista e cognitivista por vezes nos passa. Uma experiência bem mais permanente e mutável do que o caráter provisório do texto curricular, dos conteúdos das áreas e das disciplinas. Aprender as artes de lidar com a totalidade das experiências humanas que perpassam o tempo de escola e aprender a fazer escolhas para dar conta dessa pluralidade de dimensões humanas, que entram n jogos educativos, são artes constitutivas da peculiaridade do ofício de mestre-educador. São artes não previstas no texto provisório das mudanças curriculares.

Quando os professores, em seus encontros, colocam em cima das nossas mesas-redondas, nas conferências, essa totalidade de práticas em que estão atolados, estão nos propondo uma visão mais totalizante do currículo e de sua docência. Estão nos dizendo que nem sempre as políticas curriculares conseguem entender a pluralidade de dimensões e competências, saberes e artes de que têm de dar conta no cotidiano escolar. São mais do que docentes e não há como não ser quando se convive em espaços tão restritos com seres humanos tão surpreendentes como são as crianças, adolescentes e jovens.

Tenho aprendido que, quando se parte da totalidade das práticas educativas, a concepção de currículo se alarga. Quando se parte dos sujeitos dessas práticas, os mestres-educadores, a compreensão da docência se alarga e sua imagem incorpora matrizes e traços novos. Revelam-se novos sujeitos. Ou mais exatamente, o destaque que os docentes dão a suas práticas múltiplas pode estar revelando-nos quanto eles e elas se descobriram para além de imagens reducionistas de alfabetizador e professor de recortes, de matérias... Podem estar revelando, ainda, como o cotidiano escolar é rico, complexo, multifacetado, tanto quanto é complexo e plural todo convívio entre gerações. Podem estar revelando que nessa pluralidade os conteúdos de sua docência adquirem nova qualidade.

Os encontros de que participo se propõem partir das práticas cotidianas às políticas curriculares, à inovação educativa. A ênfase no cotidiano de seu fazer e saber profissional impressiona quando nos reunimos com professores e professoras, nas escolas ou em congressos. Notamos que transitam por suas práticas cotidianas, comuns, como em sua casa, em seus espaços. Não transitam por conceitos, explicando conceitos. Sua forma prática de pensar ou seu "pensamento que não se pensa" pode ser interpretado como falta de preparo e de inquietação teórica. Entretanto, com um mínimo de sensibilidade percebemos que nessas reuniões e congressos há pensamento e teoria pedagógica rolando. Há confronto de pensamentos e de formas de conceber e pensar a educação. Há valores e concepções fundamentando práticas e escolhas cotidianas. Há um pensamento presente no livre jogo da criatividade do professor. E há um esforço para pensar esse pensamento prático. Nos encontros e congressos de professores(as) há densidade teórica em debate.

O destaque dado pelos mestres às práticas cotidianas nos chama a atenção para esse lado tido como obscuro, opaco da atividade pedagógica. O currículo, a teoria e o método, as políticas oficiais sempre tiveram o destaque quando pensamos educação e escola. São o lado mais visível e luminoso, mais pesquisado e debatido nos círculos teóricos. Entretanto, a prática cotidiana é prosaica, repetitiva, silenciosa, muda. Muito parecida com a vida dos seus sujeitos, os professores de Escola Básica. A visão e o trato dado às práticas cotidianas, em nosso imaginário, é muito parecido ao trato dado aos sujeitos dessas práticas, são vistos como não sujeitos, como processos miúdos, não decisivos na produção e reprodução social, política e pedagógica. Entretanto, essa cotidianeidade corresponde a um modo de ser, de produzir-se e de autorrepresentar-se dos mestres da Escola Básica.

A ênfase das políticas oficiais no manifesto, nas dimensões mais globais, nas estratégias mais aparentes, nas determinações mais conjunturais da escola terminam por condicionar a visão de mestre e de seu ofício, de seu perfil e de sua formação. As políticas de permanente requalificação para dar conta de cada nova mudança globalizada e conjuntural expressam essas estratégias e essas ênfases no que aparece nas grandes relações de forças, de poder, das ideologias. Mas é assim nessa lógica que a escola opera, que os seus mestres se pensam, agem e escolhem?

Esses espetáculos, essas lógicas e estratégias globais e conjunturais que servem de norte, que justificam as políticas curriculares, de formação de docentes e de intervenção social, não estão distantes das lógicas e estratégias mais cotidianas, das táticas mais localizadas das escolas e dos mestres, mais opacas, menos legíveis, porque menos visíveis? Essas lógicas tão distanciadas não são causas do distanciamento (a que essas políticas se condenam) do real, do cotidiano, dos saberes e escolhas dos docentes que pretendem atingir e formar? Não é possível e politicamente aconselhável aproximar essas lógicas? Dar maior visibilidade e atenção ao peso constituinte do educativo das práticas cotidianas dos mestres?

O distanciamento ou a proximidade dessas lógicas condiciona a produção da formação das novas gerações e condiciona a constituição dos educadores. Condicionam a centralidade que damos aos sujeitos da ação social e educativa. Na medida em que a lógica global e conjuntural é mais determinante das políticas, são menores os lugares reservados aos sujeitos da prática cotidiana. Os mestres são pensados e reciclados à mercê dessas grandes mudanças estruturais. Sentem-se encolhidos, coagidos por esses horizontes tão distantes. Sentem o constrangimento de articular o horizonte imediato da sala de aula, da disciplina, do problema de aprendizagem e motivação de cada educando, com os horizontes globais, as metanarrativas tão repetidas nas justificativas dos PCNs, do livro didático, do curso de requalificação.

Os mestres sentem-se cada vez mais coagidos e menos envolvidos por esses enquadramentos globais do que ensinar e como ensinar para dar conta da sociedade do conhecimento, da reestruturação produtiva ou do novo cidadão crítico e revolucionário. Como essas frases feitas encheram discursos e currículos inovadores nas últimas décadas. Como nos deixaram tranquilos em nossa consciência política! Tão tranquilos quanto distantes da consciência pedagógica dos docentes de escola.

Professores(as) tão iguais ao povo comum

Numa das últimas viagens me encontrei com professoras das escolas rurais. Foi apresentada uma nova metodologia para formar o camponês crítico: partir da realidade, analisá-la em suas múltiplas determinações sociais, econômicas, políticas, antropológicas, aprender a resolver problemas e tomar decisões de intervenção etc. Um quadro na frente tentava visualizar os complexos fluxos de cada tempo com setas que expressavam as múltiplas determinações do real. Quando abriram o debate qual foi a reação da maioria das professoras? *"É muito bonito, mas muito complicado". "Trabalhamos com turmas multisseriadas, idades muito diferenciadas, naquela lonjura, perdidas e isoladas de tudo..."* Os horizontes imediatos são esses, onde só lhes resta a arte, a astúcia de fazer as escolhas mais adequadas para dar conta de sua opaca realidade, de seu obscuro cotidiano. As setas coloridas enunciando os determinantes estruturais de sua docência pareciam hieroglifos indecifráveis.

Seria fácil concluir que essas professoras estão despolitizadas, atoladas na rotina. Seria mais sensato rever nossas lógicas, rever a mania de vincular a ação educativa escolar com as megatransformações e conjunturas e termos coragem de politizar as práticas cotidianas, as escolhas possíveis de tantas educadoras comprometidas com tirar o máximo de proveito das condições em que a escola, eles e elas e os educandos produzem suas existências e sua docência e aprendizagem. As formas sutis, silenciosas de reapropriar-se dessas condições deterioradas, primárias a que a própria globalização condena a infância e seus educadores e as instituições públicas.

As conjunturas globais, a sociedade do consumo não alteram, antes deterioram essas condições reais, opacas, cotidianas de reprodução da existência e de produção da educação popular. Reforçam ainda mais essa opaca realidade das práticas cotidianas dos mestres de escola. Politizar o cotidiano escolar e das existências dos educadores e educandos significa entender como as grandes rupturas na produção, nos paradigmas teóricos e ideológicos alteram esse cotidiano, o deterioram ainda mais e provocam como consequência a necessidade de encontrar novas estratégias cotidianas para tornar os tempos da infância e adolescência menos desumanos, menos deformadores. Essas são as artes que eles e elas aprendem no cotidiano.

Não se trata de reações tradicionais dos docentes diante das exigências de renovação postas pela globalização. Trata-se da precarização das condições de vida deles e dos educandos, das comunidades populares em que atuam por causa da propalada globalização. Seu apego às práticas cotidianas, às escolhas possíveis que aprenderam a fazer por anos, nada mais é do que uma expressão do aumento da precariedade da produção da existência. O que é um feito político, uma escolha política possível. Uma tentativa de resguardar seu compromisso cotidiano com o essencial, não com o provisório, com o permanente, não com o conjuntural, efêmero e mentiroso.

Reinventar cada dia as melhores artes de dar conta dos estragos humanos que a miséria, a exploração produzem nas existências cotidianas da infância com que convivem. Por que não ver nessas essencialidades das escolhas possíveis dos mestres de escola pública uma intenção política, humana, realista? Essas professoras e esses professores "sem consciência", "sem visão global", "sem qualificação" aprenderam a trama social cotidiana em que eles mesmos, seus educandos e as comunidades reproduzem sua existência, seus valores e sua cultura e se mantêm fiéis ao cotidiano miúdo, a detalhes que carregam sentido educativo e político.

A literatura sobre os professores é vasta, carrega uma imagem que alimenta as políticas e os currículos de formação, alimenta as políticas de requalificação. Uma imagem que transita nos eventos oficiais de tomada de decisões e nos eventos de pesquisa e teorização. Transita como imagem desejada, progressista e atualizada, comprometida e qualificada do mestre demandado pela sociedade do conhecimento, pela globalização, pela formação do cidadão participativo, pela inovação educativa. O professor reflexivo, pesquisador, crítico, politizado... e tudo mais.

O mestre que queremos para a professora e o professor comuns, de escola, é uma imagem sonhada e nunca realizada. É impressionante como foi idealizado ao longo de um século e pouco de Instrução pública o mestre que queremos e pensávamos para mudar a escola, acabar com o fracasso, com o analfabetismo, com a inconsciência do povo, com o atraso econômico e social... A figura dos mestres de escola é uma das mais idealizadas em nossa tradição, na renovação dos currículos de formação, nas críticas à escola, nas formaturas e nas políticas de requalificação. Por que essa imagem idealizada por todos os ideários políticos não se torna enfim realidade? Não porque a literatura não tenha dado elementos de sobra sobre o mestre demandado pelo progresso científico, político e social, mas porque essa imagem nunca realizada é falsa, distante da autoimagem que os professores comuns têm de seu trabalho, demasiado prosaico, tradicional, apegado a rotinas, a práticas miúdas. Não porque a escola e os mestres estejam apegados à tradição, a métodos arcaicos, mas porque os professores de escola se confundem com o senso comum, com o homem comum, "sem qualidades", sem traços de destaque.

Essa é a realidade em todos os sistemas escolares do mundo. Requalificar os mestres, para elevá-los dessa rasteira cotidianeidade para mudar sua imagem ou destacar traços mais progressistas é um sonho, que sonhado termina alimentando a imagem tão deformada dos mestres da escola. Não seria politicamente mais realista assumir essa condição prosaica do ofício de mestre, reconhecê-la e valorizá-la?

Os mestres de escola são vítimas da mesma visão e cultura elitista que só vê conteúdo histórico, progresso e avanço nos grandes feitos e seus heróis, que despreza o povo, o popular, o homem e a mulher comuns que reproduzem suas existências silenciosamente. Densas existências.

Recriando espaços de trocas

Os mestres no seu cotidiano cultivam, plantam, cuidam, fazem a colheita de seu cultivo, de sua cultura. Na organização seriada, gradeada, nos restritos espaços da turma, da disciplina de cada quintal não há como trocar essas colheitas. Os mestres sentem necessidade de feiras, de espaços de trocas. Encontrei um professor saindo da escola, carregava pastas e sacolas. *"Como o conhecimento é pesado"*, brinquei. *"Sou professor, sacoleiro do saber"*, me respondeu.

Quando voltava de um de tantos encontros de professores(as) tirei de minha pasta de viagem o livro *As cidades invisíveis*, de Ítalo Calvino[19]. Abri ao acaso, página 38, *"As cidades e as trocas"*, tinha tudo a ver com tantos encontros de que participo, onde milhares de educadores "sacoleiros do saber" criam espaços de trocas de seus produtos, de suas culturas. O que os leva a vir de tão longe? O que levam para trocar? Os mesmos produtos que se encontram em tantos bazares e feiras? Índices de reprovação, evasão? Fracassos-insucessos? O que mais trocam os mestres? Que trocam nas oficinas, às noites, ao redor das fogueiras, das músicas e danças, das representações artísticas?

Cada um conta sua história. E na longa viagem de retorno para suas casas e para suas escolas cada história e cada prática trocada se converterá em outra história e outra prática. Troca-se memória coletiva, autoimagens construídas.

Prefiro transcrever as palavras de Ítalo Calvino, tão belas e sugestivas:

> *"A oitenta milhas de distância contra o vento noroeste, atinge-se a cidade de Eufêmia, onde os mercadores de sete nações convergem em todos os solstícios e equinócios. O barco que ali atraca com uma carga de gengibre e algodão zarpará com a estiva cheia de pistaches e sementes de papoula, e a caravana que acabou de descarregar sacas de noz-moscada e uvas-passas agora enfeixa as albardas para o retorno com rolos de musselina dourada. Mas o que leva a subir os rios e atravessar os desertos para vir até aqui não é apenas o comércio das mesmas mercadorias que se encontram em todos os bazares dentro e fora do império do Grande Khan, espalhadas pelo chão nas mesmas esteiras amarelas, à sombra dos mesmos mosqueteiros, oferecidas com os mesmos descontos enganosos. Não é apenas para comprar e vender que se vem a Eufêmia, mas também porque à noite, ao redor das fogueiras em torno do mercado,*

---

19. CALVINO, Ítalo. *As cidades invisíveis.* São Paulo: Companhia das Letras, 1990.

sentados em sacos ou em barris ou deitados em montes de tapetes, para cada palavra que se diz – como 'lobo', 'irmã', 'tesouro escondido', 'batalha', 'sarna', 'amantes' – os outros contam uma história de lobos, de irmãs, de tesouros, de sarna, de amantes, de batalhas. E sabem que na longa viagem de retorno, quando, para permanecerem acordados bambaleando no camelo ou no junco, puserem-se a pensar nas próprias recordações, o lobo terá se transformado num outro lobo, a irmã numa irmã diferente, a batalha em outras batalhas, ao retornar de Eufêmia, a cidade em que se troca de memória em todos os solstícios e equinócios" (p. 38-39).

20

Recuperar a humanidade roubada

A Paulo Freire, mestre de nosso ofício.

Participei da solenidade de entrega do primeiro título de membro honorário da UTE – União dos Trabalhadores em Educação de Minas Gerais. Milhares de professoras e professores das escolas em um clima celebrativo e festivo acompanhavam todos os rituais do ato. O que mais me impressionou foram os silêncios, quase religiosos, as sintonias e o clima de identidade coletiva da categoria entre si e com o agraciado Paulo Freire.

Participei de vários encontros de Paulo com os professores de escola. A mesma sintonia. Com suas teorias pedagógicas, mas antes de tudo sintonia com sua figura de mestre. Com os traços de um ofício que ele repôs no seu lugar mais perene e mais contemporâneo. Paulo dialogava com as professoras e professores da escola popular, sobretudo, não tanto através de teorias, nem de métodos, mas através de suas histórias de vida, de educador. Eram falas de educador para educador sobre o mesmo ofício.

Paulo Freire foi e é uma imagem forte para os mestres, mas também estes foram uma referência para ele. Esses encontros revelavam essas sintonias e identidades mútuas. Escrever a história da educação brasileira, latino-americana ou da educação popular sem lembrar de Paulo seria uma injusta lacuna. Olhar a imagem reconstruída do magistério nas últimas décadas sem ver e captar a imagem do Paulo Mestre seria um injusto esquecimento.

Seria desafiador pesquisar e reconstruir percursos tão sintonizados, o de Paulo e o da categoria. Um aprendizado mútuo, em fronteiras tão próximas. Permito-me insinuar neste texto que fecha estas recordações alguns traços dessa sintonia de percursos entre Paulo e o perfil que a categoria vem construindo.

Sensibilidades tão próximas

Uma das sintonias é ter aprendido juntos a olhar a realidade nossa e dos educandos com outro olhar. Destacando as condições de vida, trabalho, de família, de emprego e sobrevivência. Paulo partia desse foco. A categoria também aprendeu a olhar-se nesse foco existencial, como gente, sobrevivendo, produzindo sua existência. Aprendeu a ver os educandos também como gente na cotidianeidade dura em que reproduzem sua existência oprimida e excluída.

Essa sintonia de foco explica a sintonia silenciosa revelada nos encontros da categoria com Paulo. Temos de reconhecer que esse desvio do olhar da categoria do escolar para as suas experiências de vida e trabalho e para as vivências concretas dos educandos é um dos traços aprendidos sobretudo nas fronteiras de luta. É sintomático que a UTE conceda o 1º título de membro honorário a Paulo? Que tem ele a ver com a trajetória de um sindicato da categoria? Sensibilidades idênticas mais do que escolares, humanas, sociais.

Possivelmente esse desvio de foco para os processos reais de produção da existência seja um dos traços aprendidos nestas décadas. Na medida em que nos tornávamos mais sensíveis a essa realidade, mais estreitos nos pareciam os vínculos entre nosso ofício de mestres, o papel da escola e nossas condições de vida e as condições de vida dos educandos. Mais sem-sentido nos pareciam os clássicos e repetidos vínculos entre escolarização e progresso, sucesso, riqueza, emprego... Mais enganosas nos pareciam as promessas que nos faziam e fazíamos aos educandos.

Paulo não repetia promessas enganosas. Não se deixou enganar nem enganou com o mito da salvação pela escola. Não reproduzia a imagem milagreira de professor. Desmistificava esse discurso como a categoria vinha fazendo.

O discurso escolar das elites promete à infância popular que a escolarização lhes trará inexoravelmente o progresso, o emprego, uma vida melhor... Entretanto, apenas voltando seu olhar infantil e juvenil para seu entorno familiar e social perceberão que seus primos(as), irmãos(ãs) que com tanto sacrifício chegaram a alguma formatura não progrediram tanto quanto a escola lhes prometia. Estão no desemprego, subemprego, na sobrevivência a qualquer custo, ainda que escolarizados.

Como professores(as) aprendemos a voltar nosso olhar para os milhares de crianças, adolescentes e jovens-adultos que com tantas renúncias frequentaram nossas aulas, diurnas e noturnas, e nos perguntamos: progrediram? Poderíamos olhar para um entorno bem mais próximo, para nós, para os colegas de trabalho, de escola, de magistério básico, quantas passagens de ano, quantas formaturas, vestibulares, concursos, quantos estudos fizemos, mas e o nosso progresso? E o nosso salário? E a vida melhor prometida àqueles dedicados aos estudos? Estamos entre os mais escolarizados, mas não entre os bem-sucedidos.

A repetida vinculação entre escolarização-progresso faz parte de um discurso repetitivo, cansativo, de uma ideologia que usa a escola como o caminho certo para o futuro. *"Educação, garantia de futuro, quem estuda vai em frente"*. Uma ideologia que as propagandas de colégios "de qualidade" exploram, que as elites sempre alardearam para justificar sua riqueza, seus bens e seu prestígio e poder frente às massas pobres desempregadas.

O que não dá para entender é que nós, professores e professoras da Educação Básica pública e privada, pensemos dessa maneira, tenhamos introjetado essa ideologia, esse mito da escola abrindo as portas do futuro, do progresso quando tantos e tantas de nossa categoria, sobretudo entre os professores(as) de Educação Básica, tão pouco progrediram com tantos estudos. Quando profissionais formados temos de fazer greve cada ano para aumentar uns trocados em nossos minguados salários ou apenas para apanhar nas avenidas. Com que cara vamos dizer aos filhos e filhas dos 80 milhões de

239

pobres e 30 milhões que vivem na miséria que se estudarem nossas noções de ciências e de cálculo, e dominarem o beabá, se forem alfabetizados o futuro será diferente? Como mínimo é uma questão de ética profissional prestar-nos a reproduzir esses mitos, a enganar com essas mentiras que não funcionaram em nossas vidas.

A sintonia entre Paulo e a categoria se dava aí, no desmonte dessas crenças, no olhar cada vez mais voltado para as condições materiais em que mestres e educandos reproduzem suas existências.

Educar é humanizar

Se nossa longa experiência não nos aconselha prestar-nos a reproduzir o mito que vincula escolarização básica e progresso individual, progresso dos pobres, miseráveis e dos excluídos, que frequentam nossas escolas, com que poderíamos vincular nosso trabalho ao menos para que ele tenha um mínimo de sentido? Colocados nesta procura de sentido da escola pública para os grupos sociais que a frequentam e nessa procura de sentido para nosso trabalho em educação, poderíamos lembrar de Paulo Freire[20]. Na década de 60 na *Pedagogia do oprimido* trazia a educação para o campo da humanização, não da mera instrumentalização para o mercado, mas para as velhas e novas questões do sentido da própria condição humana:

> *"Mais uma vez os homens desafiados pela dramaticidade da hora atual se propõem a si mesmos como problema. Descobrem que pouco sabem de si, do seu 'posto no cosmos', e inquietam-se por saberem mais. Estará, aliás, no reconhecimento do seu pouco saber de si uma das razões dessa procura?"* (p. 29).

Paulo nos coloca o saber sobre nós como a questão, como o problema pedagógico. Nós mesmos, nossa condição humana como problema. *"O problema de sua humanização, apesar de sempre haver sido o seu problema central, assume, hoje, caráter de preocupação iniludível"* (p. 29). Lutar pela humanização, fazer-nos humanos é a grande tarefa da humanidade. Aí Paulo situa toda tarefa pedagógica: contribuir com a humanização. Este o sentido do fazer educativo. Este o sentido de tantas renúncias feitas pela infância, adolescência, juventude popular para permanecer na escola, para dividir tempos de escola e de trabalho. Este é o sentido de esperar melhorar de vida, de sair dessa vida aperreada, indigna de gente. A escola como um tempo mais humano, humanizador, esperança de uma vida menos inumana.

A Paulo Freire não lhe é estranha a realidade pouco humana, desumana em que os mestres e a infância reproduzem sua existência. Falando de que o problema central, a preocupação iniludível é a sua humanização, Paulo em nota de pé de página (p. 29) vê essa preocupação nos movimentos de rebelião, sobretudo de jovens, acontecendo naqueles tempos. Nas manifestações sociais, políticas e culturais, incluindo dos jovens,

---

20. FREIRE, Paulo. *Pedagogia do oprimido*. Rio de Janeiro: Paz e Terra, 1987.

ele vê a preocupação em torno do homem e dos homens como seres no mundo e com o mundo. Em torno do como estão sendo humanos.

É aguda sua vinculação entre educação e as manifestações de humanização que se revelam nos movimentos de rebelião e de protesto da época. O que dizer hoje de tantas manifestações de afirmação de adolescentes e jovens? Parece nos dizer que todo processo educativo da infância, adolescência ou juventude, até nas escolas, será educativo se colocam a humanização como problema central e preocupação iniludível. E isso não de maneira a-histórica, mas captando essa procura de humanização nos próprios educandos crianças, adolescentes ou jovens, em sua preocupação em torno de como estão sendo humanos.

É impressionante a sensibilidade de Paulo Freire, a sua capacidade de ver como educador em cada gesto, rebelião ou manifestação, ver os sujeitos, suas grandes interrogações, sua procura, indagação de si, sua procura de humanidade. Foi essa sensibilidade humana que o tornou o educador que foi. Que recuperou a educação como humanização e recuperou a sensibilidade para com os sujeitos concretos como um traço do ofício de mestre.

Sobre estas indagações mais existenciais e, por isso mesmo, tão de nosso ofício que Paulo dialogava com a categoria. O silêncio com que os professores(as) expressavam sua sintonia revelava que essas eram também suas questões existenciais e de mestres.

A desumanização como realidade histórica

Na medida em que vinculamos educação à humanização, vinculação tão pouco frequente no pensar da educação escolar, vamos avançando para outros vínculos ainda mais desafiadores para os profissionais da escola pública.

> *"Constatar esta preocupação (com a humanização) implica, indiscutivelmente, reconhecer a desumanização, não apenas como viabilidade antológica, mas como realidade histórica. É também, e talvez sobretudo, a partir dessa dolorosa constatação que os homens se perguntam sobre a outra viabilidade – a de sua desumanização. Ambas na raiz de sua inconclusão os inscrevem num permanente movimento de busca"* (p. 30).

O movimento histórico de humanização e desumanização acompanha os seres humanos desde a infância. A história da infância e a realidade concreta das crianças que frequentam a escola pública estão aí mostrando-nos esse movimento de humanização e desumanização. A história da pedagogia está aí para mostrar que ela não pode ficar alheia a esse duplo movimento. A tarefa da educação e dos educadores seria captar esse tenso movimento. Faz parte de nosso ofício entender os processos históricos de desenvolvimento e formação humana, os processos civilizatórios e culturais, o progresso do conhecimento acumulado, mas também faz parte de nosso ofício entender que esse movimento não é linear, acumulativo (o saber acumulado, como tanto falamos), é um processo truncado pelos brutais mecanismos de desumanização.

Nas décadas mais recentes vinculamos educação e cidadania, participação política pelo domínio do conhecimento acumulado, do saber crítico. A ênfase na libertação pelo conhecimento. Será que por aí nos aproximamos dos vínculos mais abrangentes que vinham de décadas anteriores, que aliás vêm de longe na história da educação e de pedagogia? Conhecimento, progresso, ciência, humanização? Uma relação tão repetida e aceita na pedagogia escolar, porém não tão pacífica.

Walter Herzog[21], em um texto sobre os fundamentos da educação moral, assim inicia sua reflexão:

> *"O objetivo da pedagogia moderna consiste em ajudar o ser humano em sua humanização. Esta expressão tem o sentido de maturação para a emancipação... A educação quis sempre assumir essa tarefa"* (p. 47).

Herzog reconhece que a pedagogia tem dificuldades, ainda, para fazer compreensível teoricamente seu objetivo. Ela se vê paralisada na teoria do conhecimento que tem tomado, inadvertidamente, da ciência moderna. Mas a pedagogia sempre se debateu com uma questão maior:

> *"a educação se baseia no fato de que os seres humanos 'devem' ser humanos e não estão predeterminados neste processo. A educação se constitui no intento de influir no desenvolvimento humano e se baseia em uma relação entre seres humanos de maturidade desigual"* (p. 48).

Os vínculos entre educação-pedagogia-humanização vêm de longe. A nova LDB parece retomá-los. Mas a sensibilidade característica de Paulo Freire vai além dos vínculos nada tranquilos entre humanização, conhecimento, ciência e até entre humanização e educação. Recuperar-se esses vínculos pode significar um novo perfil de mestre-docente e de educação, esse perfil ainda será incompleto. Falta-nos ver a desumanização como uma realidade histórica, inseparável dos processos civilizatórios. Inseparável dos mesmos processos de produção, acumulação, apropriação do conhecimento, da ciência e da cultura. Nosso ofício encontra aí seu sentido.

Educar para Paulo não é apenas um encontro de gerações, uma relação entre seres humanos em tempos-ciclos de maturidade desigual. É mais. É captar e intervir no duplo movimento histórico de humanização e desumanização. A consciência oprimida. A dualidade da pedagogia e da educação diante da *"dualidade dos oprimidos, seres duais, contraditórios, divididos, que temos de encará-los. A situação de opressão em que se 'formam', em que 'realizam' sua existência, os constitui nesta dualidade, na qual se encontram proibidos de ser"* (p. 42). Paulo repete várias vezes essa expressão: *"seres humanos proibidos de ser"*. Daí conclui que a tarefa da educação é fazer que possam ser, captar como eles tentam superar as condições que os proíbem de ser, perceber e se contrapor às situações e às condições em que realizam sua existência em que se deformam e se desumanizam.

---

21. HERZOG, Walter. *La banalidad del bien* – Los fundamentos de la educación moral. Espanha: Revista de Educación / MEC, n. 297, 1992.

Os estreitos vínculos entre educação, desumanização, proibição de ser, recuperação da humanidade roubada, não têm mexido com a pedagogia escolar, tão polarizada na teoria do conhecimento como nos diz Herzog. Tão centrada em uma visão idílica da infância e adolescência, tão atraída pelos apelos do mercado e pela ilusão de preparar para o futuro redentor. A infância e adolescência real não cabem nesse foco tão estreito. Não cabem na pedagogia escolar, apesar de ser essa infância real a que entra em milhares cada dia nas escolas públicas, trazendo-nos as marcas das condições deformadoras em que reproduzem sua existência. Marcas trazidas até na memória da pele, dos seus rostos e olhares. Crianças e adolescentes roubados de alimentação, moradia e saúde, mas sobretudo roubados de sua humanidade, proibidos de ser, não apenas proibidos de ter, ler ou contar.

Quando Paulo Freire falava sobre os excluídos, os tantos proibidos de ser que encontrou em seus andares pelo mundo, cada mestre em silêncio fazia seu percurso, revisitava a infância e adolescência com que convive na escola. Possivelmente revisitava sua história.

Situar o olhar no desenvolvimento humano

A finalidade da Educação Básica é o pleno desenvolvimento dos educandos; entretanto, ele não é linear, para milhares dos alunos ele é truncado. O que torna nosso saber-fazer bem mais complexo do que preveem, por vezes, as teorias do desenvolvimento e da aprendizagem. Como ofício temos de saber mais sobre aprendizagem. Como se processa, mas também como se quebra o desenvolvimento mental, ético, emocional, identitário... da infância submetida à barbárie e à exclusão. Como a infância e adolescência podem se desenvolver nessa barbárie? Que processos mentais, éticos, identitários são possíveis na infância roubada?

A relação entre educação, barbárie, desumanização e degradação da infância e adolescência cabem, e como, em uma proposta séria de escola pública. Podem encontrar um lugar em nossa sensibilidade de mestres. Fazer da prática educativa, dos tempos e espaços escolares um momento pedagógico de humanização. Ao menos de recuperação da humanidade que lhes é roubada em outros tempos e espaços, daria outro sentido a nossa ação e pensamento educativo.

Colocado aí o foco do olhar sobre o desenvolvimento, os projetos pedagógicos de escola, das propostas das redes e do repensar dos currículos, dos tempos e espaços e das estruturas escolares poderiam dar um novo sentido de vida a milhares de educadores e educadoras da escola pública. Trazer os vínculos entre educação, currículo, conhecimento e recuperação da humanidade roubada aos milhares de crianças que educamos e educaremos pode dar outro sentido às políticas de formação de professores(as). Poderia trazer outros campos para as pesquisas e as teorias pedagógicas para a reconstrução da história da educação, para as licenciaturas e as áreas do conhecimento...

Alguns programas de formação estão preocupados com que os educadores(as) conheçam mais os educandos não apenas como sujeitos de aprendizagens, de alfabetiza-

243

ção, mas como sujeitos humanos, sociais, culturais. Conhecê-los na concretude de suas existências. Conhecer a história social da infância, da adolescência e juventude. Não apenas como o imaginário social e a mídia constroem e impõem suas imagens de infância, adolescência e juventude e como o mercado configura demandas, músicas e roupas, gestos e culturas. Mais do que isso. Como educadores(as) conhecer a fundo as possibilidades e limites materiais, sociais e culturais de ser gente, de humanizar-se ou desumanizar-se, de desenvolver-se como humanos. As condições e os limites concretos dados à infância, às diversas infâncias, adolescências e juventudes das cidades e dos campos.

Formar-nos como profissionais entendidos em desenvolvimento humano dos educandos será uma das dimensões a serem privilegiadas. Mas a nova LDB reconhece que os processos de formação humana são múltiplos, acontecem *"na vida familiar, na convivência humana, no trabalho, nas instituições de ensino e pesquisa, nos movimentos sociais e organizações da sociedade civil e nas manifestações culturais"* (Art. 1º). Entender esses múltiplos processos, espaços e tempos da vida humana como formativos será uma exigência central na formação dos profissionais, trabalhadores(as) em educação. Que currículo dará conta dessas dimensões a serem formadas?

Entretanto, voltando a Paulo Freire, nessa pluralidade de processos, espaços e tempos em que o ser humano reproduz sua existência, nem sempre se dá a formação e o desenvolvimento como humanos. Para muitos são processos desumanizadores, são tempos e espaços inumanos, que deformam. Conhecer essas possibilidades de formação-deformação é uma exigência para a formação, capacitação de trabalhadores em educação, inclusive escolar. É uma exigência para reconstruir nossas autoimagens profissionais. O mesmo Artigo 1º acrescenta: *"a educação escolar deverá vincular-se ao mundo do trabalho e à prática social"*. Não entendo que esteja sugerindo que os professores(as) devam saber apenas e transmitir os conteúdos que preparam para o trabalho ou para a vida, nem para a cidadania e participação social e política. Esta compreensão é muito estreita, não esgota nosso ofício. Entendo que a Lei nos diz que os professores(as) devemos estar capacitados a entender e vincular os processos formativos escolares com a pluralidade de processos formadores e deformadores que acontecem no conjunto da prática social e no mundo do trabalho.

Em outros termos, uma dimensão nuclear da formação de profissionais da educação, da formação e desenvolvimento humano deverá ser entender a densidade teórica e histórica desses múltiplos processos, os vínculos mútuos, específicos da educação e formação na escola com os outros processos formativos e deformativos. Entretanto, para não cairmos em uma visão ilusória e linear, etapista, do desenvolvimento humano como se fosse um progresso linear, progressivo, os profissionais deveremos entender da complexidade e tensão em que ele acontece.

Repito com Paulo Freire: entender os processos formativos múltiplos, preparar-nos para agir com profissionalismo em tarefas tão complexas e tensas, *"implica, indiscutivelmente, reconhecer a desumanização, não apenas como viabilidade antológica, mas como realidade histórica... Humanização e desumanização, dentro da história, num contexto real, concreto, objetivo, são possibilidades dos homens como seres inconclusos e conscientes de sua inconclusão..."* (p. 30).

Que currículo, que debates e oficinas, que pesquisas, saberes e competências profissionais darão conta desses tensos e complexos processos de formação-deformação a que a infância, os educandos(as) das escolas estão submetidos(as)? Uma pergunta central na definição de políticas de formação e no nosso horizonte profissional. Questões nucleares à pesquisa e à construção da teoria pedagógica. Quanto ganharíamos quebrando os desencontros entre pesquisa e teoria pedagógica e as sensibilidades de Paulo Freire para com os vínculos entre educação-humanização-desumanização. Que bem fariam essas sensibilidades para que nossa teoria pedagógica fosse menos escolar e também menos caudatária do cientificismo e até de visões construtivistas da aprendizagem e do desenvolvimentismo humano por vezes, tão etapistas e lineares. Que falta faz a nossa teoria pedagógica ser um pouco menos "moderna".

A figura de Paulo, as teorias pedagógicas e práticas com que esteve comprometido não cabiam em concepções etapistas, lineares, porque tinham como referencial os seres humanos reais inacabados, roubados e proibidos de ser.

A escola, um tempo-espaço de redenção?

Penso nas notícias que a mídia tem dado com tanto destaque: crianças trocam os garimpos, a colheita de sisal, as pedreiras... pelos bancos da escola, como se fosse uma mera troca de lugar, de tempos de trabalho infantil por tempos, novos tempos de escola. Lembro do depoimento de um professor reconhecendo os saberes e habilidades desses trabalhadores(as) agora escolares, dedicados a aprender as novas lições. Os depoimentos das crianças e adolescentes destacam os bons tempos de escola quando comparados com o trabalho penoso. Até a TV mostra como os corpos das crianças estão mais bonitos. A imagem que se passa da escola é de tempo de redenção. Toda criança na escola! Lá está a garantia do seu futuro, de fugir do trabalho, de um viver mais humano, ao menos na infância. Um dos depoimentos das mães destacado pela TV: *"Quero que estude, que aprenda as letras e se forme para ser alguém, e não levar a vida aperreada que a gente leva no garimpo"*. Todo um imaginário redentor que domina a visão da escola, e que programas oficiais reproduzem.

Tirar a infância da barbárie é um dever da sociedade e um direito de cada ser humano. A escola e nós temos esse dever. Mas sem esquecer que essa troca do trabalho pelos bancos da escola não é um adeus aos tempos de trabalho brutal, nem à vida inumana da infância. Devemos perguntar-nos que marcas essas crianças e adolescentes levam para a escola. Que marcas de uma infância e adolescência não vividas ou destruídas. Que processos socializadores, culturais e mentais, identitários e éticos os marcaram. Que desumanidade carregam para a escola e como fazemos para recuperar a humanidade que lhes foi roubada. Qual é nosso olhar de mestres quando chegam à escola? Como vemos essas crianças e adolescentes que trocam a rua, o trabalho pela escola? Apenas nos preocupa se sabem ler, escrever, contar? Se são disciplinados ou indisciplinados? Onde enturmá-los, com criancinhas alfabetizandas? Em turmas de aceleração? Que conteúdos especiais? É muito pouco. Nosso dever de ofício será mais complexo, exigirá um profissionalismo mais refinado diante das marcas e desfigurações humanas que a infância e adolescência trazem na passagem da rua e do trabalho para a escola.

Possivelmente a primeira exigência desse profissionalismo refinado será não separar essas crianças e adolescentes, não catalogá-los pelas lacunas e marcas de desumanização que possam trazer. Evitar toda manifestação de segregação por não dominar a lectoescrita, por indisciplina, pelos hábitos e indisciplinas que tiveram de aprender para sobreviver na barbárie.

Visitei uma escola onde tinha chegado um grupo de adolescentes tirados do trabalho e da rua através do programa Bolsa escola. Fiz questão de encontrá-los. Lá estavam assustados, fora do ninho, enturmados na 1ª série, com criancinhas de 7 anos. Perguntei à professora por que estavam junto com as crianças. *"Chegaram analfabetos, nunca estiveram na escola"*, me respondeu ela com a maior segurança. *"– Mas são adolescentes"* – ponderei – *"por que não foram enturmados com adolescentes?"* *"– Mas não sabem ler, professor"*, repetiu com a mesma certeza. São essas certezas que nos bloqueiam. *"Lugar de criança é na escola, desde que seja humana..."*, prefiro pensar que todo lugar de criança e adolescente tem que ser humano, sem segregação.

Têm sentido as bondosas classificações e segregações desses educandos em turmas especiais e de aceleração? Em atendimentos especiais. Como nos custa trabalhar processos de humanização-desumanização como tarefa de todo profissional da educação.

Quando vou a uma consulta médica percebo que os profissionais da saúde têm um saber que os capacita a entender a dinâmica da doença e da saúde como um mesmo processo ou movimento. Uma tensão entre saúde-doença. Pensando em nós educadores, estamos capacitados para entender e tratar os processos de educação como um movimento complexo e tenso de humanização-desumanização? Por que logo separamos, segregamos os desumanizados que chegam à escola?

Voltando a Paulo Freire, percebemos logo como puxou nosso olhar profissional para a educação como humanização, mas também para as tensões históricas, concretas, objetivas entre humanização-desumanização. Nos leva a prestar atenção profissional para a humanidade roubada, para os homens, mulheres, crianças e jovens "proibidos de ser". Entretanto, Paulo não aceita a ideia de que esses proibidos de ser se conformem com não ser, com a desumanização. Não aceita a invenção ideológica, elitista dos que nasceram e se educaram confinados atrás do muro dos poucos civilizados porque letrados. Que enxergam preconceituosamente os outros, os analfabetos, como indisciplinados, os bárbaros e os bestializados e irrecuperáveis, os sem cultura não.

Paulo aceita esse muro, essa dualidade tão incrustada na nossa cultura política e até pedagógica: de um lado do muro, o povo inculto e sua barbárie, ignorância e violência; de outro lado, as elites e camadas médias cultas, civilizadas porque instruídas. Nem aceita essa dualidade no olhar sobre os educandos. Não seria mais educativo ver nas crianças e adolescentes que vêm da rua e do trabalho suas lutas pela humanização? Por superar a barbárie? No gesto de procurar a escola, ver um sinal dessa luta por superar as condições históricas que os proíbem de ser? Todo ser humano é um ser de cultura. Toda criança tem cultura.

Uma das contribuições mais significativas de Paulo Freire tem sido reeducar nosso olhar pedagógico. Dirigi-lo para os sujeitos humanos para suas condições de huma-

246

nização. Reeducar nosso olhar sobre a infância e adolescência, os educandos. Quando reeducarmos nosso olhar de mestres não veremos neles apenas analfabetos ou alfabetizados, aprovados ou repetentes, lentos, aceleráveis ou acelerados. Reeducando nosso olhar nos reeducamos.

A pedagogia da recuperação de sua humanidade

Neste ponto Paulo Freire aponta um dos traços mais refinados do ofício de mestre: enxergar humanização, valores, saberes, cultura, onde o olhar pedagógico viciado apenas vê barbárie, e analfabetismo, ignorância, atraso ou violência. Esse olhar viciado rotulou a Paulo e sua densa teoria pedagógica como populismo pedagógico, como anti-intelectual, basista, quando em realidade ele repõe uma das matrizes mais perenes da tradição pedagógica: o ser humano se forma como espécie na luta incessante pela própria humanização. Inclusive e principalmente na reação às contingências naturais, sociais, históricas que negam e impõem limites a toda manifestação e avanço civilizatório. Constrói cultura.

Exatamente porque Paulo pautou sua vida e ação educativa com os setores sociais que estão em permanente confronto com esses limites ou que têm de reproduzir suas existências, sua cultura e saberes, seus valores e sua memória nessas fronteiras tão estreitas, ele capta essa matriz perene da formação humana e a incorpora na sua ação pedagógica. Populismo ou agudeza pedagógica?

Essa matriz informa seu pensamento e sua prática: *"A humanização negada na injustiça, na exploração e na opressão, na violência dos opressores. Mas afirmada no anseio de liberdade e de justiça, de luta dos oprimidos, pela recuperação de sua humanidade roubada"* (p. 30).

Fiel a essa matriz pedagógica que incorpora como traço de seu ser educador, vai destacar que a tarefa da ação educativa junto aos oprimidos será *"recuperar a humanidade"*, *"restaurar a humanidade"*. É uma constante repetida em seus escritos. Daí que a pedagogia, para ele, é a luta incessante por essa recuperação e restauração da humanidade roubada dos educandos.

Entretanto, essa tarefa não é dos mestres apenas. Não é uma invenção teórica deles. É um aprendizado junto aos oprimidos. *"A pedagogia do oprimido"* não é uma listagem de métodos de como ensinar aos oprimidos e excluídos. Nem uma metodologia para trabalhar com eles, nos sindicatos, na educação de jovens e adultos ou nas escolas progressistas. É a pedagogia que os próprios oprimidos aprendem e põem em prática para recuperar a humanidade que lhes é roubada, para serem humanos em condições inumanas. É *"a pedagogia dos homens empenhando-se (eles) em sua libertação"* (p. 40).

Paulo, com seu olhar de educador, único olhar educativo, vê a desumanização roubada, a proibição de ser, como um processo histórico não natural. Mas vê mais como educador: homens, mulheres, crianças, jovens, povos *"na luta incessante de recuperação de sua humanidade"*. Eles e elas sujeitos de sua recuperação, humanização, de sua luta por ser, por superar as condições históricas que os proíbem de ser. Os oprimidos educadores de si mesmos, porque lutando pela recuperação de sua humanidade.

Entender os processos complexos, históricos, concretos que proíbem de ser as crianças, adolescentes, jovens ou adultos que frequentam a escola exige estudo, teoria e pesquisa. Exige conhecer a história dos sistemas educativos e a história dos profissionais da educação. Entretanto, exige mais: conhecer, pesquisar, ler, teorizar e pensar sobre os difíceis, mas reais processos de *"luta incessante pela recuperação de sua humanidade"*. Que processos são esses? Onde encontrá-los? Existem de fato, ou apenas nas utopias de educadores como Paulo Freire?

A reflexão escolar ou não têm-se colocado essas questões ou as têm rejeitado como utópicas e até ameaçadoras aos processos de ensino escolar. Como recuperá-las? Primeiro sendo fiéis a esse olhar mais complexo dos processos mentais, culturais e sociais por que passam essas crianças e adolescentes, que cada dia fazem o percurso da sua vida e do trabalho, da desumanização para a escola. Segundo, vendo todo o peso desumanizador desses processos, levá-los em consideração em nossas propostas pedagógicas. E, terceiro, não esquecer de olhar as marcas de resistência, de construção da dignidade, dos saberes e valores aprendidos na dura resistência à barbárie. Nosso olhar sensível às marcas de desumanização que carregam na pele até, mas também sensível às marcas de humanização acumuladas em suas múltiplas resistências e lutas por ser humanos desde crianças.

A TV mostrou estes dias um lixão onde urubus e crianças disputavam restos de comida em uma das nossas cidades. Uma imagem brutal da desumanização a que nossa infância é submetida. Imagens chocantes para qualquer cidadão e mais para nós educadores dessa infância, que possivelmente em um horário ainda frequente nossas escolas populares, crianças que fazem seu percurso humano do lixo para a escola. Uma imagem me chamou a atenção. Ao fundo, pertinho das crianças que catavam o lixo, outro grupinho de crianças pararam de catar o lixo para brincar de roda. Como é difícil, pensei, roubar por completo a humanidade da infância. Ela brota em gestos de humanidade imprevistos. Mistura o gesto inumano de catar lixo e o gesto tão igual em todas as crianças do mundo, brincar de roda.

Nossa sociedade bárbara não consegue destruir por completo a infância. Que força esses brotos humanos trazem e de onde? Quando essas crianças chegarem cada dia à escola, o que veremos nelas como educadores? Esses brotos de humanidade não soterrados nesses lixões, ou apenas veremos as marcas negativas e as carências escolares?

O ofício de mestre no convívio com essa infância negada e rebrotada exige uma perícia e uma arte própria de um ofício de artífices, de mestres.

Poderíamos perguntar-nos como a Educação Básica poderá contribuir com a resistência à barbárie, à desumanização e à degradação humana? Sabemos pouco sobre os mecanismos populares de resistência à degradação. Temos uma visão mais negativa do que positiva da infância pobre. Apesar de serem forçados a reproduzirem sua existência em condições materiais, sociais e familiares, urbanas ou rurais degradantes, pouco conhecemos sobre a reprodução dos saberes, da cultura e dos valores, da dignidade, das relações sociais e do convívio dos excluídos. Como tentam ser humanos, os 80 milhões de brasileiros pobres, os 30 milhões de miseráveis? São seus filhos e filhas que nos procuram cada dia na escola. Como vamos trabalhar pedagogicamente seu desenvolvimento humano se pouco sabemos sobre sua pedagogia, sobre como tentam ser humanos?

Possivelmente conhecendo mais sobre seus mecanismos de resistência à barbárie, à desumanização e à degradação humana poderíamos encontrar formas concretas de vincular a Educação Básica, no curto tempo de que esses grupos sociais dispõem para estarem na escola, para que esse tempo reforçasse esses mecanismos de resistência. Reforçando o que constroem de humanidade, de saber e cultura, a Escola Básica e nós educadores contribuiremos para a tarefa que Paulo Freire nos aponta como própria da ação educativa: recuperar a humanidade que lhes é roubada. Seria muito para um empreendimento educativo? Nos aproximaria da sempre velha e sempre nova tarefa da pedagogia: humanizar.

Aprender com outros educadores as artes do mesmo ofício

Iniciei este texto lembrando a sintonia dos mestres da Escola Básica com a figura de educador de Paulo Freire. Outros mestres se identificaram tanto ou mais com ele. Os educadores populares, de jovens e adultos, dos sindicatos, das igrejas, das ONGs, das secretarias de ação social, dos assentamentos do MST, da educação que acontece em fronteiras educativas tão diversas.

Milhares de educadores(as) vêm redefinindo a imagem e o ofício de mestre nessas fronteiras. Formas diversas do mesmo ofício. Profissionais tão distantes e desconhecidos da escola. As distâncias estão se aproximando? Temos incertezas e certezas a trocar? Experiências a ressignificar juntos? Afinal, trabalhamos com os mesmos sujeitos sociais, os setores populares, a infância, a adolescência, a juventude e adultos trabalhadores ou sem trabalho. Convivemos com os excluídos, com os roubados do direito de serem humanos.

Poderíamos aproximar-nos e escutar com atenção inúmeras experiências de educação da infância e da adolescência excluída em espaços não escolares, com outros ordenamentos de tempos e espaços, com outra visão da educação ou com visões tão próximas das experiências inovadoras que estamos inventando na escola.

Às vezes me pergunto se como educadores não teríamos a aprender de projetos extraescolares simples, mas que trazem um colorido mais humano a bairros, comunidades, vilas, que teriam tudo para serem espaços de desumanização e barbárie, mas que resistem. Que se articulam e cobram nova dinâmica através de programas relacionados com a infância e a adolescência. Revistas e vídeos, relatos e memórias sobre essas experiências que se espalham pelo Brasil são reveladores de um estilo educativo, na linha em que estávamos refletindo com Paulo Freire. São muitos os educadores que destacam os vínculos entre pedagogia e humanização e recuperação da humanidade roubada.

Uma das lições a aprender para nossas propostas educativas, é que todas essas experiências partem das manifestações de humanismo, de preocupação e de cuidado, de sentimentos que envolvem a relação com as crianças e adolescentes em todas as comunidades, por mais inumanas que sejam suas condições de produção da existência. Em torno da infância expressam-se reservas de valores e sentimentos, de cuidados e proteção, de práticas e esforços que expressam valores humanos e civilizatórios construídos e aprendidos, conservados e repassados em redes complexas de saber, de trocas, de socialização e educação. De resistência.

A maioria dos projetos acertam com mobilizar essas reservas humanas através de ações simples, como o atendimento dentário, a saúde bucal, atenção médico-psicológica a adolescentes, redução da gravidez infanto-juvenil, projetos de redução da mortalidade infantil, de cultura, esporte e convivência social, recuperação de praças, parques, espaços alegres de encontro, lazer e convívio, programas de recuperação ecológica, de renda mínima, de geração de emprego, de erradicação do trabalho infantil, de bolsa escola, de menores de rua, incentivo às festas, às celebrações e comemorações, à recuperação da memória coletiva, ao patrimônio da cidade, mobilização em torno de interesses culturais de esportes, música, alfabetização, discussão política...

Esses inúmeros projetos sociais, simples, põem em ação e explicitam valores de honestidade e competência autoadministrativa, valores de participação, de gosto pelo trabalho coletivo, recuperam símbolos coletivos, gestos de criatividade, autorrespeito, autoimagens, de exercício de dignidade, de entusiasmo pela própria cidade, pelo próprio lugar e espaço, pela própria identidade. A centralidade dada aos valores não tem um caráter moralizante, levar aos bárbaros os valores, as letras, as normas e as disciplinas dos civilizados para que sejam ordeiros. Esse olhar não é educativo.

Revelam que onde o olhar elitista, moralista e excludente só vê violência, brutalidade, barbárie, há humanismo, há seres humanos com reservas de valores a serem reconhecidos. Inclusive a serem aprendidos pelas minorias "civilizadas" ou de "violência civilizada", os educados, os detentores dos valores sociais, da modernidade. A visão que esta minoria tem de si como reserva dos valores, sabemos que é falsa, contamina às vezes até nosso olhar pedagógico e alimenta a visão tão negativa e tão perversa que se tem das maiorias como incultas e bárbaras. O que essas experiências revelam é que essa imagem que tanto invadiu o imaginário social e pedagógico é falsa. É uma invenção que legitima a exclusão, o *apartheid* social e cultural, que por vezes a nossa cultura escolar reproduz.

Como educadores e pedagogos de ofício, o que podemos aprender com essa pluralidade de ações pedagógicas que acontecem perto de nós, das escolas? O que podemos aprender com as famílias populares na humanização de seus filhos? O que podemos aprender com os educadores e educadoras envolvidos(as) na recuperação da infância roubada?

Muitas dessas práticas voltadas para a infância acontecem perto de nós. São promovidas por ONGs, por organismos nacionais e internacionais e também pelas administrações públicas. Por que não articular as práticas educativas escolares com essas práticas? Por que nas administrações públicas não ter uma política mais global da infância popular, articulando ações e sobretudo debatendo e articulando "pedagogias"? Os traços dos educadores que se envolvem nessas práticas formais, socioeducativas e culturais com a infância são bastante diferentes dos traços de educador-docente; por que não deixar que nos contaminem e aprender juntos uma arte e um saber-fazer que nos são comuns?

Na infância, o sentido de nosso ofício

Estou sugerindo que a infância pode ser a grande educadora dos seus mestres e pedagogos. Quando participo de encontros de educadores sociais que trabalham em projetos não formais com a infância e adolescência excluída rola um clima bastante diferente dos encontros com educadores de escola. Outros traços de educador e outras concepções de educação. Outros perfis do mesmo ofício de mestre.

Muitos e muitas se formaram nos cursos de magistério e de pedagogia, serviço social ou psicologia. Onde aprenderam esses traços de educadores, essas sensibilidades e concepções pedagógicas? No convívio com a infância negada e roubada. Essa infância e adolescência os reeduca. No seu espelho e no seu rosto tão desfigurado configuram um novo rosto de educador(a). Foram reeducados pela própria infância com que convivem. Não por compaixão para sua barbárie e miséria, mas porque vão descobrindo a outra imagem de resistências múltiplas, de valores e de tentativas. Resistência feita de brotos de humanismo onde o olhar atento vê processos formadores. Resistência dos excluídos que podem fazer retomar brotos de humanismo nos seus educadores.

Os oprimidos foram os educadores de Paulo Freire, os inspiradores de sua pedagogia, de suas concepções teóricas, de suas práticas e, sobretudo, de seu perfil de educador. Muitas e muitos, nas escolas e em projetos múltiplos, se deixam contaminar pelos excluídos, roubados de ser, pela infância e adolescência negada e roubada. Reaprendem a ser educadores na medida em que aprendem que até a infância, que teria tudo para estar embrutecida quando disputa restos de comida com os urubus nos lixões de tantas cidades, não esquece que são crianças e brincam de roda como crianças. A infância nos reeduca, porque consegue escapar até à barbárie dos adultos que tentam esmagá-la.

A infância e adolescência são mais do que as novas gerações que conduzimos. Nos conduzem. Nos interrogam, surpreendem e desarticulam nossas velhas respostas e concepções pedagógicas. Desarticulam traços tão tranquilos de nosso ofício. Se o convívio pedagógico com toda a infância e adolescência é surpreendente e questionador de nosso saber-fazer de mestres, a infância excluída, negada, é ainda mais surpreendente. Ela rebrota ainda que podada e negada.

A infância negada e roubada é ainda mais enigmática para a pedagogia. Renova toda crença de que, apesar da barbárie, podemos esperar e continuar no velho ofício de acompanhar o desenvolvimento da espécie humana. A infância e adolescência negadas nos dizem que apesar de tudo guardam um possível humano. Que nosso ofício ainda tem sentido.

SÉRIE
CADERNOS DE GESTÃO
Heloísa Lück

Volume I
GESTÃO EDUCACIONAL – Uma questão paradigmática

Volume II
CONCEPÇÕES E PROCESSOS DEMOCRÁTICOS DE GESTÃO EDUCACIONAL

Volume III
A GESTÃO PARTICIPATIVA NA ESCOLA

Volume IV
LIDERANÇA EM GESTÃO ESCOLAR

Os **Cadernos de Gestão** foram elaborados e desenvolvidos para que diretores, supervisores, coordenadores e orientadores educacionais reflitam sobre as questões ligadas à gestão educacional e escolar, para o norteamento do seu trabalho, de forma conjunta e integrada, assim como para que profissionais responsáveis pela gestão de sistemas de ensino compreendam os processos da escola e do efeito do seu próprio trabalho sobre a dinâmica dos estabelecimentos de ensino.

Conecte-se conosco:

 facebook.com/editoravozes

 @editoravozes

 @editora_vozes

 youtube.com/editoravozes

 +55 24 2233-9033

www.vozes.com.br

Conheça nossas lojas:

www.livrariavozes.com.br

Belo Horizonte – Brasília – Campinas – Cuiabá – Curitiba
Fortaleza – Juiz de Fora – Petrópolis – Recife – São Paulo

Vozes de Bolso

EDITORA VOZES LTDA.
Rua Frei Luís, 100 – Centro – Cep 25689-900 – Petrópolis, RJ
Tel.: (24) 2233-9000 – E-mail: vendas@vozes.com.br